KB268246

대포
범선
제국

대포 범선 제국

Guns, Sails and Empires

1400~1700년, 유럽은 어떻게 세계의 바다를 지배하게 되었는가?

카를로 M. 치폴라 지음 | 최파일 옮김

나는 전쟁과 혁명이 인간사를 처리하는 한 가지 방식이라는 점을 인정하지만 결코 합리적이지도 정중하지도 않은 방식이라고 믿는 편이므로 확고한 평화주의자다. 또 나는 배에 오르기가 무섭게 몇 분 만에 토하다 죽을 것만 같으므로 뱃사람으로서 형편없다. "대포와 범선"이라는 제목("대포와 범선Vele e cannoni"은 이탈리아 어판 제목이다 — 옮긴이)의 책을 쓴 것에 누구보다 먼저 깜짝 놀랄 사람은 다름 아닌 저자다. 그리고 독자들은 이 책이 무기에 대해 프로이트적 애착에 사로잡혀 있지도 바다에 대한 원초적 사랑 때문에 한쪽으로 치우쳐 있지도 않을 테니 안심해도 좋을 것이다. 이 책은 그저 저자가 근대 초기 역사를 연구하다가 압도적 증거 앞에서 취향과 성향에 반하여 대포와 범선의 중요성을 인정할 수밖에 없었기 때문에 쓰였다.

파니카Panikkar 교수가 썼듯이 "1498년 바스쿠 다 가마의 캘리컷 도착부터 1947년 영국군의 인도 철수 그리고 1949년 중국에서 유럽 해군의 철수까지 지난 450년은 근본적으로 매우 주목할 만한 일관성을 보여준다. 그 일관성이란 아시아의 광대한 대륙을 해상력이 좌지우지했다는 것과 바다를 장악한 유럽 민족들의 지배로 요약할 수 있다." 이제 '바스쿠 다 가마의 시대'는 끝났다. 우리 세대는 '바스쿠

다 가마'의 시대가 끝나고 새로운 시대가 시작되는 것을 목격하고 있
다. 우리 앞에 무엇이 기다리고 있는지는 모른다. 그러나 과거를 되
돌아보고 '바스쿠 다 가마'의 시대가 어떠했는지 그리고 그 시대가
인류사에서 어떤 의미를 띠는지 이해하기 위해 노력할 수는 있다. 이
책은 무엇이 '바스쿠 다 가마의 시대'를 가능케 했는지를 탐구한다.

　연구 대상은 지구상에서 인류가 거주하는 거의 모든 지역과 3세기
가 넘는 시간을 아우른다. 넘쳐나는 사료는 역사가 한 명이 감당하기
에 매우 벅찬 대상임이 틀림없다. 따라서 저자는 저명한 여러 동료들
과 친구들의 도움에 크게 기대야만 했다. 많은 이들에게 중요한 도움
을 얻은바, 이 책은 어느 모로 보나 한 사람의 노력의 결실이라기보
다는 다양한 협력의 산물이다. 그럼에도 표지에 단 한 사람의 이름만
실린 까닭은 단지 책에 실린 오류에 대해 책임이 있는 사람이 오직
한 사람, 그 오류를 인쇄물의 형태로 출간하기로 결정한 사람이기 때
문이다.

　이탈리아 교육부와 토리노대학 경제학과는 고맙게도 저자가 이
책을 준비할 수 있도록 휴가를 허락해주었다. 룬드대학과 예테보리
대학은 스웨덴에서 한 학기를 보내도록 초청해주었다. 스웨덴 방문

기간 동안 여러 가지가 인상 깊었지만 무엇보다 예테보리와 룬드, 스톡홀름, 웁살라의 경제사연구소의 동료들과 친구들의 친절과 아낌없는 도움이 인상 깊었다. A. 아트만, O. 비얼링, E. F. 쇠데르룬드, 교수와 G. 우테르스트룀 박사께 많은 신세를 졌다. 특히 내가 스웨덴어 사료와 문서를 붙들고 씨름할 때 도움의 손길을 건네준 룬드의 두 친구, L. 예르베리 박사와 K. 올손 박사께 깊은 감사의 말을 드린다. R. 아담손, I. 뉘그렌, I. 스벤손, K. 벵마르크, O. 세테를뢰프, I. 실러 부인께도 감사의 말을 전한다. 웁살라의 G. 프레딘 씨는 자신이 연구 중인 크론베리(Fredrik Magnus Cronberg: 1719~1728년 웁살라의 총독으로 재임 — 옮긴이)의 통치 시기 공문서에 대해 저자의 주의를 환기시켜주었다. 벨기에의 F. L. 강소프, A. 아르노, J. 보베스, E. 엘랭의 도움도 컸다. 리스본의 버지니아 라우 교수와 바르셀로나의 호르디 나달 박사는 포르투갈과 에스파냐의 사료를 제공해주었다. A. M. 밀러드 양은 런던의 공문서 보관소에서 몇몇 통관항 기록을 조사해주었다. 캘리포니아대학에서는 나의 친구가 되거나 어쩌다가 내 행동 반경 안에 들어서는 불운을 겪은 이들이 모두 철저하게 저자에게 이용당했다. 그 가운데 학식이 풍부한 벗 그레고리 그로스만과 T. A. 시아, R. G. 어윈 씨, E. 슬루이터 교수, D. M. 브라운 교수, M. 드사이 박사의 도움이 컸다. 대학원생들 역시 타인의 도움을 얻는 데 타의추종을 불허하는 저자의 이용 대상이 되는 불운을 피하지 못했다. 터키에서 온 I. 센퀸, 이집트에서 온 M. A. 루프티, 한국에서 온 곽 군, P. H. 코팅엄 양, R. A. 폴먼, R. W. 뢸, J. R. 샤우어, S. L. 판르판코, W. H. 슈얼 모두에게 고맙다.

나의 연구를 도운 이들 가운데에는 스웨덴 룬드대학 도서관의 F. 달 박사와 리스본의 해양기록보관소의 소장, 라켈 포상 로페스 양, 리스본의 해양사연구소의 보갈-나토 박사와 알베르토 이리아 박사, 모스크바 소련과학아카데미의 유리 클로크만 박사도 있다.

친절한 J. 거스리는 참을성 있게 원고를 읽고 저자의 부족한 영어를 많이 다듬어주었다. Ph. 그리어슨, R. 올러드, C. 포니, A. 페펠라시스는 다양한 정보를 제공하며 큰 도움을 주었다. 나의 비서 프란카 젠나로는 빛나는 순교의 역사에서 한자리를 차지하게 될 것이다. 이 모든 분께 깊은 감사를 전한다.

차례

도판 목록

작은 방은 평화로 넘치나,
밖은 전쟁으로 가득하구나.

프롤로그

1453년 5월 28일 투르크 인들이 콘스탄티노플에 입성했다. 전 유럽이 경악하며 불안감에 전율했다. 베사리온Bessarion 추기경은 베네치아의 도제(doge: 라틴 어 '두크스dux'에서 온 말로, 제노바나 베네치아 같은 중세 이탈리아 도시 국가의 수장을 가리킨다. ─ 옮긴이) 프란체스코 포스카리Francesco Foscari에게 보내는 편지에 "입에 담기도 끔찍하며 인간성이 조금이라도 남아 있는 이라면, 더욱이 기독교인이라면 모두가 개탄할 일"이라고 썼다. "실로 위대한 제국, 실로 고명한 위인들, 실로 유명하고 유서 깊은 가문들과 함께 융성한 도시, 전 그리스를 대표하는 우두머리요, 최상의 예술의 도장이자, 동방의 영광과 장엄함을 과시하고 모든 훌륭한 것들의 피난처로서 대대로 번영한 도시가 점령되고, 강탈당하고, 유린당하고, 짐승만도 못한 야만인이자 기독교 신앙의 가장 잔혹한 적, 가장 흉포한 짐승의 손에 약탈당했다. …… 이 간악하기 짝이 없는 야만인들의 잔인한 공격을 막아내지 못한다면 크나큰 위험이 다른 지역은 물론이거니와 이탈리아마저 넘볼 것이다."

당시 유럽 인들이 받은 충격과 유럽 전역에 퍼져나간 공포의 파장은 쉽게 짐작이 갈 것이다.[1] 그러나 근본적으로, 이 같은 사태가 새삼스러울 것은 없었다. 유럽은 중세 내내 만성적으로 목숨이 위태로운 상황이었고 잠재적 침입자의 손아귀에서 벗어난 적이 없었다. 물론 당시 유럽의 상황이 중세 초기만큼 나쁘지는 않았다. 이슬람 세력은 프랑스 남부와 이탈리아 남부, 그리고 이베리아 반도에서 완전히 축출되었다. 바이킹들과 헝가리 인들은 유럽 문명에 동화되었다. 또 엘베 강 동쪽의 넓은 지역이 유럽에 편입되었다. 그러나 전반적인 힘의 균형추는 유럽 쪽에 유리하게 기울지 않았고 장기적인 관점에서 유럽은 여전히 수세적인 위치였다.

십자군 운동 역시 오해해서는 안 된다. 유럽 측 공세의 초기 국면을 특징짓는 성공은 일시적인 분열과 세력 약화로 인해 아랍권이 잠시 허를 찔린 것에 기인한 바가 크다. 언젠가 그루세Grousset가 말한 대로 초기 십자군은 "무슬림의 무정부 상태에 프랑스의 군주제"가 승리한 것이었고 무슬림 세력이 금방 재편되자마자 유럽 인들은 재빨리 후퇴해야만 했다.[2] 맘스베리의 윌리엄은 1차 십자군 원정의 경험을 요약하면서 우르바누스 2세의 담화(1094~1095년경 우르바누스 2세가 클레르몽 공의회를 소집하여 셀주크 투르크의 침략을 받은 비잔티움 제국을 원조하고 예루살렘 성지를 회복할 것을 촉구한 것을 말한다. 그의 담화가 1차 십자군 운동을 촉발했다. ― 옮긴이)를 상기하는 듯 다음과 같이 썼

---

1) 투르크의 위협은 15, 16세기 유럽 인들이 가장 심각하게 걱정하던 사안이었다. 1480년부터 1609년 사이 프랑스에서 출간된 책자 가운데 투르크 인들과 오스만 투르크 제국과 관련한 제목이 붙은 책자는 아메리카와 관련한 제목이 붙은 책자보다 두 배 이상 많았다. Atkinson, *Horizons*, 10쪽. 이 책에서 인용하는 책의 제목은 축약된 것이다. 온전한 제목은 참고 문헌 목록에서 확인할 수 있다.
2) Lewis, *Arabs*, 150~152쪽.

다. "우리의 이 자그마한 땅덩어리는 난폭한 투르크 인들과 사라센 인들 틈바구니에 끼어 압박당하고 있다. 그들은 300년간 에스파냐와 발레아레스 제도諸島를 점령해왔고 나머지 땅도 집어삼킬 꿈에 부풀어 있다."

11세기 이래 서양은 상업 부문에서 저돌적인 팽창 정책을 펼치며 성공을 거두었지만 군사·정치 분야에서는 그에 대응할 만한 성과를 보여주지 못했다. 1241년 발슈타트 전투에서의 대참사는 유럽이 몽골의 위협에 군사적으로 대처할 만한 능력이 없다는 사실을 여실히 입증해보였다.[1] 유럽이 침략당하지 않은 것은 때마침 몽골 족 수장이 죽었기 때문이며(1241년 12월 우구데이(우구데이 칸窩闊台: 1185~1241년, 몽골 제국의 2대 황제. 아버지인 칭기즈 칸의 정복 사업을 계승하여 이란과 남러시아를 공략하고 헝가리와 폴란드까지 침투하여 유럽을 공포에 몰아넣었다. ─ 옮긴이)의 죽음), 장기적 관점에서 보면 칸의 제국이 서쪽이 아닌 남쪽과 동쪽에서 위협을 받았기 때문이다.[2] 다음 세기, 니코폴리스에서 기독교도의 패배(1396년)는 동방의 침략자에 직면하여 유럽 인의 군사적 취약성을 다시금 입증해보였다. 유럽은 또 한 번 순전히 운이 좋아서 살아남았다. 투르크의 정복자 바예지드가 티무르제국의 창시자 티무르와의 싸움에 휘말린 것이다. 운 좋게도 한 잠재적 위험이 뜻밖에 다른 잠재적 위험을 제거해주었다. 15세기 유럽은 여전히 투르크 공격의 위험성을 느끼고 있었고, 비록 때때로 적의 전진을 늦출 수 있었지만 결코 완전히 막아내지는 못했다.

중세 유럽의 만성적 취약성의 원인은 너무도 분명하다. 우선 유럽

---

1) 몽골 족의 군사적 우위에 관해서는 Sinor, *Mongols*, 45~46쪽을 참조하라.
2) Sinor, *Mongols*, 46, 59~61쪽 참조.

의 인구가 많지 않았다(결코 1억 명 이상을 넘지 않았다). 더 중요한 것은 유럽이 분열되어 있었고 끊임없이 "자기들끼리 싸우면서 자기 민족의 피, 같은 기독교도의 피로 제 손을 더럽히느라" 정신이 없었다는 사실이다. 각국의 군대가 모여 연합군을 형성하면, 결과는 한마디로 혼란 그 자체였다. 마지막으로, 간과할 수 없는 또 다른 요인은 유럽 국가들의 군사 조직이 효율성과 거리가 멀었다는 것이다. 유럽, 특히 동유럽 군대는 중무장한 기병에 의존했는데 이들은 보기에는 화려했지만 움직임이 둔했다. 누군가의 말마따나 "유럽의 귀족 계층은 자신은 전혀 다치지 않은 채 적에게 강한 타격을 줄 수 있으리라는 불가능한 꿈을 위해 전술과 전략을 희생했다."[1] 이런저런 이유로, 유럽이 생존하리라는 희망은 중세 내내 상당 부분 신의 손에 달려 있었다.

콘스탄티노플의 함락 이후 상황은 점점 더 나빠졌다. 기세등등한 투르크의 진군은 도저히 막을 수 없을 것처럼 보였다. 1459년 세르비아 북부가 침략당했다. 1463~1466년에는 보스니아-헤르체고비나가 침략당했다. 1470년 베네치아 인들은 네그로폰테를 빼앗겼다. 1468년에는 알바니아가 침략당했다. "앞으로도 상황이 나아지리라는 믿음이 전혀 생기지 않는다. 누가 영국인과 프랑스 인이 서로 사랑하게 하랴? 누가 제노바 사람과 아라곤 사람을 합심하게 하랴? 누

---

1) Lot, *Art militaire*, 429쪽. 경무장한 동양의 기마병에 비해 중무장한 서양 기마병이 어떻게 열등한지에 관해서는 Sinor, *Mongols*, 45~46쪽을 참조하라. 이 책의 저자는 용맹하고 화려하지만 지나치게 개인주의적인 서양의 기사들이 엄격하게 규율이 잡혀 있고 명령을 철저히 수행하는 동양의 기마병들에게 상대가 되지 않았다는 사실을 강조한다. 이에 관해서는 2장 107쪽 각주 1번에 인용한 모리슨의 언급도 참조하라.

가 헝가리 인, 보헤미아 인과 독일인을 화해시키랴? 우리가 투르크 군에 맞서 작은 군대를 이끌고 나간다면 금방 격퇴당할 테고, 큰 군대를 이끌고 나간다면 금방 혼란에 빠질 터이다." 교황 피우스 2세의 말이다.

그러나 기독교권의 적들이 유럽의 심장부를 강타하고 있는 듯 보이는 순간에 갑자기 혁명적 변화가 일어났다. 유럽을 봉쇄하고 있던 투르크의 의표를 찌르면서 몇몇 유럽 국가가 연달아 바다에서 성공적인 공격을 감행한 것이다. 이들의 전진은 빠르고 예기치 못한 것이었다. 한 세기 만에 먼저 포르투갈과 에스파냐가, 나중에는 네덜란드와 영국이 전 세계적인 유럽 지배의 기반을 닦았다.

수십 년 전, 15세기 후반 유럽의 팽창과 대양 탐사는 투르크가 진출해, 근동을 거쳐 유럽으로 오는 향신료의 흐름을 막은 것의 직접적 결과라는 주장이 유행했다. 이 견해는 역사적 순진함의 뛰어난 본보기이며 실제로 전적으로 틀린 것으로 드러났지만,[1] 종종 그렇듯이 오류와 더불어 일말의 진실도 없잖아 있다. 향신료 제도(Spice Islands: 정향, 육두구를 독점적으로 재배, 수출하는 인도네시아의 말루쿠 제도를 말한다. ― 옮긴이)와 서아프리카 해안에 도달하는 항로를 찾으려는 유럽 인들의 노력을 이해하는 한 가지 방식은 이러한 현상이 유럽의 경제적 팽창과 그들 앞에 놓인 군사적, 정치적 봉쇄 사이의 긴장 상태를 고려하는 것이다.

그러나 아무리 긴장이 고조된 상태라 할지라도 동기와 그러한 동기를 유효하고 성공적인 행위로 전환하는 수단은 별개다. 이슬람의

---

1) Godinho, *Expansão*, 27~40쪽과 Godinho, *Economia*, 51~68쪽 참조. 최근 이 견해를 옹호한 것으로는 Colenbrander, *Coen*, vol. VI, 10~17쪽을 참조하라.

봉쇄를 우회하여 향신료 제도에 도달해야 할 필요는 13, 14세기에도 이미 존재했다. 그러나 비발디Vivaldi 형제(13세기에 활동한 제노바 출신 탐험가 반디노 비발디와 우골리노 비발디 형제. 인도로 가기 위해 항해를 떠나 지브롤터 해협을 벗어난 후 영영 행방불명되었다. 이들의 항해는 5세기 이래 서양인이 지중해를 벗어나 대서양으로 나선 초기 사례 가운데 하나다. — 옮긴이)와 하이메 페레르(Jaime Ferrer: 14세기 에스파냐 항해가. 1346년 그가 서사하라 해안과 보하도르 곶을 탐험했다는 언급이 있기는 하나 확인되지 않았다. — 옮긴이)의 대서양 탐험 실패는 '동기'가 존재하더라도 필요한 '수단'이 아직 마련되지 않았다는 것을 방증한다.[1] 유럽 인들이 "반드시 성공하겠다는 결의를 품고 아시아로 갔으며 이들의 결연한 의지는 그에 저항하려는 아시아 인의 의지보다 더 강력"했기에 그러한 사실이 대체로 유럽의 성공을 설명해준다는 견해도 제시되어왔다.[2] 그러나 아무리 결연한 의지도 필수적 수단이 없다면 전투에서 승리하기에 충분하지 않다. 비발디 형제는 분명 "결연한 의지"가 부족하지 않았지만 그들의 갤리선(전후로 길고 날렵한 배. 노를 저어 이동하지만 중앙에 하나짜리 돛도 사용되었다. 9~13세기 유럽 해안을 주름잡은 바이킹선이 가장 유명하다. — 옮긴이)은 대양에 도전하기에 적합하지 않았다. 13, 14세기의 유럽이 실패한 지점에서 르네상스 유럽은 어떻게 성공했는가? 14세기 말 이후 유럽 인은 어떻게 머나먼 향신료 제도로 가는 항로를 개척했을 뿐 아니라 모든 주요 해로를 장악하고 해외 제국을 건설할 수 있었는가? 무엇이 유럽 인으로 하여금 불안한 수

---

1) Godhinho, *Découvertes*, 15~20쪽 참조.
2) Sansom, *Western World*, 68~69쪽과 Boxer, *Portuguese*, 196~197쪽을 참조하라.

비적 위치에서 대담하고 공격적인 팽창 국면으로의 극적이고 갑작스러운 전환을 가능케 했는가? 왜 "바스쿠 다 가마의 시대"가 열리게 되었는가?

1장

유럽의 도약

1. 초창기의 거대한 대포

일찍이 14세기 초반부터 유럽에서는 전장에서 대포를 사용하기 시작했다. 1362년 피렌체의 공문서에는 "쇠로 된 단단한 포탄과 철로 만든 대포(pilas seu palloctas ferreas et cannones de mettallo)"를 구입했다고 적혀 있으므로(도판 2를 보라) 그 무렵 이미 금속제 포탄을 날려 보내는 청동 대포가 사용되었음을 알 수 있다. 1327년에는 초창기 대포를 묘사한 것이 분명한 삽화가 딸린 문서가 영국에서 작성되었다(도판 1을 보라). 안타깝게도 본문에서는 삽화에 대해 아무런 언급도 하지 않지만 스톡홀름의 국립역사박물관에 가면 이 마일미트 사본(Millimete manuscript: 영국의 학자 월터 드 마일미트Walter De Milli-mete가 에드워드 3세를 위해 쓴 논문 "국왕의 위엄과 지혜, 신중함에 관하여(De nobilitatibus, sapientiis, et prudentiis regum)"를 가리킨다. 여기에 유럽의 초기 공성 기구를 묘사한 그림이 실려 있다. — 옮긴이)에 그려진 것과 유사한 희귀한 대포를 볼 수 있다.[1] 스톡홀름 박물관의 소장품은 유럽에서 사용된 현대적 의미의 대포 가운데 가장 이른 시기의 증거물이다.[2]

---

[1] 마일미트 사본과 거기에 묘사된 대포에 관해서는 White, *Medieval Technology*, 163쪽을 참조하라. 스톡홀름 박물관에 소장된 무기에 관해서는 Jakobsson, *Vapenhistorisk dygrip*, 20~26쪽을 참조하라. Rathgen, *Geschütz*, tafel 4 abb. 13에는 마일미트 사본에 묘사된 대포와 매우 유사한, 14세기 독일 문서에 그려진 대포 삽화를 싣고 있다.

[2] 대포의 유래와 초기 발달에 관해서는 Bonaparte-Favé, *Études*, book I, vol. III, Montù, *Artiglieria*, vol. I, 83~183쪽, Köhler, *Kriegwsesens*, vol. III, part. 1, 225~337쪽, Carman, *Firearms*, 15~21쪽, White, *Medieval Technology*, 96~100쪽을 참조하라. "언제, 어디서, 누가, 처음으로" 대포를 사용했는지에 관해서는 많은 연구가 있었고 또 많은 글이 쓰였다. 그러나 이 문제에 대해 확답을 하기는 다소 어려운 것 같다. 문제 자체가 적절하지 못한 방식으로 제시되었기 때문

1330년 이후 대포는 전장에서 흔히 볼 수 있었다. 1350년대 페트라르카(*De Remediis*, lib. I, dialog. 99)는 다음과 같이 적었다. "엄청난 굉음과 함께 불꽃을 내뿜으며 금속구를 날려 보내는 이 장치는······ 몇 년 전만 해도 극히 드물어서 모두들 감탄과 경이의 눈길로 바라보았으나 이제는 다른 무기처럼 아주 흔하고 친숙해졌다. 인간이란 가장 치명적인 기술을 깨우치는 데만 이리도 잽싸고 영리하도다."

초창기 대포는 그 비효율성 때문에 두드러졌다. 언어를 통한 그 어떤 묘사도 도판 1에서 확인할 수 있는 예술가의 인상주의적 묘사보다 초창기 유럽 화기火器의 우스꽝스러움을 적나라하게 전달할 수는 없으리라. 그러나 14세기 후반, 대포가 전장에서 확고하게 자리를 잡자, 유럽의 금속 기술자들은 초강력 무기를 만들기 위해 안간힘을 썼다. 이 시기에는 사석포(射石砲: 중세의 공성전에서 흔히 볼 수 있는, 커다란 돌덩어리를 날려 보내는 전장식前裝式 포 — 옮긴이) 유형의 거대한 포가 개발되어 큰 인기를 누렸다. 여러 차례 지적된 대로 "초창기 대포의 역사에서 가장 두드러진 현상은 대포의 크기가 급격히 커진 것이

이다. 화약의 발명과 현대적 의미의 대포의 출현 사이에 "불꽃"이 일고 "굉음"이 나는 온갖 형태의 "발사체"가 시도되었다. "대포가 언제 처음 사용되었는지"를 특정하는 것은 대체로 연구자가 가정하는 대포의 정의에 달려 있다. 구체적 연대를 확정하는 것은 기술 진보의 점진성을 무시하는 것이다. 본문에서 지적한 대로 1330년대가 되자 현대적 의미의 대포가 서유럽에서 완전한 모습을 갖추게 되었으나 그보다 훨씬 이른 시기에 유럽 인은 물론이고, 인도인과 중국인 역시 "나프타"(역청이나 석유, 석탄을 증류, 건류하여 생기는 광물성 휘발유. — 옮긴이), "그리스 불", "화약", 로켓 등을 다루었다.
1311년 브레시아(이탈리아)와 1324년 메츠에서 대포를 사용했다는 언급은 결정적 근거가 될 수 없다. 겐트 시의 연대기 1313년 부분에 독일에서 제작된 대포가 언급되었다는 주장은 찰스 오만 경에 의해 부정확한 것으로 판명되었다. 1319년 제노바 선박에 사석기가 실려 있었다는 주장은 85쪽 각주 1번을 참조하라.

다."[1] 1382년 오우데나르더 포위 공격에서 필립 판 아르테벨더Philip van Artevelde의 군대는 "굉장히 무거운 돌덩어리를 쏘아 보내는 어마어마하게 큰 사석포를 만들었다. 이 대포는 발사할 때 얼마나 큰 굉음을 토해내는지 지옥의 악귀들이라도 몰려나온 것 같았다."[2] 영국에서는 15세기 무렵 6,600킬로그램 이상 나가고 구경이 20인치나 되는 거대한 '몽 메그Mons Meg'가 등장했다(도판 3을 보라). 이 무기들은 살상력이 크지 않았으나 요새나 성벽을 부수는 데 효과적이었다.[3] 칼레 포위 공격(1346년)에서 "거대한 포와 다른 거대한 무기"가 사용되었을 때

솜씨를 뽐내려는 포병들이
마을 여기저기에
대포알을 쏘았다네!
주님과 인자하신 성모님께 감사드리세.
남녀노소 아무도 다친 이가 없다네.
오직 집만 부수었다네.

---

1) Russell, *Introduction*, xv~xvi쪽.
2) Froissart, *Chronicle*. 아르테벨더의 거대한 사석포에 관해서는 Rathgen, *Feuer und Ferwaffen*, 299~300쪽.
3) "대포라는 무시무시한 무기가 있다. 강철로 되어 있으며 화약의 힘을 이용해 강력한 힘으로 돌(포탄)을 쏘는 무기인데, 어떤 성벽도 견뎌내지 못한다. 아무리 두텁다 할지라도 말이다. 이는 다음에 소개하는 많은 전투에서 실전을 통해서 입증된 사실이다(Est bombarda instrumentum ferreum fortissimum . . . vi pulveris accensi magno cum impetu lapis emittitur, nec obstant muri aliqui, quantu-cumque grossi; quod tandem experientia compertum est in guerris quae sequuntur)."(*Chronica Trevisana*(Muratori, *Rerum Italicarum Scriptores*, vol. 19, col. 754) 참조).

돌덩어리가 차례차례 날아갈 때마다

모두가 외쳤다네. "바바라 성녀님!"[1](Saint Babara: 3세기경의 기독교

성인, 순교자. 번개와 관련한 전설 때문에 공병과 포병, 각종 화약을 다루

는 사람들의 수호성인이다. — 옮긴이)

대포는 철이나 청동으로 만들었다. 철제 대포는 대장간에서 두꺼

운 연철(鍊鐵: 불에 달구어 불린 무른 쇠 — 옮긴이) 막대를 두들기고 용

접해 조악하나마 관 모양으로 만든 후 다시 두꺼운 쇠고리를 관 위에

끼우고 용접해 단단하게 만들었다. 쇳물을 틀에 녹여 부어 대포를 주

조하는 방식도 처음에 고려하지 않은 것은 아니리라. 그러나 철은 효

과적으로 주조하기 어려운 금속이고 또 주철은 갈라질 위험도 컸다.[2]

반면 청동은 주조하기가 기술적으로 더 쉽고 예부터 교회에서 종에

대한 수요가 커서 청동 주조 공정에 익숙한 숙련공들이 유럽 전역에

많았다. 종과 같이 고상한 물건을 만들면서 발전한 기술이 결과적으

로 살상 무기의 진보를 낳았다는 사실은 역사의 무수한 아이러니 중

하나다. 실제로 청동 주물 대포는 일찍부터 등장했는데,[3] 부식이 잘

되지 않을 뿐 아니라 주조 과정에서 전장식(포구 장전식) 포를 만들 수

있으므로 크게 환영받았다. 전장포는 미전(breech-blocks: 포미를 열고

---

1) Wright and Halliwell(ed.), *Reliquae*, vol. II, 23쪽. 에드워드 3세는 칼레 포위 공
   격 당시 최소 스물세 문의 대포가 있었다. Carman, *Firearms*, 23쪽 참조.
2) Wertime, *Steel* 참조. 철을 주조할 때 따라오는 여러 가지 기술적 문제를 역사적
   으로 살펴보고 있다. 특히 6장을 참조하라.
3) 청동 대포가 1370년대까지 등장하지 않았다는 브루넷의 설명(Brunet, *Artillerie*,
   vol. I, 120쪽)은 사실과 다른 것 같다. 도판 2에 실린 피렌체 공문서는 청동 대포
   가 1326년에 이미 만들어졌음을 입증한다.

닫는 잠금장치, 포미 마개. — 옮긴이)이나 밀폐(obturation: 총이나 포를 발사할 때 폭발성 가스가 새어 나오지 않게 하는 것 — 옮긴이)와 관련한 각종 문제와 어려움을 피할 수 있었다.[1] 청동 대포와 철제 대포의 경제적 측면을 고려할 때, 원자재만 놓고 보면 청동보다 철이 더 저렴했다. 그러나 만족스러운 주철 공정이 발견되기 전까지 대안은 청동 대포와 연철 대포뿐이었다. 연철 대포를 만드는 공정은 노동력이 많이 들었고 그에 따라 비용도 증가했으므로 청동 대포와 최종적인 가격 차는 현저히 줄어들었다.[2] 연철 대포는 16세기 넘어까지 꾸준히 생산되었지만 청동 대포에 비해 품질이 떨어지는 것으로 평가받았다.

청동 대포의 기본 원료인 구리는 주로 헝가리, 티롤, 작센, 보헤미아에서 생산되었다.[3] 구리와 섞어 청동을 만드는 또 다른 원료인 주

---

1) 주철 대포는 양 끝이 뚫려 있어야 한다. 제작 과정에서 심쇠(굴대: 돌아가는 물건의 가운데에 끼우는 막대 — 옮긴이)를 끼울 수 없으면 포신을 제대로 만들 수 없기 때문이다. 후장식 포는 적절한 밀폐 조치로 문제가 해결되는 19세기 후반까지 강력한 무기로서의 실용성이 떨어졌다. 대포에서 분리 가능한 포미 마개 문제는 극복하기 힘들었다. 나사로 포미 마개를 조였다 푸는 것은 그다지 만족스러운 해법이 못 되었다. 발사 때마다 발생하는 열기가 나사의 날을 팽창시켜서, 재장전을 위해 마개를 다시 빼려면 냉각될 때까지 수 시간을 기다려야 했다.

2) Henrard, *Documents*, 243쪽 참조.

3) 중세 후기 구리 생산과 교역에 관해서는 Schick, *Fugger*를 참조하라. 모든 내용이 유용하지만 특히 54~55, 25~90쪽을 참조하라. 스웨덴도 중세 후기에 구리를 생산했으며 아마도 수출도 한 것 같지만 무시할 만한 수준이었다. 1500년 무렵에도 영국은 여전히 작센(만스펠트), 보헤미아, 헝가리, 티롤에서 구리를 수입했다(Schulte, *Ravensburger Handelsgesellscahft*, vol. II, 196쪽 참조). 스웨덴의 구리 생산과 수출은 1570년 이후 급격히 증가해서 17세기 내내 매우 높은 수준을 유지했다(Heckscher, *Ekonomiska Historia*, part. 1, vol. I, 169쪽과 part 1, vol. II, 444쪽). 노르웨이의 구리 광산은 1640년대 이전까지는 그다지 개발되지 않았다(Christensen, *Danmark*, 23~25쪽).
에스파냐는 16세기에 대체로 헝가리에서 구리를 수입했으나 이후 멕시코와 페

석은 주로 영국과 에스파냐, 독일에서 생산되었다. 청동의 원료는 일부 지역에서만 생산되었지만 청동 대포는 종 주조에서 대포 주조로, 또 그 반대 방향으로 작업을 전환하는 데 어려움이 없었던 장인들에 의해 어디에서나 생산되었다. 이 장인들은 특정 주문에 맞춰 작업하거나 일정한 기간만 고용되었다. 시간이 지나 대부분의 나라에서 상설 병기창(공창)을 세우자,[1] 대포는 병기창의 상시 고용 기술자나 임시 고용 기술자에 의해 제작되었다. 당시는 포병과 대포 제작자 사이의 경계가 언제나 뚜렷한 시기가 아니었으므로 많은 주조 작업이 군에 속한 포병들의 손에 의해 이루어졌다.

루, 쿠바에서 오는 수입량이 점차 증가했다. 1646년 로리아나 후작은 아메리카산 구리의 품질이 "처음에는 헝가리산만큼 좋았지만" 점점 나빠지고 있다고 불평했다. 1578년 에스파냐에서 헝가리산 구리는 쿠바산 구리보다 다섯 배 더 비쌌다고 한다(Carrasco, *Artillería de bronce*, 45쪽).

네덜란드는 16, 17세기에 걸쳐 일본에서 많은 양의 구리를 수입했으나 대부분을 다시 아시아 지역에 수출했고 드물게 유럽으로 수입해왔다(Glamann, *Trade*, 175~176쪽).

1) "대부분"이라고 표현한 것은 일부 병기창의 경우 브레시아에 있는 베네치아 공화국의 대포 주조소처럼 주문이 있을 때만 문을 열었기 때문이다. 작업이 끝나면 병기창은 폐쇄되고 각종 군수품과 대포를 보관하는 군수 창고가 되었다. Quarenghi, *Fonderie*, 21쪽 참조. "상설" 병기창 가운데 남유럽에서 가장 유명한 곳은 베네치아의 병기창으로, 15세기 초부터 대포를 대규모로 제작했다(Nani Mocenigo, *L'arsenale*과 Lane, *Venetian Ships*, 129~216쪽). 영국에서 첫손 꼽히는 병기창은 런던탑이었다(Tout, *Firearms*와 Ffoulkes, *Gun-Founders*, 여기 저기 참조). 막시밀리안 1세는 인스부르크에 좋은 품질의 청동 대포로 이름난 병기창을 보유했다(Schick, *Fugger*, 271쪽 주 3 참조). 에스파냐의 병기창은 34쪽 각주 3번을 참조하라. 보테로는 17세기 전반 서유럽에서 주목할 만한 병기창 두 곳으로 베네치아 병기창과 드레스덴에 있는 작센 공의 병기창을 꼽았다(*Aggiunte*, 52쪽). 17세기 초입, 드레스덴의 병기창에 관해서는 Moryson, *Itinerary*, vol. IV, 344쪽을 참조하라.

15세기 중반부터 유럽에서는 대포에 대한 수요가 크게 증가하여 장기간 높은 수요를 유지했다. 대규모 상비군을 갖추고 끊임없이 전쟁을 수행하는 근대 국민 국가의 확립과 더불어 지리상 발견과 해외 팽창 등이 모두 대포에 대한 수요를 촉진했다. 각국 군주들은 군사 장비에 개인적으로도 관심을 보여서, 알폰소 데스테 공Duke Alfonso d'Este이나 포르투갈의 주앙 2세, 스코틀랜드의 제임스 4세, 합스부르크가의 막시밀리안 황제 같은 이들은 "포술art of gunnery"에 대해 단순히 열광하는 것에 그치지 않고 실질적이고 기술적인 전문성을 갖추기도 했다. 이들은 포병과 대포 제작자를 후원하고 병기창과 포차(artillery train: 대포를 운반하기 쉽도록 바퀴를 단 포가砲架 — 옮긴이)를 짓고 개선하는 데 많은 노력을 기울였다. 이 시기 구리 원광과 청동 대포 교역은 이익이 많이 남는 번창하는 사업이었는데, 독일 지역 야금술의 중심지인 뉘른베르크, 프랑스 군수품 거래의 중추인 리옹, 티롤과 이탈리아 북부를 연결하는 볼차노, 서아프리카와 향신료 제도에서 들어오는 원산물이 독일과 플랑드르 지방의 야금 생산품과 만나는 안트베르펜 주변의 시장을 중심으로 이루어졌다.[1] 유럽 '전前자본주의Früh-Kapitalismus'는 상당 정도 이 수지 맞는 군수품과 원

---

1) Schick, *Fugger*, 277~280쪽. 안트베르펜에 관해서는 Van Houtte, *Anvers*, 254, 256쪽과 Van der Wee, *Antwerp*, vol. II, 126, 130쪽을 참조하라. 푸거 가문이 헝가리에서 수출한 구리 양을 보여주는 다음의 표는 Van der Wee, *Antwerp*, vol. I, 522~523쪽에서 끌어왔다.
안트베르펜에서 포르투갈로의 구리 수출에 관해서는 32쪽 각주 2번을 참조하라. 프랑스는 리옹을 통해 티롤산 구리를 수입했다(Schick, *Fugger*, 277~280쪽). 이따금 안트베르펜을 거쳐 수입하기도 했다(Coornaert, *Les Français*, vol. II, 117쪽). 교역로, 운임 등 16세기 초 티롤의 구리 무역에 관해서는 Paumgartner, *Weltandelsbräuche*, 72, 73, 90쪽도 참조하라.

자재 교역에서 유래한 것이다. 전자본주의의 가장 독보적인 예라 할 수 있는 푸거가家는 구리를 취급하는 거상이었고 빌바흐(카린티아) 인근 푸거라우에 번창하는 대포 주조소를 갖고 있었다.[1]

대포 생산의 급속한 성장은 기술 진보를 동반했다. 기술은 이전 150년 동안 발전해왔다. 그러나 15세기 중반까지 유럽의 대포 제작자들은 대체로 그저 대포의 크기를 키우는 데만 집중해서 몇몇 대포의 경우, 기괴할 만큼 커졌다. 15세기 중반이 되자 유럽 대포의 주력은 거대한 연철 사석포가 되었는데, 이 시기 사석포는 옮기기가 아주 힘들고, 어림짐작으로만 조준이 가능하며, 재장전에 시간이 많이 걸렸다. 대포는 포위 공격에만 효과적이었다.[2] 포위전이 아닌 일반적

연도	총 수출량 연평균 (톤)	단치히와 슈테틴을 거쳐 안트베르펜에 수출한 구리 총수출량 중 퍼센트	베네치아, 트리에스테로 수출한 구리 총수출량 중 퍼센트
1497~1503년	c. 1,390	—	32
1507~1509년	1,476	49	13
1510~1512년	2,253	55	3
1513~1515년	1,263	63	4
1516~1518년	1,358	50	0
1519~1522년	1,434	34	5
1526년	893	48	3
1527~1532년	1,105	61	6
1533 1535년	944	48	15
1536~1539년	1,207	49	12

1) Schick, *Fugger*, 52, 84, 271쪽. 위 각주도 보라.
2) '리볼드ribauld' 나 '리볼드퀸ribauldequin' 이라 불리는 야전 기관포Field mit-

전장에서는 심리적 효과만 기대할 수 있을 뿐인데 그마저도 장담할 수 없었다. 알후바로타 전투(1385년)에서 카스티야 군대는 거대한 돌덩어리를 날려 보내는 대형 사석포를 열여섯 문이나 보유했지만 정작 승리한 쪽은 대포가 없던 포르투갈 군대였다. 그러나 유럽 인들에게 효과적인 야포가 없었던 것은 사실이지만 그렇다고 쓸모가 없다시피 한 소형 화기가 완전히 버려진 것은 아니었다. 시간이 흐름에 따라 대형 사석포의 한계를 깨달으면서 유럽 인들은 더 작은 구경의 포에 관심을 쏟게 되었다. 새로운 경향은 15세기 프랑스 포병들이 선도하였다.[1] 1494년 샤를 8세의 군대가 이탈리아를 침공했을 때, 전쟁과 포술 분야에서 당시 자타가 공인하는 달인이었던 이탈리아 인들은 프랑스 대포의 새로운 특징에 놀랐다. 다루기 불편한 전통적인 대형 사석포가 모습을 감추고 —— 귀차르디니Guicciardini가 주목한 것처럼 —— "더 가볍고 하나같이 청동으로 주조된 대포들이 …… 말에 끌려왔는데 …… 아주 매끄럽게 쉬이 끌려서 군대의 행군 속도를 따라갈 수 있었다. …… 매우 짧은 간격으로 발사하고 …… 성벽을 부술 때뿐 아니라 전장에서도 유용하게 쓸 수 있었다."[2] 귀차르디니의 진술은 다소 가감하여 받아들일 필요가 있다. 새로운 프랑스 대포가 옛날의 굼뜬 사석포에 비해서야 "기동성"이 월등했겠지만 오늘날 기준

----

railleuses가 제작되었으나 성능이 그다지 만족스럽지 못했다. Oman, *Sixteenth Century*, vol. II, 222, 227~228쪽.

1) 샤를 7세 치세기 프랑스의 대포 제작과 괄목할 만한 기술 진보에 관해서는 특별히 장 뷔로와 가스파르 뷔로Jean and Gaspard Bureau 형제를 언급해야 한다. Oman, *Sixteenth Century*, vol. II, 226, 404쪽 참조.

2) Guicciardini, *Storia*, vol. I, ch. 2. 좀 더 상세한 내용은 Iovius, *Historiae*, vol. I, 24~25쪽도 참조하라. 샤를 8세의 대포의 기술적 특성에 관해서는 Bonaparte and Favé, *Études*, book I. vol. III, 206~208쪽을 참조하라.

에서 볼 때, 결코 기동성이 뛰어나다고 말할 수는 없었다. 일반적으로 1512년 라벤나 전투와 1515년 마리냐노 전투가 역사상 최초로 대포로 승리한 전투라 인식되지만[1] 다른 요인들도 전투 결과에 상당한 영향을 미쳤음을 부인하기는 어렵다. 17세기 중반까지 유럽의 대포는 여전히 기동성이 떨어지고 발사 간격이 큰 것이 특징이었다. 그러나 16세기 말에 이르러 유럽의 포병들은 공성용 대포와 야전용 대포 간 차이를 인식하게 되었고[2] 그에 따라 공격력을 약화시키지 않으면서도 기동성을 개선할 수 있는 방법을 고민하기 시작했다.[3]

대포는 개성적인 존재였다. 배처럼 각각 이름이 있었을 뿐 아니라 실제로도 서로 달랐다. 콜라도Collado는 밀라노 성 전투에서 200문이 넘는 각자 다른 유형의 발사기가 필요했지만 대포가 적절하게 표준화되었다면 열한 문이면 충분했을 것이라고 말한다.[4] 이 같은 난

---

1) Oman, *Sixteenth Century*, 50, 130~150, 160~171쪽. Hardy, *Tactique française*, vol. II, 240쪽. Lot, *Armée Françaises*, 36쪽. Lot, *L'art militaire*, 439쪽.

2) 1592년 콜라도는 이렇게 썼다. "대포의 종류는 세 가지다. …… 주 임무가 세 가지이기 때문이다. 첫째, 최대한 재빨리 적에게 해를 입힐 것. 둘째, 성벽과 요새를 파괴할 것. 셋째, 적의 선박과 갤리선을 가라앉힐 것."(Collado, *Plática*, p. 2 v.). 17세기 초 우파노Ufano도 비슷한 이야기를 한다(*Artillerie*, 33쪽 이하). 1641년 킨케르니는 "대포의 임무는 두 가지다. 첫째, 전장에서 적에게 해를 입히고, 둘째, 정복하려는 곳의 성벽을 무너뜨려야 한다. 이 임무에 따라서 다른 유형의 대포를 사용해야 한다. 첫 번째 목적을 위해서는 12인치나 그보다 작은 구경의 소형 대포만으로 충분하다. 두 번째 목적을 위해서는 12인치 이상의 큰 대포가 필요하다."(Chincherni, *Bombardiere*, 897쪽).

3) 여러 사료 가운데 Angelucci(ed.), *Documenti*, vol. I, 386, 387, 396, 398, 400, 405쪽과 Doorman, *Patents*, 143, 178, 182쪽을 참조하라.

4) Collado, *Plática*, p. 9 r. "가장 큰 문제점은 수비대의 각 대포에 맞는 대포알이 따로 있기 때문에 그에 맞는 대포알이 구비되지 않으면 대포가 무용지물이라는 것이다(el primero inconveniente es que las balas de las pieças de un presidio

맥상을 개선하기 위한 최초의 노력은 16세기로 거슬러 올라가며 17세기 내내 지속되었으나 18세기 전까지 만족할 만한 성과를 거두지 못했다.[1]

16세기를 거치면서 심각해진 또 다른 문제점은 기술적인 것과 어느 정도 관련되어 있지만 근본적으로 경제적인 것이었다. 15세기 내내 청동 대포가 선호되었다는 사실은 이미 언급했다. 연철 대포가 계속해서 제작되기는 했지만 품질이 떨어지는 것으로 간주되었고 그러한 평가는 틀리지 않았다. 15세기에는 주철 대포도 시도되었지만[2] 그다지 성공적이지 못했다. 청동 대포의 문제는 비용이 많이 든다는 것이었다. 구리와 주석은 매우 비쌌고 대포에 대한 수요가 커질수록 청동 대포 생산 비용은 감당하기 어려워졌다.[3] 또 당시 기술이 완벽

---

no pueden servir a aquellas del otro antes cada suerte de balas han de menester sus particulares pieças)."

1) 1549년 카를 5세는 대포의 구경을 표준화하라는 법령을 내렸지만 눈에 띄는 성과를 보지 못했다(Henrard, *Documents*, 254~255, 283~284쪽 참조). 프랑스에서는 1550년경 앙리 2세가 "여섯 가지 프랑스 대포 구경"을 도입했지만 1732년에 가서야 발리에르 법령Ordonnance Vallière으로 각 대포의 "형태와 구경을 규격화(l'exactitude des formes et des dimensions)" 하는 데 성공했다(Basset, *Histoire*, 928~930, 947쪽 참조).

2) 주철 대포 혹은 대포의 일부를 주철로 제작했다는 언급은 14세기 후반 문서에서 발견되며 15세기 문서, 특히 독일 문서에서 자주 나타난다(Johannsen, *Quellen*, 365~394쪽). 15세기 초 프랑스는 철제 대포 주조 방식을 독일에서 도입해, 이후 부르고뉴 지방에서 철제 대포를 주조하게 된다(Sprandel, *Ausbreitung*, 89쪽).

3) 이 같은 상황은 "종에 대한 권리"를 이야기하는 이 시대 문서에도 생생하게 드러난다. 헌병감의 의무를 기술한 16세기 영국 문서에는 "포병대장과 대원들에게는 그 지역과 일대에서 가장 좋은 종을 징발할 수 있는 권한이 있다"라고 적혀 있다. 1807년까지도 블룸필드 소장은 "어느 지역이 항복할 때 포병대장에게 도시와 인근 마을의 종을 모두 징발할 수 있는 권한을 허용하는 것이 변함없는 관례"였다고 이야기한다. 프랑스 군대에서는 "궁수대장Grand Maitre des Arbaletriers"이

하지 못했기 때문에 대포의 기대 수명이 매우 짧았으며[1] 따라서 이 같은 상황이 더 저렴한 대포를 개발하려는 또 다른 동기로 작용했다는 점도 염두에 두어야 한다.

2. 대포 부족에 시달린 에스파냐

16세기 중반 이전, 양적으로나 질적으로나 유럽 대포 생산에서 의미 있는 지역은 저지대 국가(Low Countries: 뫼즈 강-스헬더 강-이제르 강- 라인 강 유역의 북프랑스, 벨기에, 룩셈부르크, 네덜란드, 서독일 일부 지역을 포괄하는 느슨한 명칭. '플랑드르 지역'이라고도 부른다. ─ 옮긴이) 남부 제주諸州(말랭, 디낭, 나무르, 안트베르펜, 투르네, 몽 등)와 독일(뉘른베르크, 아우크스부르크, 마리엔부르크, 프랑크푸르트 등), 이탈리아(베네치아, 베르가모, 브레시아, 제노바, 밀라노, 나폴리 등)였다. 대포의 품질에 대해서 콜라도는 이렇게 적는다. "전문가들 사이에서 플랑드르와 독일에서 주조된 대포가 가장 뛰어나다는 데는 이론이 없는데 여기에는 여러 이유가 있다. …… 독일인들은 침착한 사람들이라 성미가 급한 이탈

항복한 지역의 대포와 종, 각종 구리나 청동 집기를 징발할 수 있는 권한을 보유했고 에스파냐 군대도 같은 관례를 따랐다(Ffoulkes, *Gun-Founders*, 26쪽과 Vigon, *Artilleria*, vol. I, 103쪽 참조). 영국에서는 헨리 8세가 수도원을 해체했을 때 수도원의 종들이 국가에 많이 몰수되어 대포를 제작하기 위한 금속의 주공급원 역할을 했다(Walters, *Bells*, 350쪽과 Tawney and Power, *Tudor Economic Documents*, vol. I, 262쪽 참조). 콜라도(*Plática*, p. 10 v.)에 따르면 "종에서 나온 금속은 대포를 주조하는 데 적당하지 않다. 주석을 너무 많이, 다시 말해 25퍼센트나 함유한 탓에 종을 녹여 만든 대포는 쉽게 부서졌다."

1) Conturie, *Fonderie Nationale*, 93쪽.

리아나 에스파냐 사람들, 특히 성미가 가장 급하다고 할 수 있는 에
스파냐 인들보다 일 처리가 정확하고 꼼꼼하다. 또 독일에는 구리와
주석이 풍부한데 독일인들은 두 금속으로 훌륭한 청동을 만들어낸
다. 무엇보다도 독일인들은 몇 년씩 햇볕에 완전히 건조시킨 주물이
아니고는 쓰지 않는다. …… 독일산 청동 대포 다음으로는 독일의 제
조 방식과 규정을 엄격하게 따르는 베네치아산을 높이 친다."[1]

적어도 16세기가 시작될 무렵까지 이탈리아산 대포는 주로 현지
의 대량 수요를 충족시켰던 듯하며 플랑드르와 독일산은 상당량이
수출되었던 듯하다. 15세기 후반과 16세기 전반, 일부 플랑드르 대포
가 영국에 팔리기도 했지만 독일과 플랑드르의 대포 대부분은 포르
투갈과 에스파냐에 수출되었다.

15세기의 마지막 15년간 포르투갈은 대포 무역상들의 훌륭한 시
장이었다. 대외 무역과 해외 팽창에 나서면서 포르투갈에는 대포 수
요가 크게 늘었지만 빈약한 국내 공급원으로는 그 수요를 충족시키
지 못했다. 그러나 해외의 모험적 사업에서 발생한 막대한 이익은 포
르투갈의 필요를 유효 수요로 전환시킬 수 있었다. 포르투갈의 국왕
들은 플랑드르와 독일의 대포뿐 아니라 그 지역의 포병과 대포 제작
자들도 들여왔다.[2] 일부가 선박 건조 부문으로 흘러들어갔음을 감안
하더라도 안트베르펜[3]을 통해 대량으로 수입된 구리는 포르투갈 현

---

1) Collado, *Plática*, p. 8 r.

2) Cordeiro, *Apontamentos*, 49쪽. Teixeira Bothelo, *Novos subsidios*, vol. I, 12,
   289쪽과 vol. II, 10, 55, 56쪽. Pieris and Fitzler, *Ceylon*, part I, 290~296쪽.
   15~17세기 포르투갈 배에 승선한 포병 대부분은 플랑드르나 독일 출신이었다.

3) 마누엘 대왕Manuel the Great 치세기(1495~1521년) 포르투갈은 안트베르펜에
   서 5,200톤이 넘는 구리와 각종 대포와 탄약을 수입했다(Van Houtte, *Anvers*,

지에서 대포 주조업이 발흥했음을 시사한다.[1] 그러나 포르투갈의 보잘것없는 대포 생산량은 수요를 만족시키기에 턱없이 부족했다. 반면 동양의 향신료와 서아프리카의 금과 상아, 후추는 안트베르펜에서 플랑드르와 독일의 대포로 쉽게 교환 가능했다. 더욱이 이 같은 무기 수입품은 관세를 물지 않았으므로[2] 포르투갈은 계속해서 외국의 대포와 포병에게 의존하게 되었다. 그러나 포르투갈의 대포 공급 기반이 본질적으로 취약하다는 점은 저지대 국가 남부 제주의 생산 잠재력에 심각한 영향을 미친 위기가 장기간 지속된 16세기 후반 분명해졌다.[3] (여기서 위기란 네덜란드 독립 전쟁(1568~1609년)을 말한다. 에스파냐 합스부르크 왕가의 속령이던 플랑드르 지역은 펠리페 2세의 즉위 이후 신교 탄압 정책과 각종 과세 조치 때문에 16세기 중반부터 독립 움직임이 본격화되었다. 결국 신교를 믿는 북부 7개 주는 네덜란드공화국을 수립했고, 가톨릭을 믿는 남부 지역(대체로 오늘날의 벨기에)은 상당한 자치권을 얻고 에스파냐의 속령으로 남았다. 그러나 전쟁으로 지역 경제는 피폐해졌다. — 옮

254~256쪽 참조).

1) Cordeiro, *Apontamentos*, 59~60쪽. Pieris and Fitzler, *Ceylon*, part I, 291쪽 이하. 대포 생산의 중심지는 물론 리스본이었지만 생산성은 숙련 노동력의 부족 탓에 언제나 제한되어 있었다. 1616년 국왕의 군사 추밀원Conselho de Guerra은 "리스본에는 왕립 대포 주조소가 세 곳, 민간 주조소가 두 곳 있지만 이 중 세 곳이 폐업 상태"라고 지적했다(Teixeira Botbelo, *Novos subsidios*, vol. II, 56쪽).

2) "왕국의 영토 안으로 들어오는 모든 무기는 무관세이며 십일조세(disma: 중세 이후 유럽에서 모든 교구민의 수입에 10분의 1만큼 부과한 세금. 실제로는 교회뿐 아니라 교구를 소유한 영주나 제후, 국왕의 수입원이기도 했다. — 옮긴이)나 다른 조례 세금(zisa: 상품의 규격과 가격 등을 규정하는 조례에 의해 부과되는 세금 — 옮긴이)에 구속받지 않는다"(Paumgartner, *Welthandelsbräuche*, 280쪽). 1515년부터 수입 구리는 조례 세금은 면제되었지만 십일조세는 물어야 했다.

3) Pirenne, *Histoire*, vol. IV, 407~433쪽.

긴이) 1580년에 왕국이 에스파냐에 병합된 것도 상황을 그다지 개선하지 못했다. 포르투갈은 17세기 내내 만성적인 대포 공급 부족에 시달렸으며 이 같은 부족 현상은 왕국과 해외 제국의 안전이 위협을 받던 위기 국면에 가장 극명하게 드러나게 된다.[1]

에스파냐의 사정은 포르투갈의 경우보다 좀 더 복잡하지만 실질적으로 크게 다르지 않았다. 에스파냐가 갑작스레 해외 팽창과 유럽의 거대한 패권 다툼에 뛰어들었을 때 왕국의 대포 생산력은 미미한 수준이었다. 대포는 종을 주조하다가 청동 대포로 전환하거나 철물을 만들다가 연철 대포 쪽으로 전환한 장인들에 의해 왕국 곳곳에서 생산되었다.[2] 이러한 생산 방식은 중세에는 아무런 문제가 없었지만 새로운 상황 속에서는 분명 만족스럽지 못했다. 이 같은 현실에 직면하여 왕실은 메디나 델 캄포와 말라가, 바르셀로나에 병기창과 대포 주조소를 설립했다.[3] 문제의 핵심은 숙련공의 부족이었다. 1557년

---

1) 1620년대와 1630년대 리스본의 추밀원이 인도의 부왕副王에게 보낸 서신에는 본국의 여건상 식민지에 충분한 수의 대포나 대포 제작자를 보낼 수 없다는 의견이 여러 차례 피력되어 있다. 대신 추밀원은 인도 현지의 대포 주조소를 개발할 것을 부왕에게 강력히 권유하고 있다. 실제로 포르투갈의 해외 식민지에서 입수 가능한 대포 대부분은 중국인 노동력을 이용해 마카오에서 주조된 것이다 (Boxer, *Expedições Militares*, 7~9쪽 참조). 1640년 에스파냐와의 연계가 끊어지자 포르투갈은 전통적 적국인 네덜란드에 다시 대포와 탄약을 의존해야만 했다. Rau, *Embaixada*, 95쪽 이하 참조(1645년과 1648년 네덜란드로부터의 수입은 Teixeira Bothelo, *Novos subsidios*, vol. II, 58쪽 주에도 언급되어 있다). 1656년 포르투갈과 네덜란드 사이에 전쟁이 발발하자 포르투갈은 함부르크에서 탄약을 수입해야 했다. Baash, *Verkehr*, 543쪽 참조. 가끔은 스웨덴에서 대포를 직접 수입하기도 했다. 62쪽 각주 5번을 참조하라.
2) Carrasco, *Artillería de bronce*, 32쪽 이하 참조.
3) 1495년 에스파냐는 메디나 델 캄포와 바사에 병기창을 세웠으나, 1497년 말라가를 정복한 후, 프랑스의 공격 가능성에 대비해 바사의 병기창과 주조소를 말라가

에스파냐 주재 베네치아 대사 바도에르Badoer는 "에스파냐보다 숙련공이 부족한 나라도 없을 것"이라고 썼다. 마드리드의 행정부는 이 견고한 장애 요인을 끝끝내 극복하지 못했다. 해군 건설과 마찬가지로[1] 대포 생산과 관련한 당국의 조치는 전반적으로 그때그때 내놓는 단기적인 처방에 머물렀다. 여기에는 군주와 관료의 안이한 접근 태도가 책임이 있지만 그것만으로는 설명이 부족하다. 카를 5세의 제국은 해가 지지 않는 광대한 영토 외에도 한 가지 크나큰 자산을 갖고 있었다. 즉, 에스파냐 합스부르크 제국은 유럽에서 대포 생산 잠재력이 가장 큰 지역을 대부분 흡수하였다. 에스파냐의 통치자들은 대포가 필요하면 플랑드르나 이탈리아, 독일의 유명 생산지로 주문 명령을 내리거나 플랑드르, 이탈리아, 독일 출신 대포 주조자들을 에스파냐로 불러오면 그만이었다.[2] 후자의 대안이 빈번하게 채택되고

로 이전했다(Vigon, *Artillería*, vol. I, 53~54쪽). 16세기 초 메디나 델 캄포의 주조소가 쇠퇴기에 접어든 반면 말라가의 주조소는 16세기 내내 번창했으나 1590년에 이르러 말라가의 주조소도 여건이 나빠지고 대포 제작자들이 "자취를 감추게 된다. 전반적으로 일할 곳이 없었기 때문이다(se iban acabando, pues no tenian generalmente donde trabajar)." (Carrasco, *Artillería de bronce*, 185쪽과 Vigon, *Artillería*, vol. I, 309쪽).

1611년에는 "인도 함대와 선단(Armadas y flotas de Indias)"을 위한 왕립 대포 주조소가 세비야에 건립되었다(Fenandez Duro, *Disquisiciones*, vol. V, 55쪽). 세비야는 17세기 내내 에스파냐 대포 생산의 중심지였으나(Carrasco, *Artillería de bronce*, 168쪽 이하) 생산 잠재력은 다소 제한되어 있었다.

1) 해군과 관련한 궁정의 무능한 정책에 관해서는 98쪽 각주 3번을 참조하라.

2) 플랑드르와 독일에 발주된 에스파냐의 대포 주문에 관해서는 Vigon, *Artillería*, vol. I, 124, 247, 311, 313, 314쪽, 345쪽 주 86을 참조하라. Yernaux, *Métallurgie*, 157쪽. 1520년에 카를 5세는 남부 주의 말랭에 왕립 대포 주조소를 건립했다. 에스파냐로 초청된 플랑드르와 독일의 대포 제작자들은 Carrasco, *Artillería de bronce*와 Vigon, *Artillería*, vol. I, 220, 311쪽을 참조하라. 1547년에 펠

꾸준히 추구되었다면 틀림없이 에스파냐의 오랜 숙련공 부족 문제를 해결할 수 있었을 것이다. 그러나 위급 상황이 해소되고 나면, 외국의 포병들은 경제적인 이유로 고향으로 돌려보내졌고 소수의 에스파냐 장인들은 더 이상 일감을 얻을 수 없어 무일푼이 되었다.[1] 단기적 측면에서 볼 때 에스파냐 궁정의 조치를 비난하기는 어렵다.[2] 그러나 정책상의 실패는 장기적인 것이고 케인스의 유명한 금언과 반대로, 국가는 장기적으로 산다(케인스의 금언은 "장기長期에 우리는 모두 죽는다"를 말한다. 국가의 시장 개입을 반대하고 시장에 의한 '장기 균형'을 금과옥조로 삼는 고전파 경제학을 비판하는 맥락에서 나온 말이다. — 옮긴이).

16세기 후반 동안, 전쟁과 종교적 대립, 통치의 실패로 인해 저지대 국가 남부 제주의 경제는 완전히 망가지고 말았다.[3] 그에 따라 숙련공이 대거 국외로 이주했다.[4] 당대의 기술 발전을 따라가지 못한 이탈리아는[5] 플랑드르의 위기가 가져온 공백을 메울 능력이 없음이 드러났다. 두 주요 공급원이 붕괴하자 에스파냐는 극심한 군비軍備

리페 2세는 독일 주재 대사에게 에스파냐로 데려올 "뉘른베르크의 대포 제작자 가운데 가톨릭교도(de los de Nuremberg que fusen católicos)"를 물색하라고 지시했다(Vigon, *Artillería*, vol. I, 345쪽 주 82). 리에주에서 에스파냐로 건너온 대포 제작 기술자들에 관해서는 Yernaux, *Métallurgie*, 162쪽을 참조하라.

1) Carrasco, *Artillería de bronce*, 184쪽 이하 참조.

2) 에스파냐의 주조소가 아닌 플랑드르나 독일, 이탈리아에서 대포를 구입하는 결정은 대체로 상대적 비용을 면밀히 분석한 후 내려졌다. Carrasco, *Artillería de bronce*, 53, 184쪽 외 여기저기.

3) Pirenne, *Histoire*, vol. IV, 407~433쪽.

4) 아래에서 보듯, 스웨덴과 러시아 철강 산업의 발전은 이들 "왈롱 인(스웨덴에서 부르는 이름)" 혹은 "프랑스 인(러시아에서 부르는 이름)"의 대량 이주 덕분에 가능했다. 이러한 "인적 자본" 손실은 남부 제주의 몰락에 크게 영향을 미쳤다.

5) Cipolla, *Decline*, 182~185쪽 참조.

위기를 겪었다. 위기는 1570년대에 이미 표면화했고 이후 수십 년 동안 무섭게 악화되었다.[1]

몇몇 선도적인 정책은 1611년 세비야에 설립된 왕립 주조소와 1620년대에 비스케이에 설립된 주철 공장과 같은 실질적이고 장기적인 성과를 이루었다. 그러나 전반적으로 에스파냐의 군수 산업은 왕국의 웅대한 제국적 정치의 필요를 따라가지 못했다.[2] 왕국은 종종 적국의 생산에 의존해야 했다.[3] 이 같은 상황에 대해 왕실과 관료제

---

1) 1570년대부터 에스파냐가 영국산 대포를 필사적으로 수입하려 했다는 증거는 많다. 1578년에는 "어떤 사람"이 영국에서 150문의 대포를 구입해 에스파냐로 전달하겠다는 제안을 했다. "포병대가 철통같이 지키고 있는 영국에서 알아채지 못하도록(para que no se sepa en Inglaterra donde hai tanto recato en la saca de artilleria)" 거래는 물론 비밀리에 진행되어야 했다. 1583년에는 23문의 대포가 영국에서 수입되어 1.5톤의 탄약 이외에 철 수입량은 총 13.5톤에 달했다(Carrasco, *Artillería de hierro*, 66쪽). 1588년 두 에스파냐 인이 리처드 톰슨이라는 영국인에게 "막대한 양의 주철 대포를 함부르크나 네덜란드의 로테르담, 혹은 칼레에서 전달할 경우 2만 크라운을 주겠다."고 제안했다(*Calendar State Papers*, Domestic, Elizabeth, 244쪽 주 16, April 3, 1593). 대포가 절실했던 이 에스파냐 인들은 톰슨에게 여생 동안 40두카트의 연금을 지불하겠다고 제안하기까지 했다. 에스파냐는 1591년에 다시 영국에서 주철 대포를 수입하려 했으며(Cunningham, *English Industry*, vol. I, 57쪽) 1619년에 "많은 양"의 영국산 대포를 이번에는 합법적 경로로 수입했다(49쪽 2번 각주를 보라).
2) 17세기 에스파냐의 주요 대포 생산지인 세비야는 일반적 구경의 대포를 연간 36문 이상 생산하기 힘들었다(Carrasco, *Artillería de bronce*, 53~54쪽). 당시 영국과 스웨덴의 대포 공장들은 모든 구경의 대포를 연간 100문에서 200문가량 생산할 수 있었다(부록 1 참조).
대포 생산에 대해 이 텍스트에서 언급한 내용은 화약 생산에 대해서도 유효하다. 1592년, 콜라도(*Plática*, p. 76 v.)는 에스파냐에 "칠레 초석이 풍부한데도 현지에 산업을 육성하지 못해 항상 국외에 화약을 간절히 요청해야" 했다고 불평한다.
3) 위 각주 1번에서 보듯, 에스파냐는 16세기 후반과 17세기 초반에 영국에서 주철 대포를 수입했지만, 17세기부터 산탄데르에서 주철 대포가 생산되기 시작했다

만 책임이 있는 것은 아니다. 영국이나 네덜란드, 스웨덴의 발전과 대조적으로 에스파냐는 민간 기업이 부진한 것이 두드러지며 이 같은 부진은 군수 산업에만 국한되지 않았다. "에스파냐는 거의 모든 생필품, 노동력이 많이 드는 거의 모든 상품을 외국으로부터 공급 받는다."라고 당대의 정통한 소식통은 말했다. 베네치아 대사 벤드라민은 이 같은 상황이 에스파냐의 국제 수지에 미치는 영향을 언급하면서 "서인도 제도에서 오는 금이 에스파냐에 하는 일은 비가 지붕에 하는 일과 같다. 둘 다 한바탕 쏟아진 후 흘러가버린다."

3. 영국의 혁신, 주철 대포의 등장

영국 해협 너머의 영국(원문이 '잉글랜드'임에도 '영국'으로 옮긴 것은, 저자가 웨일스와 잉글랜드를 합쳐 잉글랜드로 쓰고 있어서 원문대로 옮길 경우 독자들에게 혼동을 줄 수 있기 때문이다. 따라서 이 책에서 영국이라 함은 1707년(잉글랜드가 웨일스에 이어 스코틀랜드까지 병합해 연합왕국을 수립한 해) 전까지는 잉글랜드와 웨일스만 가리킨다. — 옮긴이)은 16세기 초까지만 해도 보잘것없었다. 잉글랜드와 웨일스의 인구는 400만 명에 못 미쳤다. 반면 프랑스의 인구는 분명 천만 명을 넘었으며, 에스파냐도 본토의 인구가 700만 명이 넘는 데다 새로 획득한 이탈리아 영토에 400만 명이 넘는 인구가 있었다.[1] 영국의 소규모 인구는 더 많은 1인

(56쪽 각주 3번 참조). 그러나 뛰어난 품질에도 생산량이 제한되어 17세기 후반 내내 네덜란드에서 대포를 수입해야 했다(Janiçon, *Provinces-Unies*, vol. I, 498쪽).

1) Urlanis, *Naselenija*, 137~158, 164~169쪽.

당 소득이나 더 높은 생산성으로 상쇄되지 않았다. 그와 반대로 유럽 대륙의 사람들 눈에 영국은 분명 저발전 국가였다. 영국의 대포 산업과 군비도 예외가 아니었다. 활이 영국의 무기로서 1595년까지 공식적으로 폐기되지 않았다는 이야기는[1] 영국의 기술 발전에 관한 진지한 역사라기보다 영국 민담의 역사에 속한다. 그러나 민담과 전승을 감안하더라도 14세기와 15세기 영국의 군수 산업이 대륙의 수준을 따라가지 못한 것은 대체적으로 사실이다. 한 가지 원인은 영국 삼림 지대 가까이에 철광석 공급원을 쉽게 찾을 수 있었다는 점이다. 이로 인해 영국인들은 야금에서 철에 주력하게 되었고 구리 합금 공정보다 철 제련 공정이 기술적으로 더 후진적인 한 기술적으로 계속 불리한 위치에 머무를 수밖에 없었다.

영국 제련 산업의 중심지 가운데 하나는 서식스 주 윌드의 애시다운 포레스트였다. 15세기 후반, 헨리 7세의 강력한 추진력 아래, 이곳에서 대포 생산이 크게 확대되었다. 제련 기술을 개선하기 위해 많은 노력이 기울여졌고 분명 기술적 진보가 이루어졌다.[2] 남아 있는 기록을 보건대, 애시다운에서 일한 많은 대포 제작자들이 프랑스 출신의 포병이었다는 사실은[3] 영국이 제철 분야에서도 더 발전한 대륙의 기술자와 '노하우'를 수입해야만 했다는 것을 방증한다. 1490년부터 1510년 사이 포탄 주조와 더불어 철제 대포 주조가 시도되어, 1509~1513년 사이 주철 대포가 제작되었다.[4] 품질이 얼마나 뛰어

---

1) Fuller, *Armament*, 88쪽, 102쪽 주 28. 1625년까지도 영국에는 여전히 장궁 Long-bow을 다시 도입해야 한다고 주장하는 사람들이 있었다.

2) Schubert, *Iron Industry*, 162~170쪽.

3) Schubert, *Cannon*, pp. 132 P.-135 P.

4) Schubert, *Iron Industry*, 167쪽.

났는지는 알 수 없지만, 그다지 만족스러운 수준은 아니었을 것이다.

헨리 8세(1509~1547년)는 즉위하자마자 대포 분야에서 영국의 약점을 금방 파악했다. 해군과 육군에서 영국의 대포 대다수는 연철 막대기 여러 개를 세로로 이어 용접해 만든 구형舊型이었다.[1] 영국에는 청동 대포 주조소가 딱 한 군데, 런던탑에 있었는데 여기만으로 왕국의 광범위한 수요를 충족시킬 수 없었다.[2] 윌드에서 제작된 주철 대포는 헨리 8세에게 그다지 큰 믿음을 주지 못했던 것 같다. 에스파냐의 군주들처럼 대륙의 청동 대포에 찬탄을 보내던 헨리는 저지대 국가 남부 제주에 눈길을 돌려 말랭의 장인, 한스 포펜라위터르Hans Poppenruyter에게 대포를 대량 주문하였다. 이후 근 20년 동안 헨리 8세는 포펜라위터르에게서 "열두 사도"라는 이름이 붙은 거대 사석포 12문을 포함해 다양한 구경의 대포를 적어도 140문을 구입했다.[3]

치세 초기, 헨리 8세는 아버지 헨리 7세가 신중하게 모은 국고 덕분에 큰 씀씀이를 유지할 수 있었다. 그러나 얼마 지나지 않아 국고가 바닥나고 에스파냐 군주들과 달리 그의 수중에는 아메리카의 부富

---

1) Clowes, *Sailing Ships*, vol. I, 62쪽.
2) 헨리 8세는 해군에 대포를 대량으로 제공했고, 육군도 성능이 뛰어난 대포로 무장시켰으며, 프랑스의 공격을 받기 쉬운 연안 지방을 방어하기 위해 대포를 설치한 일련의 요새를 세웠다. 연안 지방의 요새화 작업은 막대한 비용이 들었다. Oman, *Sixteenth Century*, vol. II, 352~355쪽 참조. 헨리 8세의 해군 무장에 관해서는 Clowes, *Sailing Ships*, vol. I, 62~64쪽과 Lewis, *Armada*, 65쪽을 참조하라.
3) Ffoulkes, *Gun-Founders*, 4, 29, 41~42, 106, 107쪽. 한스 포펜라위터르에 관해서는 Henrard, *Documents*, 250~251쪽을 참조하라. 당시 저지대 국가 남부 제주는 아직 에스파냐의 영토가 아니라 헨리 8세의 좋은 친구이자 카를 5세의 할아버지인 오스트리아의 막시밀리안 1세(1493~1519년)의 소유였다.

가 없었다. 1523년부터 벌써 포펜라위터르는 국왕이 갚지 않은 빚 때문에 — 그의 표현을 그대로 따르자면 — "크나큰 절망과 위험에 빠졌고" 여러 차례 빚을 받아내기 위해 헛되이 시도해보다가 결국 "대포로 돈을 벌" 준비가 되어 있다고 입장을 밝혔는데 아마도 타협할 준비가 되어 있다는 뜻이었을 것이다.[1]

1543년 프랑스와의 전쟁이 임박해져 군비를 확장해야만 했을 때 헨리는 사실상 파산 상태였으므로 자국의 산업과 현지의 원자재에 의존해야 할 필요는[2] 어느 때보다도 분명해졌다. 애시다운 포레스트의 제철소가 방치되기는 했지만 결코 완전히 가동을 중지하는 않았다는 점에서 헨리로서는 운이 좋았다. 전쟁이 나기 고작 2년 전인 1541년에 헨리는 윌리엄 레빗William Levett을 뉴브리지에 있는 왕립 제철소의 전차인轉借人으로 임명했다. 윌리엄 레빗은 벅스티드 교구의 사제였는데 비록 그가 서식스에서 국왕의 세금 징수 대리인으로서의 임무를 출중히 수행하긴 했지만, 국왕의 선택은 다소 기묘해 보였다. 그러나 결국 그의 선택은 탁월했음이 드러났다. 1543년 국왕에게 대포가 필요했을 때 진취적인 교구 사제는 인근에서 작업 중이던 여러 프랑스 대포 제작자들의 노동력을 확보하고, 왕국의 군대 내에서 실력이 가장 뛰어난 청동 대포 주조자인 피터 보드Peter Baude를 런던에서 데려온 후, 용광로를 다루는 법과 용해된 철을 주물에 붓는

---

1) Ffoulkes, *Gun-Founders*, 29, 109쪽.
2) 영국인들의 경우, 브리튼 제도에 구리 산지가 없다는 것이 큰 약점이었다. 주철 대포가 대량으로 생산되었던 엘리자베스 치세기에는 "대포 제작에 크게 도움이 되는 …… 놀라운 발명"에 국왕의 특허장이 부여되었는데 이 "놀라운 발명"의 장본인들은 황산구리를 첨가해 고열로 가열하면 철을 구리로 바꿀 수 있다고 주장했다. Cunningham, *English Industry*, vol. I, 58쪽 참조.

방법을 잘 아는 숙련 제철 장인 랄프 호지Ralph Hogge까지 끌어들여 최고의 작업 집단을 꾸렸다. 동원 가능한 최고의 전문가들을 끌어모은 정력적인 사제는 이들을 작업에 착수시켰고 이내 그의 교구에서는 뛰어난 품질의 주철 대포 여러 문이 성공적으로 제작되었다.[1] 이 사건은 서식스의 제철 산업이 번성하기 시작했음을 알렸고 대포 생산의 역사에서 새 장을 열었다.[2]

새로 제작된 대포들은 성능이 뛰어나서, 1545년에 레빗은 무려 120문의 대포를 주조하라는 명령을 받았는데 거의 2년 만에 임무를 완수했다.[3] 대형 공성용 포를 만들라는 추가 명령에 따라 애시다운 포레스트 서쪽 워스 포레스트에는 이중 용광로가 들어섰는데 이 용광로는 그런 유형으로 지금까지 알려진 영국 최초의 용광로였다.[4] 1573년 서식스에서 용광로가 여덟 개 있었고 켄트에도 연간 생산량 500~600톤의 철로 대포와 포탄을 주조하는 용광로가 하나 있었다. 1600년경 연간 생산량은 대략 800~1000톤이었다.[5]

---

1) Schubert, *Iron Industry*, 171~172쪽.

2) 일반적으로 1543년에 "영국에서 첫 주철 대포가 생산"되었다고 인정된다. 앞서 언급했듯이 철제 대포는 영국에서 1509~1513년에 이미 주조된 적이 있으나 (Schubert, *Iron Industry*, 164, 167쪽), 1509~1513년에 주조된 대포와 1543년 이후 주조된 대포 사이에는 눈에 띄는 차이가 있다. 초창기 생산품은 박격포 유형으로, 포신이 짧고 구경이 컸다. 반면 1543년 이후 생산된 주철 대포는 포신이 더 길고 무거우며 구경이 더 작았다. 더욱이 초기 모델은 약실(藥室: 총포에서 탄약을 재어 넣는 부분 — 옮긴이)이 분리 가능한 반면 이후 모델은 약실과 포강(砲腔: 포신 속의 빈 부분 — 옮긴이)이 일체형으로 주조되었다. 여기에 대해서는 Schubert, *First cannon*과 Schubert, *Iron Industry*, 249~250, 255쪽을 참조하라.

3) Schubert, *Iron Industry*, 247쪽.

4) Schubert, *Iron Industry*, 247쪽.

5) Schubert, *Iron Industry*, 250쪽.

　어째서 영국이 상대적으로 안정적인 주철 대포를 생산하는 데 갑자기 성공하게 되었는지 구체적인 요인이 전적으로 분명하지는 않다. 젠킨스는 수십 년 전에 쓴 글에서 서식스의 철이 주조하기 좋은 원광이었다는 사실을 지적하지만 그런 원광은 유럽 대륙 곳곳에서 발견된다는 점을 인정한다. 그가 제시한 설명은 "서식스 사람들이 더 뛰어나고 저렴하게 주물을 제작하는 방식을 발명했고" 그와 더불어 어쩌면 대포에 적절한 크기를 찾아냈을지도 모른다는 것이다.[1] 슈버트 박사는 기본적으로 젠킨스의 시각을 고수하지만 1543년 이후 서식스에서 주조된 대포는 1543년 이전의 대포들보다 "포신이 더 길고 구경이 더 작았다"는 사실을 덧붙인다. 그의 견해로는, "이 점이 더 큰 추진력을 가능케 한 엄청난 기술 진보"이다.[2] 그러나 새 대포들이 어째서 이전 시기의 주철 대포들과 달리 터지지 않았는지는 여전히 설명이 필요하다. 철강 산업의 기원을 논한 책에서 워타임Wertime은 서식스 원광에서 인燐의 존재의 중요성을 강조한다. 그에 따르면 서식스 대포의 "내구성과 효율성"은 "상당 정도 원광에 인이 포함되어 있기 때문이다. …… 서식스의 장인들이 오늘날 제철 공정에서 여전히 적용되는 기본 규칙들 대부분을 제한적으로나마 이해하고 실용적으로 적용했다고 보는 것이 적절할 것이다. 기본 규칙들이란 인을 함유한 특정 갈철석의 긍정적 기능, 유황의 부정적 기능, 회철석의 중심적 기능, 올바른 붓기와 주형 만드는 일의 중요성, 담금질을 하지 않고 천천히 냉각시키기 등등이다."[3]

---

1) Jenkins, *Sussex*, 22~23쪽.

2) Schubert, *Iron Industry*, 255쪽.

3) Wertime, *Steel*, 168, 175쪽. 당시 생산된 주철 열 반사판의 소형 모델을 살펴보

기술적 성공의 이유가 무엇이든 그것이 경제적 성공으로 이어졌다는 것은 분명하다. 적절하게 지적되었듯이 "대포 제작은 16세기 제철업에서 수익성이 가장 높은 분야였다."[1] 주철 대포 생산이 빠르게 증가했고 영국 제품과 기술력의 명성은 재빨리 유럽 전역으로 퍼져 나갔다. 16세기가 저물기 전, 베네치아의 이름난 대포 제작자 젠틸리니Gentilini 같은 전문가들은 비록 대륙의 대포 쪽에 편향되어 있었지만 "사실대로 말하자면, 영국인들은 분별력 있고 영리한 사람들이다. …… 새로운 발명에 재간이 있다."[2]라고 썼다. 그즈음 영국산 대포는 물론이고 영국의 기술자들도 유럽 전역에서 열렬히 환영받았다.[3] 토인비식으로 표현하자면, 영국의 예는 도전이 대담하고 성공적인 응전을 만난 전형적인 경우였다.

4. 영국산 대포, 유럽 시장을 평정하다

사실, 주철 대포는 여러 측면에서 여전히 청동 대포보다 열등했다.

면 서식스에서 생산된 주철은 대부분 서선(鼠銑: 탄소가 많아 흑연의 형태로 석출析出되고, 갈라진 틈이 회색으로 된 선철 — 옮긴이)이었다. Schubert, *Iron Industry*, 255쪽 참조.

1) "처음부터 대포는 제철 제품 가운데 가장 값나가는 품목이었다. 일례로 1546~1548년에 서식스의 워스에서 생산된 대포는 톤당 10파운드에 팔렸으나 대부분의 철근은 톤당 8파운드나 9파운드에 팔렸다."(Schubert, *Iron Industry*, 253쪽).

2) Gentilini, *Bombardiere*, 55쪽.

3) 1570년과 1650년 사이 영국의 제철 장인은 유럽 대륙에서 높은 인기를 구가했다. Straker, *Wealden*, 151~154쪽, Schubert, *Iron Industry*, 253쪽 주 4, 254쪽 주 1을 참조하라. 에스파냐로 초청된 영국 대포 제작자에 관해서는 Carrasco, *Artillería de hierro*, 66쪽을 참조하라.

이것이 대포 전문가들 사이에서, 특히 청동 대포가 최고의 경지에 도달한 대륙에서 가장 우세한 견해였다는 것은 틀림없다.[1] 젠틸리니의 말처럼 "청동 대포는 녹슬지 않는다. 그러므로 포병이 위험에 처하지 않고 안심하고 포를 발사할 수 있지만 주철 대포는 그렇지 않다. 포탄이 얼마간 대포 안에 있으면 녹이 슬기 때문이다."[2] 그러나 청동을 선호하는 데는 더 중요한 이유가 있었다. 영국의 대포 제작자들이 이룬 크나큰 진보에도 불구하고 주철 대포는 여전히 청동 대포보다 더 부서지기 쉬웠다. 런던 기록 보관소에 소장된 기록부를 보면 강도 검사를 통과하지 못한 주철 대포에 관한 언급과 주철 대포가 청동 대포보다 덜 믿음직하다는 사실을 입증하고도 남는 전투 중의 사고 기록을 계속해서 만나게 된다.[3] 더욱이 금속 자체가 내구력이 낮기 때문에 철제 대포는 청동 대포보다 확연히 두껍게 만들어야 했다. 그 결과 주철 대포는 비슷한 크기의 청동 대포보다 훨씬 무거웠다.[4]

---

1) Wertime, *Steel*, 168~169쪽 참조. 여기에 이견을 표명하는 사람은 거의 없었다. 이견을 나타낸 사람 가운데 영국인 포병 엘드리드는 다음과 같은 견해를 피력했다. "청동은 열을 받을수록 약해진다. 반면 철제 대포는 열을 받아도 전혀 손상되지 않는다. 더욱이 청동 대포는 구리, 양철, 주석 따위 금속이 잡다하게 혼합된 반면 철제 대포는 철 한 가지만으로 만들어지기 때문에 더 단단하다. 단일 금속이 합금보다 더 강한 법이다." Ffoulkes, *Gun-Founders*, 24~25쪽 참조.

2) Gentilini, *Bombardiere*, 55쪽.

3) Ffoulkes, *Gun-Founders*, 12, 23쪽.

4) 다양한 유형의 대포의 무게에 관해서는 73쪽 각주 3번을 참조하라. 철제 대포는 청동 대포보다 더 무거웠다. 네덜란드 선박은 36파운드 청동 대포를 많이 실은 반면 철제 대포는 18파운드 포로 제한했다. "철제 대포는 그보다 더 크면 굉장히 무겁지만, 효과는 똑같기 때문이다(parce qu'ils sont extremement pesans et qu'ils font autant d'effet que s'ils estoient plus gros)." (파리 국립문서보관소 문서 번호 Cobert 4219, *Addition au mémoire concermant la fonderie des canons*, July 1671, F. 4).

그러나 주철 대포는 청동 대포에 비해 한 가지 이점이 있었다. 비용이 적게 든다는 것이었다. 청동 대포의 가격은 평균해서 보통 주철 대포의 서너 배에 달했다.[1] 따라서 한마디로 말해, 영국인들은 떨어지는 품질을 가격에서 보상하고도 남는 제품을 들고 나온 셈이다. 같은 시기, 직물 산업 분야에서 외국의 경쟁자들을 물리치기 위해 애쓰면서 영국은 그와 동일한 태도와 행동 노선을 보여주었다.[2] 실용성에 대한 영국인들의 국민적 기질은 장식 부분에서 여실히 증명된다. 런던탑의 무구장Master of Armouries이었던 포크스는 다음과 같이 썼다. "헨리 8세 치세부터 19세기 중반까지 일련의 영국 대포에서 두드러지는 특징 가운데 하나는 형태의 단순성과 실용적 필요를 위해 장식적 기능을 희생한 것이다. …… 마찬가지로 실용적, 기술적 필요

---

1) 철제 대포는 안전상의 이유로 청동 대포보다 더 무겁게 만들어야 했기 때문에 두 대포 간 비용 차이는 다소 줄어들었다. 그러나 1632년 무렵 영국의 존 브라운은 해군의 소형 전함에 실린 청동 대포를 주철 대포로 교체하는 방안을 건의했다. 그는 총중량 90톤의 청동 대포를 주조하는 데는 1만 4,332파운드 5실링이 들지만 이를 주철 대포로 교체하면 3,600파운드 밖에 들지 않는다고 주장했다. 1636년 무렵에는 이번에도 역시 영국에서 총중량 34톤 344킬로그램의 컬버린 포와 반半컬버린 포(컬버린 포는 15~17세기에 사용된 포신이 가늘고 긴 포이고, 반컬버린 포는 소형 컬버린 포를 말한다. — 옮긴이)를 주조하는 데 청동은 5,355파운드가 들지만 주철의 경우 1,176파운드 밖에 들지 않는다는 계산 결과가 제시되었다(*Calendar of State Papers*, Domestic, 1631-3, vol. 230, n. 36; 1636-1637 vol. 340. n. 48). 1578년 에스파냐에서는 "아르마의 대장(el Capitan General del Arma)" 돈 프란시스코 데 알라바가 청동 대포는 100킬로그램당 16두카트의 비용이 드는 반면 주철 대포는 5.5두카트밖에 들지 않음을 지적하며 "왕국에 주철 대포를 도입하는 것이 유용"함을 역설했다(Carrasco, *Artillería de hierro*, 66쪽). 1644년 루이 드 게르Louis de Geer는 스웨덴 추밀원에 주철 대포의 제작 비용은 청동 대포의 3분의 1에 불과하다고 보고했다(Heckscher, *Ekonmiska Historia*, pt 1, vol. II, 454쪽). 원자재의 가격에 관해서는 부록 1을 참조하라.
2) Cipolla, *Decline*, 182~183쪽.

를 우선시하는 경향은 영국 갑옷 전반에서도 찾아볼 수 있다. 영국의 갑옷은 첼리니Cellini, 캄피Campi, 줄리오 로마노Guilio Romano나 루브르 파Louvre School의 갑옷 디자인을 특징짓는, 화려하지만 서로 모순적인 요소들이 잡다하게 뒤섞인 난삽함이라는 덫에 빠지지 않았다."[1] 영국인에게 중요한 것은 오로지 자신들이 만들어낸 제품이 제 기능을 다하면서 비용은 적게 드는 것뿐이었다. 영국의 이런 실용주의적 태도와 같은 시기 이탈리아 대포 제작자들의 쓸데없는 사치보다 더 확연한 대조를 이루는 것도 없다. 이탈리아의 일부 대포 장인들은 대포의 효율성을 저해하리라는 것을 잘 알면서도 미적인 이유 때문에 대포뿐 아니라 심지어 탄알에도 장식을 새겨 넣었다.

영국의 주철 대포는 이내 유럽 전역에서 큰 인기를 누리게 되었다. 대륙의 여러 전문가들과 포병들이 영국산 대포에 반대해 목청을 높였지만 경제적 이점이 너무도 명백했기 때문에 각국 정부는 영국산 새 무기를 무시할 수 없었고 영국 대포 산업의 수출 활로는 즉시 뚫렸다. 1567년 엘리자베스 1세는 랄프 호지에게 "주철 대포와 포탄"을 수출할 수 있는 독점권을 부여했지만 이미 1573년에 호지는 자신의 특권이 끊임없이 침해를 받고 있으며 다른 대포 제작자들이 스웨덴과 덴마크, 프랑스, 에스파냐, 네덜란드, 심지어 플랑드르에까지 물건을 수출하고 있다고 불평하고 있다.[2] 영국산 대포에 대한 수요 구조는 주목할 만한 변화를 겪었다. 영국 배들의 사략私掠 행위(16세

---

1) Ffoulkes, *Gun-Founders*, 28쪽.
2) Tawney-Power, *Documents*, vol. I, 262~263쪽. 호지의 보고서는 대포를 몰래 국외로 빼돌리는 각양각색의 방법의 관해 자세한 실례를 제공한다. 덴마크로의 수출에 관해서는 Christensen, *Historia*, 24~25쪽을 참조하라.

기부터 19세기 초까지 유럽 국가들이 전시에 민간 상선이 적선敵船을 공격·나포할 수 있는 권한을 부여한 것을 말한다. 상설 해군이 설립되기 전까지는 해전에서 큰 비중을 차지했다. 이러한 사략 행위는 서인도 제도의 에스파냐 무역선을 공격해 엄청난 전리품을 챙긴 프랜시스 드레이크의 예에서 볼 수 있듯 국가의 허가 아래 자행된 사실상의 해적질이다. ― 옮긴이)와 해상 무역이 증가하면서 민간 부문의 내수가 급격히 증가하고 평화 시기에 민간 수요가 공공 수요보다 더 큰 비중을 차지하게 된 것이다. 1621년, 존 브라운John Browne은 "일 년 동안 용광로 가동 기간 중 군대의 수요는 열흘만 차지할 뿐"이라고 말했다.[1] 외국의 수요도 갈수록 큰 비중을 차지하게 되어서 1573년 무렵 호지에 따르면, "영국에서 생산되는 대포 대다수가 국내에서 거래되지 않았다."[2] 이 같은 상황은 정치가들 사이에서 불안과 의심을 불러일으켰다. 월터 롤리 경Sir Walter Raleigh의 말에 따르면 영국의 대포는 "소중한 보물"이었다. 그런데

---

1) *Calendar State Papers*, Domestic, Addenda 1580-1625, vol. 42, no. 66, dec. (?) 1621.

2) 호지의 보고서에 따르면 "연간 400톤이 넘는 철제 대포가 주조되며 생산 전량이 왕국 내부에서 판매되는 것은 아니다"(Tawney-Power, *Documents*, vol. I, 262~263쪽). 일부 문서(*Calendar of State Papers* 14, vol. 26, no. 52, February 17, 1607)에 남아 있는 수치는 1596년부터 1603년 사이 영국에서 약 2,270톤, 연간 평균 325톤의 주철 대포가 수출되었음을 나타낸다. 이 수치는 대체로 타당해 보이지만 문서의 기록이 분명하지 않은 탓에 수치 해석에 이견이 있을 수 있다. 1601년에는 에드워드 피크라는 사람이 하원에 대포 수출 금지를 청원했다. 피크는 수출 대포에 톤당 4파운드의 관세를 부과하면 여왕이 연간 3,000파운드의 수입을 올릴 수 있다고 진술했다. 따라서 당시 연간 최고 750톤 분량의 대포가 수출되었다고 추정할 수 있다(Taylor, *Camden's England*, 357쪽). 그러나 다른 자료(*Calendar of State Papers*, 14/8/132(July 1604))에서는 "대포의 수출 관세는 연간 약 1,200파운드"라는 수치가 제시된다. 이 경우 톤당 4파운드의 관세율을 대입하면 역시 연간 300톤이라는 수치가 나온다.

왜 이 "보물"을 잠재적인 적의 손에 넘겨준단 말인가? 이러한 시각은 정계에서 널리 공유되었고 그 결과 1574년 엘리자베스 여왕은 영국에서 제작되는 대포의 숫자를 "왕국의 영토 내에서 사용되는" 수준으로 제한하는 칙령을 내렸다. 여왕의 칙령 이후, 대포 수출 문제는 국내외를 가리지 않고 최대한 많은 대포를 팔고 싶은 대포 제작자들과 대포 수출을 금지하려는 정치가들이 대립하는 지점이 되었다. 결과는 당연히 탄원, 제안, 주장, 반론, 당대의 파킨슨 박사라도 즐겁게 할 만한 대규모의 법률과 각종 특허 규제의 연속이었다.[1] (영국의 역사학자이자 경영 연구가인 C. N. 파킨슨이 사회를 풍자적으로 분석한 '파킨슨의 법칙'을 가리킨다. "공무원 수는 일의 경중, 때로는 일의 유무와 관계없이 출세를 위해 부하 수를 늘릴 필요가 있다는 사실 때문에 일정한 비율로 증가한다." "예산 심의에 필요한 시간은 예산액에 반비례한다." 등등. ― 옮긴이)

대포를 수출할 수 있는 허가장, (전적으로 신교 국가에만 배타적으로 허용된 것은 아니지만)[2] 특히 영국과 우호적인 신교 국가로의 수출 허

이 수치는 모두 합법적 수출 물량만을 의미한다. 따라서 여기에 불법적으로 수출된 물량을 더해야 하지만 이 수치는 물론 전혀 알려진 바가 없다. 앞선 각주에서 지적되었듯이 16세기 후반과 17세기 초반 영국산 주철 대포는 대체로 네덜란드와 에스파냐, 프랑스, 스웨덴, 덴마크에 수출되었으며 함부르크에도 수출되었다. 여기에 대해서는 Ehrenberg, *Hamburg und England*, 296쪽을 참조하라.

1) Straker, *Wealden*, 152쪽, Hall, *Ballistics*, 23~27쪽, Taylor, *Camden's England*, 357쪽 참조.

2) 1619년에 국왕이 에스파냐 대사에게 다량의 화약과 대포 수출을 윤허한 것을 두고 "말이 많았다"(*Calendar of State Papers*, Domestic, 1619-23, vol. 105, no. 103, February 13, 1619). 1621년에 리처드 벤들로스 경은 에스파냐 대사에게 대포 수출을 윤허한 국왕은 미쳤다고 말했다고 한다(*Calendar of State Papers*, Domestic, 1619-23, vol. 122, no. 71, August 12, 1621). 1625년, 프랑스 국왕은 영국에서 40문의 반컬버린 포를 수입할 수 있는 권한을 얻었다(*Calendar of*

가장을 얻는 것은 가능했다. 1619년, 아마도 영국에서 가장 큰 대포 주조소를 갖고 있었을 토머스 브라운은 그의 생산량 절반을 허가를 받아 네덜란드에 수출한다고 시인했다.[1] "네덜란드 인들은 영국인들이 구입하지 않고 남은 대포를 모조리 구입하기로 그와 계약을 맺었다."[2] 수출 허가장을 받을 수 없을 때는 교묘한 빼돌리기가 시도되었다.[3] 1583년 23문의 "영국산 철제 대포 신품(de la fundicion nueva de Inglaterra)"이 포탄까지 갖춰 에스파냐에 입고되었는데 분명 공식적이거나 합법적인 경로를 통하지는 않았을 것이다.[4] 1589년 벅허스트 경Lord Buckhust는 이스트 서식스 주의 레이프 오브 루스the Rape of Lewes의 치안 판사들에게 감독 소홀 때문에 대포 밀수출이 자행되고 있다고 불만을 터트렸다. 17세기 초, 라디르의 에드먼드 매튜Edmund Matthew of Radyr는 암스테르담과 단치히, 덴마크에 무허가로 대포를 수출했다고 고소당했다. 그 자신은 네덜란드에만 무허가로 수출했다고 시인했다. 1623년에는 많은 네덜란드 선박들이 영국인 소유인 양 위장해 영국 대포로 무장하고 있다는 고발 사항이

State Papers, Domestic, 1625-26, vol. II, no. 47, May 11, 1625).

1) *Calendar of State Papers*, Domestic, 1619-23, vol. 105, no. 92, February 11, 1619.

2) Schubert, *Iron Industry*, 249쪽. 얼마 전인 1612년, 토머스 브라운은 "수출 제한에 반하여 브렌츨리의 용광로에서 주철 대포를 대량 빼돌리는 데 어려움을 겪었다." 치안 판사는 용광로에 보관된 대포를 모두 몰수하라는 명령을 받았다(Schubert, *Extension*, 246쪽). 토머스 브라운과 브렌츨리에 있는 브라운의 용광로, 브라운의 아버지 존 브라운, 애시워스의 용광로에 관해서는 Schubert, *Extension*과 부록 1을 참조하라.

3) 영국에서 대포를 밀수출하는 방법에 대해서는 호지의 보고서를 참조하라(Tawney-Power, *Documents*, vol. I, 262~263쪽).

4) 37쪽 주 1번.

접수되기도 했다.[1] 그러나 각종 수출 허가와 은밀한 거래에도 불구하고 전면적인 금수 조항의 존재 때문에 대포 수출이 크게 어려워졌음은 의심의 여지가 없다.

정치가들의 시각은 멀리 내다보는 한 대체로 이치에 맞는 것 같았다. 그러나 사실 그들은 그다지 멀리 보지 못했다. 모험적이고 수완이 뛰어나며, 창의성이 넘치고 기술력도 결코 뒤처지지 않는 대륙이 영국의 우월한 지위에, 그것도 군수 산업 같은 국가의 명운이 달린 분야에서 쉽게 굴복하리라 믿는 것은 전적으로 비현실적이었다.

5. 에스파냐의 좌절

1574년, 저지대 국가는 에스파냐-가톨릭 세력과 프로테스탄트 반대파 간의 만성적인 전쟁 상태였다. 새로운 총독 돈 루이스 데 레케센스Don Luis de Requesens는 평화 협상이라는 구상에 원칙적으로 호의적이었지만 급속하게 악화되는 군사적 상황 때문에 우선 군대를 재조직하고 군비를 증강하는 일부터 착수해야 했다. 그는 대포 38문을 만들기 위해 헝가리산 구리 16톤과 영국산 주석 1톤을 말랭으로 보내 그곳의 왕립 대포 주조소를 재가동시켰다.[2] 그러나 구리와 주석은 비쌌다. 더욱이 당시 레케센스의 재정 상황은 파산 직전이었으

---

1) Robertson, *Naval armament*, 79쪽. Straker, *Wealden*, 162~164쪽. Taylor, *Camden's England*, 357쪽. Schubert, *Cannon*, 139쪽. *Calendar of State Papers*, Domestic, 1619-23 (June 25, 1623).

2) Henrard, *Documents*, 258쪽.

며[1] 그에게는 38문의 새 대포 이상이 필요했다. 그러므로 재정적 어려움을 겪는 와중에 총독이 영국산 철제 대포를 가능한 해결책으로 떠올리고 영국에 직접 대량으로 주문한 것도 그리 놀랄 일은 아니다. 그러나 당시는 엘리자베스 여왕이 영국 대포에 금수 조치, 특히 가톨릭 세력을 상대로 금수 조치를 내린 시기였으므로 돈 루이스의 요청을 수락하는 수출 허가가 떨어질 리 없었다. 영국이 거부하자 총독은 대륙의 주조소로 눈길을 돌렸다. 당시 어느 쪽에도 가담하지 않은 독립 제후령의 수도였던 리에주는 중세 이후 제철업 분야에서 위대한 전통을 자랑해왔다. 리에주에서 대포가 제작된 적은 없었지만 당시 철제 포탄이 주조되고 있었고 경장비도 생산되었다. 레케센스는 이 지역의 이름난 제철업자인 바티에르 고드프랭Wathier Godefrin과 계약하고 포단 4만 6,000개와 대포 300문, 도합 280톤 분량의 주철 제품을 주문했다. 납품 기한과 장소는 '6개월 이내 안트베르펜으로'였다. 비교적 짧은 기한에도 불구하고 대포와 탄알이 주조되어 기한 내에 전달되었으나 안타깝게도 대포는 시험 발사에서 실패하고 말았다. 실망한 에스파냐 인들은 무슈 고드프랭을 붙잡아 얼마간 안트베르펜의 감옥에 가둬두었다.[2]

영국과의 기술력 경쟁에서 대륙이 밀린 사례는 뮤슈 고드프랭의 불운에서 끝나지 않고 줄줄이 이어진다. 1574년 비스케이에 새로운 기술을 도입하려고 한 에스파냐의 프로젝트는 실패하고 말았는데 리에주에서 구할 수 있는 영국 출신 대포 주조자들이 종교 재판에서 "모두 해를 입을까봐(en que todos estaban harto danados)" 두려워

---

1) Pirenne, *Histoire*, vol. IV, 51쪽.
2) Lejeune, *Capitalisme*, 185쪽과 Evrard and Descy, *Vennes*, 41~42쪽 참조.

하며 에스파냐로 가려하지 않았기 때문이다. 1603년에는 플랑드르의 장인들이 주철 대포를 제작하기 위해 다시 에스파냐로 보내졌으나 행정적 과오로 인해 크나큰 재정적 손실만 입은 채 이번에도 프로젝트는 수포로 돌아가고 말았다.[1] 그러나 시간이 흐르면서 결국 틀린 쪽으로 판명된 것은 영국의 대포 제작자들이 아니라 정치가들이다.

6. 네덜란드의 자립 노력, 대륙으로의 기술 확산

대륙의 기술 진보에서 실질적인 기폭제는 네덜란드였다. 네덜란드 인들은 에스파냐와의 끝없는 전쟁과 거대한 해군,[2] 해외 진출 사업에 점점 더 많은 대포가 필요했다. 그리고 네덜란드의 증가하는 부는 이러한 잠재적 필요를 유효 수요로 전환했다. 다른 한편으로 에스파냐와의 분쟁은 네덜란드를 대포 생산의 중심지인 남부 저지대 국가

---

1) 1574년의 프로젝트에 관해서는 Carrasco, *Artillería de hierro*, 66쪽을 참조하라. 처리가 미숙했던 1603년의 사안에 대해서는 Carrasco, *Artillería de bronce*, 187 쪽을 보라. 에스파냐에서 주철 대포를 생산하는 것보다 수입하는 것이 비용이 더 적게 든다고 산정되었으나 그러한 계산이 신뢰할 만한지는 확실치 않다.

2) 네덜란드의 해군력에 깊은 인상을 받은 당대 인사들은 대체로 17세기 네덜란드 해군의 규모를 과대평가했다. 월터 롤리 경은 네덜란드가 연간 1,000척의 배를 건조하며 총 2만 척의 선박을 보유하고 있다고 주장했다. 예수회의 안토니오 비에이라 신부는 1만 4,000척이라 추산했다. 1669년, 콜베르는 "유럽의 모든 교역은 2만 척의 선박을 통해 이루어지는데 이 가운데 1만 5,000~1만 6,000척가량이 네덜란드 선적이며 3,000~4,000척이 영국 선적, 500~600척이 프랑스 선적이다."라고 말했다(Clément, *Lettres*, vol. VI, 264쪽). 얼마간 과장이 섞인 이 같은 추정치에 대한 비판적 평가 및 17세기 네덜란드 함대에 대한 좀 더 현실적인 수치는 Vogel, *Handelsflotten*, 268쪽, Blok, *Geschiedenis*, vol. II, 370쪽, Boxer, *The Dutch*, 204~205쪽, Christensen, *Dutch Trade*, 91~94쪽을 참조하라.

와 차단시켰다. 네덜란드는 새로운 해법을 찾아야만 했다. 한동안은 영국의 주철 대포가 실용적인 해법을 제시하는 듯했다. 1560년과 1600년 사이 네덜란드는 다량의 영국산 주철 대포를 수입했다.[1] 1603년, 16세기의 마지막 수십 년간을 돌아보면서 어느 베네치아 대사는 네덜란드 인들이 "거의 모든 필수품, 특히 대포를 영국에서 공수해와야만 했다."고 적었다.[2] 그러나 영국 정치가들의 압력이 점점 거세지자 엘리자베스는 1574년 무기 거래를 통제하기 시작했다. 물론 대對네덜란드 대포 수출에 대한 허가장은 다른 나라보다 더 자유롭게 발부되었다.[3] 더욱이 네덜란드로의 밀수출은 무척 흔하고 쉬워서[4] 영국에서 불만의 목소리가 커질 지경이었다.[5] 그러나 이 같은 타협책은 네덜란드에 그다지 만족스럽지 않았다. 게다가 17세기 초부터 영국의 산업은 심각한 병목 현상에 직면하게 되었다. 곧 보게

---

1) Elias, *Zeewezen*, vol. I, 56쪽, Baasch, *Wirtschaftsgeschichte*, 270쪽 주, 이 책 24~25쪽.

2) Barbour, *Amsterdam*, 36쪽 주 93.

3) 아마도 브렌츨리에 영국에서 가장 큰 용광로를 소유했을 존 브라운은 1619년에 자신이 생산하는 대포 가운데 절반은 허가를 받고 네덜란드에 수출된다고 밝혔다(*Calendar of State Papers*, Domestic, 1619-23, vol. 105, no. 92, February 11, 1619). 1625년, 암스테르담의 엘리아스 트립은 대포마다 일일이 무게와 품질을 확인해 기록하면 328문의 주철 대포를 수출할 수 있는 권한을 얻었다(*Calendar of State Papers*, Domestic, 1623-5, vol. 182, no. 75, January 31, 1625. 엘리아스 트립의 영국 대포 수출에 관해서는 Unger, *Middelburg*, doc. 1060와 Baasch, *Wirtschaftsgeschichte*, 270쪽 주를 참조하라). 네덜란드 상인들은 영국에서 흔히 자국 정부의 특별 대리인으로 활동했다. 예를 들어 1594년과 1596년에 루돌프 엥겔슈테트와 질 드 비셔는 주철 대포를 구입하고 수출 허가장을 얻기 위해 런던에 머물렀다. Schubert, *Iron Industry*, 249쪽 참조.

4) *Calendar of State Papers*, Domestic 1619-23, vol. 147, no. 53, June, 25, 1623.

5) 이 책 51쪽 각주 1번과 Barbour, *Amsterdam*, 36쪽 주 93 참조.

되겠지만 이 같은 상황은 영국의 수출에 틀림없이 부정적 영향을 미쳤을 것이고 그 결과 가장 먼저 피해를 보는 쪽은 당연히 네덜란드였다. 연합제주(United Provinces: 에스파냐에 대항해 독립 전쟁을 벌이던 북부 네덜란드 신교도 주의 연합 — 옮긴이)는 대포 부족에 늘 시달려서 해군이 전투를 앞두고 더 큰 배들로 함대를 꾸려야 했을 때 도시의 성벽 총안(銃眼: 몸을 숨긴 채로 총을 쏘기 위하여 성벽이나 보루에 뚫은 구멍 — 옮긴이)에 설치되어 있는 대포를 떼어다 실어야 했을 정도였다.[1]

상황의 압력이 거세지자 네덜란드 인들은 자국의 대포 산업을 일으키는 일에 착수했다. 민영과 관영을 가리지 않고 대포 주조소가 마스트리흐트, 위트레흐트, 암스테르담, 로테르담, 헤이그에 우후죽순처럼 들어서서[2] 17세기 초가 되자 파인스 모리슨Fynes Moryson이 보기에 네덜란드 인들은 "부지런한 만큼 기지도 뛰어나서 특히 뛰어난 솜씨로 거대한 포를 주조했다."[3] 초창기에 네덜란드 인들은 청동 대포만 제작했지만 영국인들을 열심히 모방하여 곧 더 저렴한 철제 대포를 주조하는 데도 힘을 쏟게 되었다. 1601년과 1619년에는 네덜란드에 거주하는 사람들에게 영국식으로 철제 대포를 주조할 수 있는 특허장이 발부되었다.[4] 1604년에는 이중 용광로가 독일 서부 베츨라어의 서쪽 아슬라어에서 가동되고 있었고 그곳에서 주조되는 대

---

1) Elias, *Zeewezen*, vol. I, 57쪽.

2) Elias, *Zeewezen*, vol. I, 56쪽; Van Dillen, *Amsterdam*, doc. 839 and 947; Van Dillen, *Amsterdam*, doc. 1408, 1414; Unger, *Middelburg*, doc. 1060 참조. 1601년 헤이그의 대포 제작자에게 연철 대포 제작 특허장이 발부되었다는 언급이 있다(Japikse, *Resloutien*, 705쪽 참조).

3) Moryson, *Itinerary*, vol. IV, 474쪽. 네덜란드 대포의 기술적 특징에 관해서는 Bonaparte-Favé, *Études*, book 1, vol. III, 314~322쪽을 참조하라.

4) Doorman, *Patents*, 101, 118쪽.

포는 주로 네덜란드에 수출되었다.[1] 1620년대에는 베스트팔렌 마르
스베르크에서 네덜란드 인의 손으로 주철 대포가 제작되었다.[2] 그
무렵이 되자 신기술은 네덜란드의 직접적 영향권 하에 있지 않는 지
역을 포함하여 유럽 전역에 전파되었다.[3]

---

1) Schubert, *Cannon*, 138쪽.

2) Van Dillen, *Amsterdam*, doc. 537, doc. 539; Doorman, *Patents*, 118쪽.

3) 1600년대 초, 조지 헤이 경은 소철광과 목재를 구할 수 있는 스코틀랜드의 레터
루에 제철 기술과 대포 주조 기술을 보유한 영국인 장인들의 정착촌을 설립했다
(Lyth, *Scotland*, 44~45쪽).
1620년 "나무르의 용광로 주인이자 부르주아"인 앙리 드 아르샹과 기욤 모니오
는 "다른 상인들과 이야기를 주고받고 여행을 통해 영국에서 철제 대포를 주조하
는 방법이 개발되었다는 사실을 알게 된 후", 주철 대포 공장을 설립하겠다는 의
사를 밝히고 정부에 독점권을 요청했다(Borgnet, *Chartes namuroises*, 155쪽,
doc. 505). 두 사람의 사업이 성공적이었다는 것은 1630년대 말 에스파냐의 국
왕이 두 사람에게서 구입한 대포 때문에 많은 빚을 지고 있었다는 사실에서 알
수 있다(Del Marmol, *Industries*, 251쪽 참조). 리에주에서 주조된 철제 대포에
관해서는 피루피노의 글(Carrasco, *Artillería de hierro*, 68쪽에 인용)을 참조하
라. 1622년 에스파냐 정부가 자국에 철제 대포 공장을 설립하기로 했을 때 리에
주의 유명한 상인 존 커셔스에게 공장 설립 프로젝트를 맡아줄 것을 요청한 사실
도 중요하다. 이탈리아에서 철제 화기의 주생산지는 베르가모와 브레시아였다.
그러나 리에주의 경우와 마찬가지로 베르가모와 브레시아에서도 주로 개인 휴대
가 가능한 소화기小火器에 국한되어 있었다. 프랑스의 경우, 1627년, 부용 공작
의 대리인 자격으로 일하던 어느 프랑스 인이 서식스의 대포 제작자들을 프랑스
로 데려가기 위해 설득하면서 영국의 주철 제조업자가 이미 그곳에 정착해 있다
고 밝힌 바 있다(Schubert, *Iron Industry*, 254쪽 주 1).
에스파냐에서는 1574년과 1603년, 왕립 대포 주조소를 설립하려는 시도가 실패
로 돌아간 후(53쪽 각주 1번을 보라) 1622년에 다시 주조소를 두려는 움직임이
있었다. 이번 시도는 성공을 거두어 산탄데르 근처 리에르가네스에 공장이 설립
되었다. 그곳에는 1630년대 초까지 품질이 뛰어난 대포가 주조되었다. 대포 제작
자들은 독일인이었다고 한다(Carrasco, *Artillería de hierro*, 67쪽 이하). 1666년
콜베르는 사촌 콜베르 드 테롱에게 다음과 같은 편지를 썼다. "비스케이에서 만

시간이 흐르면서 네덜란드는 군비 생산 방식을 이중 체계로 유지
하게 되었다. 청동 대포는 교역망을 통해 스웨덴과 일본에서 구리를,
영국과 독일에서 주석을 끌어올 수 있는 네덜란드에서 계속 생산되
었다. 반면 주철 대포는 철광석과 숯을 얻을 수 있는 해외에서 제작
하도록 했다.[1]

들어진 주철 대포는 매우 좋은 것 같다(l'on me donne avis qu'il se fond en Bis-
caye de canons de fer fort bons)."(Clément, *Lettres*, vol. III, pt. 1, 85쪽). 비스
케이 연안과 특히 빌바오 지역에는 제철업 전통이 있었고, 중세 후기 내내 빌바오
에서는 연철 대포가 생산되었다(Guiard y Larrauri, *Industria naval*, 12쪽 주, 56
쪽 주). 비스케이 연안과 기푸스코아의 제철업과 무역에 관해서는 Lapeyre,
Ruiz, 586~589쪽을 참조하라. 베크(Beck, *Geschicte*, vol. II, 991쪽)는 1667년
프로이센과 보헤미아에서 주조된 철제 대포를 언급한다(앞의 책, vol. II, 992쪽).
1) 일본의 "적동red copper"은 유럽에서 구할 수 있는 최상품인 "로제타 구리"보다
더 우수하다고 인식되었으며 네덜란드 인들은 청동 대포를 제작하는 데 일본의
적동을 이용했다(Janiçon, *Provinces-Unies*, vol. II). 일본과 스웨덴으로부터 네
덜란드의 구리 수입 현황과 암스테르담의 구리 가격에 대해서는 Glamann,
*Trade*의 여기저기를 참조하라. 아스테르담에서 구리와 철의 상대 가격에 관해서
는 부록 1 참조하라. 1670년대 초반 암스테르담에서 영국산 주석과 독일산 주석
의 가격(100파운드당 각각 52리브르와 45리브르였다)에 관해서는 세넬리의 보
고를 참조하라(Clément, *Lettres*, vol. III, pt. 2, 311쪽).
17세기에는 청동 대포가 이따금 저지대 국가로 수입되었으며(Bang, *Tabeller* 참
조. 각각 1630년, 1636년, 1639년이다) 같은 세기 초반 그곳에서 몇몇 주철 대포
가 제작되기도 했다(55쪽 각주 4번을 보라). 1671년에 세넬리 후작은 주철 대포
와 관련하여 "네덜란드 어느 곳에서도 대포를 제작하지 않으며 스웨덴과, 그리고
소량이긴 하지만 모스크바에서 주조된 대포를 들여옵니다(il ne s'en fond
pointe en aucun endroit de Holande et il vient tout fondu de Suede et de
Moscovie quoy qu'il en vien assez peu de Moscovie)."라고 적었다(*Addition
au mémoire concernant la fonderie des canons*, 파리 국립문서보관소, 문서 번
호 Colbert 4219, f. 10).
그러나 이 같은 진술을 문자 그대로 받아들여서는 안 된다. 네덜란드 인들은 독
일 서부에서도 주철 대포를 수입했으며(66쪽 각주 3번을 보라) 1677년 암스테르

7. 스웨덴의 맹렬한 추격

스웨덴은 탁월한 품질을 자랑하는 구리와 주석, 철광석 등 천연자원이 풍부했으며 그에 덧붙어 숯을 얻을 수 있는 광대한 삼림 지대와 수력을 끌어올 수 있고 운송에 유리한 강도 여러 군데 있었다. 구스타브 바사Gustav Vasa(1523~1560년) 시대 이후 화기 제작자들은 특별히 중부 스웨덴의 광산 지대로 정책적으로 옮겨가 정주하게 되었다. 여기에 매우 적극적 역할을 한 곳은 왕실이었으며 왕실은 많은 공장을 소유하고 있었고 외국의 기술자를 고용해 대포 제조 수준을 개선하려고 애썼다.[1]

스웨덴의 발전 양상은 크게 세 국면으로 나뉘는 것 같다. 첫 번째 국면은 1530년과 1560년 사이로, 주철 대포를 생산하는 여러 공장이 문을 연 시기이다. 두 번째 국면은 1560~1580년으로, 청동 대포를 생산하는 용광로가 등장하고 그 수가 증가한 시기이다.[2] 유럽을 따

담에서는 "터지지 않는 철제 대포" 주물에 대해 특허장이 발부되었다(Doorman, *Patents*, 185쪽, July 1677).

네덜란드에서 주철 대포와 청동 대포의 생산은 기술 진보를 동반했는데, 그중 발사 속도가 빠른 새로운 유형의 대포에 일련의 특허장이 발부되었다(Doorman, *Patents*, 143쪽(29 April 1645), 178쪽(July 1645), 182쪽(August 1666) 참조).

1) 대포는 스웨덴 문서에서 15세기에 처음 언급되었으나 구스타브 바사 1세 치세기에야 사용되기 시작했다. 이 진취적이고 무자비한 혁신가는 뤼베크와 다른 한자 도시에서 대포를 수입했을 뿐만 아니라 스웨덴에서 화기를 생산하는 일에도 착수했다. 구스타브 1세의 활동과 스웨덴의 군비 생산 정책에 관해서는 Jakobsson, *Beväpning*, 25~48쪽, Heijkenskjöld, *Styckegjutning*, 57~85쪽을 참조하라.

2) 16세기 스웨덴에서 성업했던 대포 공장 목록은 Jakobsson, *Beväpning*, 44~46쪽에서 볼 수 있다. 야콥손은 각 공장에서 처음으로 대포가 생산된 연도나 기존 문서에서 대포 생산이 처음으로 언급된 연도를 제시했는데 여기서 표로 제시한

라가면서 스웨덴은 대륙에서 몇 세기에 걸쳐 서서히 진화해온 과정을 몇 십 년 만에 압축적으로 밟아나갔다.

스웨덴에서 주철 대포에 관한 언급은 1560년대에 처음 등장하지만 이것은 다소간 실험적 작업이었던 듯하다. 주철 대포를 생산하기 위한 노력은 분명 지속되었으며 1568년 이후 연철 대포에 대한 더 이상의 언급은 사라지고 반면 주철 대포를 제작하기 시작했음을 입증하는 명백한 증거가 존재한다.[1] 당시 생산된 주철 대포가 얼마나 만족스러웠는지는 말하기 어렵지만 품질이 그다지 뛰어나지 않았던 듯하다.[2] 스웨덴의 대포 생산은 양적인 측면에서도 매우 제한적이었던

다. 야콥손은 오케르스의 대포 공장들은 언급하지 않으므로 여기서는 Hahr, *Åkers*, 6쪽에서 언급된 자료로 보충한다. 필자가 야콥손의 목록에 빠져 있는 것을 모두 찾지는 못했지만 전반적인 그림은 크게 다르지 않으리라 믿는다.

공장이 처음 가동된 연도 혹은 그곳에서의 대포 생산이 처음 언급된 연도	공장의 개수		
	연철 대포 공장	청동 대포 공장	주철 대포 공장
1530~1540년	2	–	–
1541~1550년	5	–	–
1551~1560년	2	2	–
1561~1570년	2	2	–
1571~1580년	–	–	1
1581~1590년	–	1	3
1591~1600년	–	1	4
1601~1610년	–	–	3

1) Jakobsson, *Beväpning*, 42쪽.
2) 1620년대 이전 스웨덴에서 생산된 주철 대포의 품질이 그다지 믿을 만하지 못했던 것에 관해서는 68쪽 각주 2번을 참조하라. 1615년 이전까지 스웨덴은 대포를

것 같다.[1] 문제의 핵심은 스웨덴 제조업의 성장이 한편으로는 자본과 기업가 정신, 숙련 노동력의 부족으로 심각하게 저해되었으며 다른 한편으로 제품의 국외 마케팅을 지원하는 재정적·상업적 조직이 부재했다는 것이다.

네덜란드가 얼마나 필사적으로 대포를 찾고 있었는지를 안다면 이들이 곧 스웨덴의 발전 양상에 관심을 보였다는 사실은 그리 놀랍지 않을 것이다. 북해에서 교역과 상업 활동이 성장하고 저지대 국가 출신 기술자들이 스웨덴의 공장에서 일한다는 사실도 의심의 여지 없이 양국 간 계약이 성사되도록 일조했다. 네덜란드 인들의 도래는 스웨덴에 현지의 천연자원을 온전히 가용할 인적 자원과[2] 자본을 가져왔다. 그와 동시에 네덜란드의 상업 조직은 스칸디나비아의 제작

거의 수출하지 않았다(Heijkenskjöld, *Styckegjutning*, 72쪽). 1618년 루이 드 게르는 여전히 네덜란드에서 스웨덴으로 군수품을 수입하고 있었다(Christensen, *Dutch Trade*, 164쪽). 당시 유럽 대륙에서 대포에 대한 수요가 높았음에도 스웨덴의 대포가 수출되지 않았다는 것은 초창기 스웨덴 대포의 품질이 나빴음을 방증한다. 1562년 간헐적인 스웨덴의 청동 대포 수출에 관해서는 Odén, *Netherland merchant*, 20~21쪽을 참조하라.

1) Heijkenskjöld, *Styckegjutning*, 58쪽 주 2에서 인용된 숫자의 의미는 분명치 않지만 대체로 1600년까지 스웨덴에서 주철 대포의 생산은 제한적이었음을 뜻하는 것 같다.
2) 17세기 전반기에 많은 숙련공이 저지대 국가에서 스웨덴으로 이주하였다. 대부분은 남부 주에서 왔으며 '왈롱 인'이라고 불렸다. 이것과 관련해서는 Wiberg, *De Geer et la colonisation*을 참조하라. 가톨릭교도와 칼뱅파도 적어도 1654년까지는 스웨덴에서 종교적 자유를 온전히 누렸다(Pehrsson, *Invandrade Vallonernas* 참조). 가톨릭 기술자에 대한 스웨덴의 관용적 태도는 프로테스탄트 기술자에 대한 에스파냐의 불관용적 태도와 뚜렷한 대조를 보인다(35쪽 각주 2번 참조). 사실 가톨릭을 믿지 않는 기술자들은 종교 재판에 대한 두려움 때문에 에스파냐에 가려고 하지 않았다(52~53쪽 참조).

자들에게 네덜란드와 영국의 해외 팽창, 네덜란드-에스파냐 전쟁, 30년 전쟁으로 인해 엄청나게 증가한 대포 수요의 자극을 중개하는 역할을 했다. 17세기 첫 30년간 스웨덴 산업은 혁명적 변화를 겪었고, 스웨덴은 유럽 군수 산업의 전면에 나서게 된다.[1]

스웨덴 대포 생산의 역사에서 이 시기의 주역은 기욤 드 베슈 Guillaume de Beche, 엘리아스 트립Elias Trip과 야콥 트립Jacob Trip 및 그들의 아들들, 그리고 거대한 산업 제국의 전설적인 건립자 루이 드 게르Louis de Geer이다.[2] 네덜란드 인들은 기본적으로 스웨덴에서 주철 대포를 얻어오는 데 관심이 있었고 네덜란드 수요의 특성과

---

[1] 대포 생산뿐 아니라 제철업 전반의 변화상에 관해서는 Hildebrand, *Historia*, 3~84쪽을 참조하라. 이 중요한 저작에 대한 짤막한 영어 요약은 Boëtius, *Swedish iron*, 144~175쪽에 나온다. 스웨덴 제철업의 성장은 전반적으로 반제품, 다시 말해 철괴鐵塊 수출에 의존했다는 점을 명심할 필요가 있다. 철괴의 수출량은 1620년에 6,500톤에서 1640년에 1만 1,000톤, 1650년에 1만 7,000톤, 1700년경 3만 톤에 달했다. 대포는 스웨덴 제철업에서 유일하게 대규모로 생산, 수출되는 완제품이었다. 표 1에서 제시된 철괴의 수출 물량과 대포의 수출 물량을 비교, 참고하라. 대포가 철괴보다 단위당 가격이 더 높았음을 염두에 두어야 한다. 1670년 대포의 단위당 가격은 철괴의 단위당 가격보다 30퍼센트 이상 높았다(네덜란드에 대한 세넬리 후작의 보고. "대포 제작의 세세한 과정에 쓰이는 철은 스웨덴에서 수입한 철근으로, 백 파운드당 6~7파운드였다. 철괴도 같은 곳에서 수입되었고 가장 품질 좋은 철괴도 100파운드당 6~7파운드밖에 안했다(le fer dont ils se servent pour leur menus ouvrages est du verge qui leur vient de Suède et qui couste 6 à 7 livres le cent. Leur fer en barre leur vient du mesme lieu et le meilleur ne leur couste que 6 ou 7 livres)." (Clément, *Lettres*, vol. III, pt. 2, 311쪽)을 참조하라).
대포 수출은 스웨덴 해운업의 성장에도 크게 기여했다. 순드Sund의 통계에 따르면 1628년까지 스웨덴의 주철 대포는 네덜란드 선박에 실려 수출되었다. 1629년부터 1635년 사이에는 스웨덴 선박도 일부 수출 물량을 운송했으며, 1635년 이후 대부분의 운송을 스웨덴 선박이 담당하게 된다. Bang, *Tabeller* 참조.
[2] 베슈와 게르, 트립 형제에 관해서는 부록 1을 참조하라.

압력은 스웨덴 기술 발전의 패턴에 강하게 영향을 미쳤다. 주철 대포 생산이 급격하게 증가했고 수출도 마찬가지였다. 주철 대포 수출에 관한 언급은 네덜란드 총독이 스웨덴산 주철 대포 400문을 요청했다고 밝힌 구스타브 아돌프Gustav Adolf의 편지에서 처음 나타난다.[1] 1620년 수량이 알려지지 않은 대포를 엘리아스 트립이 구입해 네덜란드로 보냈다.[2] 같은 해 암스테르담에서 스웨덴산 대포는 쉽게 판로를 찾을 수 있었다.[3] 6년 후 스웨덴산 주철 대포 수출량은 거의 22톤에 달했다.[4] 이후로도 수출량은 빠른 속도로 증가했다. 1637년부터 1640년 사이 수출량은 연간 780톤 수준에 도달했고 1641년부터 1644년 사이에는 연간 대략 940톤, 1645~1647년 사이 3년 동안은 연간 대략 1,100톤이었다. 1655년부터 1662년 사이 연평균 수출량은 다시 1,100톤 수준에 달했으며 1661년과 1662년에 각각 1,459톤과 2,556톤(표1 참조) 대부분을 네덜란드에 수출하면서 정점을 찍었다.[5]

---

1) Heijkenskjöld, *Styckegjutning*, 72~73쪽.

2) 앞의 책, 75쪽 주 1.

3) Dahlgren, *De Geer*, vol. I, 115쪽.

4) 표 1 참조. 1626년이 비정상적으로 수출이 적었던 시기였던 것 같지는 않다. 그때까지도 스웨덴 대포 산업은 완전히 궤도에 오르지 않았다. 1626년 뤼베크에서 쓴 편지에서 콘라드 본 팔켄베리는 다음과 같이 지적했다. "스웨덴의 주철 대포와 탄약에 대한 수요가 높아 물량만 충분하다면 큰 수익을 올릴 수 있을 것이다." 2년 후 팔켄베리는 암스테르담에서 "스웨덴산 대포는 품질이 뛰어나다고 여겨진다. 사람들은 한번 스웨덴산 대포로 배를 무장하면 이후에는 결코 다른 나라에서 생산된 대포를 찾지 않는다. 이제 영국에서 주철 대포가 많이 수입된다는 증거는 찾아보기 힘들다."라고 썼다(Heijkenskjöld, *Styckegjutning*, 73쪽 참조).

5) 암스테르담으로 수출된 대포를 모두 네덜란드가 보유하는 것은 아니다. 일부는 영국과 포르투갈 및 다른 지역으로 재수출되었다. 스웨덴에서 영국으로의 대포 직수출은 1632년에 처음으로 언급된다. 뤼베크와 함부르크로의 직수출 기록은 다음과 같다.

수출된 대포 한 문의 평균 중량은 대체로 610킬로그램(1660년)과

연도	중량(킬로그램)
1655	367
1656	1,048
1657	698
1658	1,191
1660	1,150
1661	2,440
1662	1,412

연도	중량(톤)
1656	233
1657	95
1658	111
1660	58
1661	55

포르투갈은 1640년 에스파냐에서 독립한 이래로 다시 스웨덴과 네덜란드에 대포 공급을 의존했다. 1661년과 1694년에 각각 127톤과 114톤의 대포가 스웨덴에서 포르투갈로 직수출되었다.

1694년 스웨덴의 대포는 다음과 같은 지역으로 수출되었다.

연도	중량(톤)	연도	중량(톤)
영국	10	단치히	52
네덜란드	8	리가	14
포르투갈	114	레발	2
덴마크	36	로스토크	28
함부르크	65	뉘엔스칸스	12
뤼베크	48	나르바	41
비스마어	1		

1810킬로그램(1662년) 사이에서, 예시된 해마다 제각각이므로 이를 감안해 총수출 물량을 대포 문수로 환산하면 63쪽 표와 같다.[1]

이 수치에 담긴 참뜻을 파악하려면 스웨덴에서 수출되는 연간 물량으로 작은 함대fleet나[2] 적어도 강력한 전대squadron 6개는 무장하고도 남았다는 사실을 아는 것만으로 충분하다.[3] (함대는 해군을 구성하는 가장 큰 단위로, 여러 전대로 구성된다. 임무에 따라 유형과 규모가 같은 전대는 여러 척의 전함으로 구성되는데, 과거에는 함대의 전투 대형에서 차지하는 위치에 따라 전위, 중앙, 후위 전대로 구분하기도 했다. ─ 옮긴이)

Heijkenskjöld, *Styckegjutning*, 75~76쪽. 무게 단위와 관련해서는 표 1의 설명을 참조하라.

1) Heijkenskjöld, *Styckegjutning*, 75~76쪽.

2) 4파운드 포보다 작은 화기를 제외하면, 아르마다 해전(1588년)에서 에스파냐 함대는 1,124문을, 영국 함대는 1,972문을 보유했다(Lewis, *Armada*, 78쪽).(흔히 '무적함대'로 알려진 '아르마다'는 에스파냐 어로 '함대'를 뜻하며 일반적으로 에스파냐 국왕 펠리페 2세의 실패한 영국 원정을 가리킨다. 1588년 영국을 정복하기 위해 2만 명 규모의 육군을 실은 에스파냐의 대함대는 더 작은 규모의 영국 함대에게 패배했다. 아르마다 해전은 영국 해군의 기술적, 전술적 우위를 보여주는 사건으로, 대서양의 제해권이 에스파냐에서 영국 쪽으로 넘어가게 된 계기가 되었다. ─ 옮긴이) 1618년 지중해의 전함들이 보유한 대포는 총 5,000문을 넘지 않았다(90쪽 각주 5번 참조). 1661년, 배에 실린 것뿐 아니라 병기고에 일시적으로 안치된 것까지 포함하여 프랑스의 해군이 보유한 대포는 1,045문이었다(Clément, *Lettres*, vol III, pt. 2, 699~700쪽). 당시 프랑스 함대의 무장 상태가 좋지 않았다는 것은 모두가 인정하는 바다. 1667년 콜베르의 노력 덕분에, 프랑스군의 무장은 약 1만 2,000문으로 증가했고(이번에도 병기고의 대포까지 포함한 수치다) 이 가운데 9,000문이 주철 대포였다(Basset, *Histoire*, 1,004쪽).

3) 1679년 드 라 에De la Haye제독의 지휘 하에, 동인도회사에 파견된 프랑스 함대는 238문을 보유했다. 라 에의 함대는 아시아 해상의 영국과 네덜란드 세력에 도전하고 다른 아시아 세력들에게 깊은 인상을 주기에 충분할 정도로 강하다고 간주되었다(Kaeppelin, *Compagnie*, 29쪽).

표1. 스웨덴의 주철 대포 수출량(단위: 톤)

연도	총수출량	네덜란드로 수출된 물량
1626	22	
1637	576	
1638	467	
1639	1,047	1,044
1640	1,044	1,202
1641	1,202	
1642	1,156	
1643	654	
1644	761	
1645	1,498	
1646	1,084	
1647	728	
1650	1,210	
1655	364	364
1656	1,234	1,000
1657	778	683
1658	1,242	1,131
1659	243	
1660	931	873
1661	1,459	1,277
1662	2,556	2,394
1664	1,274	
1668	1,346	
1685	259	
1694	432	8

출전: Heijkenskjöld, *Styckegjutning*, 73~74쪽. 원래 표에 표기된 무게 단위는 "스케푼드skeppund"이다. 이 단위는 일부 지역에서는 195.4kg, "주요 생산지" 대부분에서는 136kg에 준하는 등 지역마다 조금씩 다르다(Jansson, *Måttordlbok*, 72~73쪽). 나는 힐데브란드(Hildebrand, *Historia*, 457쪽)의 근거에 따라 136kg 기준을 채택했다(1미터톤=1,000kg=0.9842영국 톤=7,353스케푼드). 헤이켄셸드Heijkenskjöld가 제시한 수치는 다른 자료를 참고한 보에티우스–헤크셰르Boëthius-Heckscher(*Handelstatistik*, 102~103쪽)가 제시한 1637~1641년, 1645년, 1650년도의 수치와 대체로 일치한다. 두 자료는 1641년에만 약간의 차이를 보인다(헤이켄셸드 8,840스케푼드, 보에티우스–헤크셰르 9,293스케푼드). 표 1에는 몇몇 연도의 수치가 빠져 있는데 참고할 만한 사료가 없는 탓이지 해당 연도에 스웨덴에서 대포가 수출되지 않았다는 의미는 아니다. 순드의 통관과 관련한 문서들을 보면(Bang, *Tabeller*, 해당 연도 편) 스웨덴의 주철 대포가 1622~1631년, 1633년, 1636년, 1648~1649년, 1651년, 1652~1654년 등에도 "서쪽으로" 반출되었음을 알 수 있다. 표 1에서 네덜란드 항목에 숫자가 빠진 부분은 해당 연도에 스웨덴의 대포가 어디로 수출되었는지 알 수 없음을 뜻한다.

8. 독일과 러시아의 진입

독일은 네덜란드의 대포 수요 덕분에 철제 대포의 생산이 탄력을 받게 된 또 다른 지역이었다. 이미 1604년에 아슬라어에서 제철업이 성행했다는 언급이 있다. 1612년, 네덜란드는 베스트팔렌 동부의 마르스베르크에서 가동 중인 여섯 개의 용광로 가운데 두 개를 보유했고, 1620년대에 그곳의 주철 대포 생산에 직접 뛰어들었다.[1] 네덜란드는 또한 1630년부터 1650년까지 암슈타인 수도원 영지의 바인해르와 코블렌츠 북쪽 스트롬베르크에서 성공적으로 대포 주조소를 운영한 리에주 출신인 장 마리오트Jean Mariotte의 주요 고객이었다.[2]

30년 전쟁은 대포에 대한 이 지역의 수요를 촉진하기도 했지만 광범위한 공장 파괴와 숙련 노동력 손실을 야기했다. 따라서 이 지역에서 기술 발전 과정은 불규칙적이었다. 그러나 17세기 중반부터 서부 독일의 생산이 급속히 성장해 1660년대가 되면 스웨덴과의 경쟁이 감지될 만한 수준이었다. 독일 주철 대포 거래의 중심지는 17세기 말까지 네덜란드 인이 적극적인 구매자로 활동한 쾰른이었던 것 같다.[3]

네덜란드는 러시아에 대포 주조소가 들어서는 데도 큰 역할을 했다. 1630년대에 네덜란드 인 일단이 모스크바에서 남쪽으로 120마일 떨어진 툴라 부근에 제련소를 세웠고[4] 러시아에 최초로 서구식의 현

---

1) Schubert, *Superiority*, 86쪽과 이 책 56쪽 각주 2.

2) Yernaux, *Métallurgie*, 79, 172~175쪽.

3) 독일과의 경쟁이 스웨덴 대포 생산에 미친 충격에 관해서는 Barbour, *Amsterdam*, 1쪽 주 114를 참조하라. 네덜란드가 쾰른의 독일 주철 대포를 수입한 것에 관해서는 Janiçon, *Provinces-Unies*, vol. I, 473쪽을 참조하라.

4) 이 사업에 관한 복잡한 사연에 관해서는 Strumilin, *Istoriia*, 102쪽 이하, Ambur-

대적 주철 방식을 소개했다고도 알려져 있다.[1] 러시아에서는 숙련공을 구하기 어려웠으므로 외국에서 기술자들을 데려와야만 했다. 그러나 이 역시 쉬운 일이 아니었다.[2] 그러나 한편으로 농노제가 여전히 지배적인 나라였으므로, 풍부한 미숙련 노동력을 매우 낮은 비용으로 확보할 수 있었다.[3] 미숙련공은 대부분 연료를 공급하는 일과 벌목에 고용되었다. 러시아는 네덜란드의 주도적 역할을 매우 긍정적으로 받아들였고 연간 보조금과 농노들을 고용할 수 있는 권한을 내어주어 이들은 지원했다.[4] 그러나 이 같은 노력의 결과는 그다지 만족스럽지 못했다. 러시아 대포 주조소의 생산품은 암스테르담 시장에서 매우 낮은 가격으로 제공되었으나 품질이 형편없어서 17세기 말에도 여전히 러시아 제품은 중요하게 취급되지 않았다.[5] 어쨌든,

---

ger, *Marselis*, 92~130, 150~154, 168~174쪽을 참조하라. A. 비니우스, 페테르 마르셀리스, Ph. 아케마가 중요한 역할을 맡았지만 엘리아스 트립과 J. 빌레컨스와 Th. 드 스바언도 사업에 관여했다. 사업은 1632년에 공식적으로 시작됐지만 제련소는 1639~1640년에 가서야 온전히 가동됐다. 제련소는 내부 문제와 다른 어려움이 겹쳐 1647년과 1662년에 두 차례 큰 위기를 겪으며 가동이 중단됐다.

1) Portal, *L'Oural*, 188쪽.

2) Amburger, *Marselis*, 104~105쪽 참조. 숙련공 대부분은 저지대 국가 남부 제주에서 왔으며 대체로 "프랑스 인"이라 불렸다. 스웨덴의 제철 노동자도 러시아로 유입되었다. 이 같은 노동력 유출은 스웨덴 본국에 염려를 불러일으켜서 1674년, 모스크바에 거주하는 어느 스웨덴 사람은 몇몇 스웨덴 제철 노동자들을 다시 스웨덴으로 돌려보내려고 애썼다(Amburger, *Marselis*, 104, 109쪽 참조). 사실, 러시아로 숙련공을 끌어들이는 것은 쉽지 않은 일이었고(Amburger, *Marselis*, 104쪽 이하, Strumilin, *Istoriia*, 103쪽 이하) 이 같은 노동력 부족 현상은 이 지역의 사업에 크나큰 차질을 빚었다

3) Strumilin, *Istoriia*, 105쪽 이하. 러시아 노동자의 평균 임금은 외국인 노동자의 4분의 1 수준이었다.

4) Strumillin, *Istoriia*, 106쪽 이하, Mavor, *Russia*, vol. I, 434~435쪽.

5) 1671년 세넬리 후작은 아버지 콜베르에게 보내는 편지에서 "네덜란드 인들은 모

대포 생산 거점이 자리를 잡았고 그 의미는 다음 세기에 분명해지게
된다.[1]

9. 영국의 연료 위기, 스웨덴산 대포를 부르다

영국 주철 대포의 초창기 모조품은 만족스럽지 못했다. 1623년 스웨
덴산 대포에 대한 영국의 어느 보고서를 보면, "처음부터 이 대포들
은 성능 검사 과정에 대부분 부서져버린다"라고 적혀 있다.[2] 그리고

스크바에서 주철 대포를 조금 수입하고 있지만 품질이 좋지 않아 싼값에 팔린다"
고 썼다(Clément, *Lettres*, vol. III, pt. 2, 311쪽). *Addition au mémoire concer-
nant la fonderie canons* July 1671(파리 국립문서보관서. 문서 번호 Colbert
4219, f. 11)에서 후작은 다음과 같이 덧붙인다. "철제 대포에 관해서 보자면, 네
덜란드 어느 곳에서도 대포를 제작하지 않으며 스웨덴과, 그리고 소량이긴 하지
만 모스크바에서 주조된 대포를 들여옵니다. …… 스웨덴 철이 가장 우수하고,
제일 높이 쳐줍니다. 그다지 좋은 품질은 아니지만 모스크바에서도 조금 수입합
니다(a les gard des canons de fer il ne s'en fond point en aucun endroit de
Hollande de il vient tout fondu de Suède et de Moscovie quoy qu'il en vien
assez peu de Moscovie . . . Le fer de Suède est le meilleur et le plus estimé. Il
en vien peu de Moscovie qui mesme n'est pas bon)." 1674년, 킬부르게르
*Kilburger*는 러시아 공장에서 생산되는 대포(24파운드 포까지만 생산되었다)는
"아르한겔스크를 통해 네덜란드로 수출되며 거기서 보통 성능 검사 시 터져버린
다"고 썼다(*Handel*, 324쪽). 러시아 대포의 낮은 품질은 주로 숙련공의 부족에
기인한다. 킬부르게르의 보고와 러시아 대포에 관해 그가 제공한 정보에 관해서
는 Kurts, *Socinenie Kilburgera*, 451~469쪽을 참조하라. 킬부르게르의 보고 전
반에 관해서는 Nyström, *Mercatura*, 239~296쪽을 참조하라. 스트루밀린에 따
르면 1646년에는 600문, 1647년에는 360문의 대포가 네덜란드로 수출되었다.

1) 에필로그 174쪽 참조.
2) "해외의 철제 대포 생산과 관련하여 말씀드립니다. 지난 4년간 소레란드(쇠데르
   만란드)에서 생산된 다량의 주철 대포가 브리아머를 거쳐 암스테르담으로 수출

1627년 네덜란드가 프랑스에서 구입한 열한 문의 주철 대포 가운데 여섯 문이 "적절한 성능 검사"를 하는 동안 터져버렸고 하나는 포미가 떨어져나갔다.[1] 그러나 이내 기술이 상당히 향상되어서, 1623년이 되자 영국의 보고서에 따르면 스웨덴산 대포는 "몰라보게 개량되어서 영국산과 거의 구별이 안 될 정도로 뛰어난 성능"을 보여주었다.[2] 스웨덴산 대포가 "개량되었고" "뛰어난 성능"을 보여준 것은 사실이지만 "영국산과 구별이 안 될 정도"라는 말은 아마도 보고서의 저자가 국왕에게서 그 지역의 제철업에 대한 원조를 얻어내기 위해 과장한 내용일 것이다. 콜베르Colbert의 아들, 세넬리 후작Marquis de Seignelay은 1671년 아버지에게 "스웨덴과 영국에서 주조된 대포는 차이가 많이 나는데 영국산이 훨씬 더 우수"하다고 보고했다.[3] 이

되어 그곳에서 다시 판매되어 왔습니다. 현재는 몇몇 어려움 탓에 그곳의 네덜란드 상인 소유의 용광로 네 곳 가운데 두 곳에서만 대포가 대량으로 주조되고 있습니다. 마찬가지로 루켈란드(?)에서 제작된 주철 대포도 네덜란드로 수출되어 그곳에서 다시 판매됩니다. 암스테르담의 루이 드 게르라는 상인의 상사가 스웨덴에 용광로 네 곳을 보유하고 있으며 지난 4년간 그곳에서 생산된 주철 대포를 암스테르담으로 가져와 판매하는데 현재 3,400문가량을 100파운드당 15길더나 16길더에 판매하고 있습니다. 만약 누구든 자비로 이 대포들을 구입하여 이곳 영국으로 들여왔다가 적당한 때에 다시 반출하면 제 말이 사실임을 알 수 있을 것입니다. 처음에 이 대포들은 성능 검사 시에 대부분 부서져버렸습니다만 지금은 품질이 몰라보게 개선되어서 영국산과 거의 구별이 안 될 정도입니다. 이 대포들을 주조하는 사람들은 네덜란드와 왈롱 사람들입니다. 그렇지만 저로서는 만약 우리 영국산 대포가 널리 수출된다면 스웨덴의 용광로들은 금방 문을 닫게 되리라 생각합니다. 그렇지 않다면 그들은 계속 대포를 주조할 것이고 그에 따라 그들의 대포 주조 기술도 점점 숙련되게 되겠지요."(런던 공공기록보관소, 정부 문서 14/155, no. 11 (f. 840) 1623년 12월 3일).

1) Van Dillen, *Amsterdam*, doc. 1108.
2) 68쪽 각주 2번을 보라.
3) Clément, *Lettres*, vol. III, 332쪽.

역시 당시 영국의 의견에 크게 영향을 받은 후작의 과장일 가능성이 있지만 그가 1623년 보고서의 저자보다 더 진실에 더 가까울 수 있다. 네덜란드 인들은 품질보다는 비용에 더 신경을 썼으므로 대포 교역에서 언제든 비용을 위해 품질을 희생할 용의가 있었다. 직물 교역과 포도주 교역에서도 마찬가지였다.[1] 네덜란드 인들은 영국에서 생산되는 것보다 더 뛰어난 대포를 만들어내지 못했을지라도 영국산 주철 대포보다 더 싸게 팔아치워 암스테르담을 유럽 무기 거래의 중심지로 만드는 데 확실히 성공했다.[2] 영국이 현지에서 목재를 조달하는 데 점점 더 어려움을 겪자 네덜란드 인들의 사업은 한결 수월해졌다. 엘리자베스 여왕의 즉위 이래로 삼림 황폐화에 불만을 토로하는 목소리가 왕국 전역에서 점점 더 자주 들리게 되었다.[3] 표 2를 보면 1560년부터 1670년 동안 영국의 숯 가격 지수와 일반 가격 지수를 비교할 수 있을 것이다.[4] 두 지수를 비교한 결과의 의미는 제한적

---

1) 직물 교역에 관해서는 Hyma, *The Dutch*, 19쪽을, 포도주 교역에 관해서는 Dion, *Histoire*, 426~427쪽을 참조하라.

2) 17세기와 18세기 초반 유럽 군수품 거래의 주 시장으로서 암스테르담의 역할에 관해서는 Barbour, *Amsterdam*, 40~42쪽을 참조하라.

3) Nef, *Coal*, vol. I, 158~161쪽. 철제 대포 주조는 영국 여러 지역에서 목재 부족 현상을 야기한 요인 가운데 하나였다. 1548~1549년에 영국 정부는 이미 서식스의 제철업에서 목재가 낭비되고 있는지 조사를 명령한 바 있다(Tawney-Power, *Documents*, vol. I, 231~238쪽 참조). 1637년에는 켄트 주 크랜브룩 시의 직물 업자들이 존 브라운의 용광로에서 목재를 대량으로 소비하는 바람에 목재 가격이 크게 올랐다고 추밀원에 불만을 제기한 바 있다. 그러나 남벌濫伐의 또 다른 중요한 요인은 선박 건조를 위한 목재 수요 때문이었다. Albion, *Forests and Sea Power* 참조.

4) 일반 가격 지수는 펠프스 브라운과 홉킨스가 산출한 것으로, 전분, 고기, 생선, 술, 직물, 램프, 숯을 포함한 연료 등으로 구성된 집합 재화(composite commodity: 영국의 경제학자 힉스가 고안한 개념으로 상대 가격이 일정해서 하나의 재

으로 받아들여야 한다. 가지런히 제시된 가격 지수는 보기에는 좋지만 그것의 진정한 의미는 언제나 모호하다. 숯 가격 지수는 제한적 지역만을 가리키며 보편적 결론을 끌어내기 전에 다른 지역의 예도 고려해야만 한다. 그러나 아무리 조심스럽게 결론을 내린다 할지라도 입수 가능한 수치에 따르면 적어도 1630년대에 연료 위기가 악화되어 주철 대포 수출에 심각한 영향을 미친 것은 사실인 듯하다.[1] 영국의 주철 대포는 애국주의자들의 떠들썩한 반대와 항의에도 불구하고 17세기 마지막 20~30년에도 여전히 외국으로 수출되었으나 당시 제철업이 그다지 번영하지는 않았던 것 같다.[2] 1630년대 연료 위

화처럼 취급할 수 있는 재화의 집합을 가리킨다. 이때 상대 가격이란 A상품 1단위는 B상품 2단위와 교환될 수 있다는 식으로 어느 한 상품을 기준으로 표시한 다른 상품의 상대적인 교환 가치를 말한다. — 옮긴이)의 총 가격 수준을 나타낸다. 다른 지수는 같은 시기에 이튼 칼리지가 숯을 구입할 때 지불한 가격을 바탕으로 산출되었다. 표 2의 설명 참조.

1) 앨비언에 따르면 목재 부족 현상은 "왕정복고기"에 매우 심각해졌다(Albion, *Sea Power*, chapt. 3). 네프에 따르면 "위기"는 "1660년 이후 1세기 반 동안"보다 "1660년 이전 1세기 반 동안"이 훨씬 심각했다(Nef, *Coal*, vol. I, 158~161쪽). 그러나 네프 교수의 주장의 근거가 되는 몇몇 수치들은 비베Wiebe의 연구에서 기인한 것이라 그다지 믿을 만하지 않다. 위에서 언급한 저작들에서 인용된 수치와 사실 들은 목재 부족 위기가 1600년대와 1660년대 사이에 급격하게 심화되었음을 가리키는 것 같다.

2) 1610년 영국 상원은 국왕의 특허장을 소지한 사람에 의한 경우와 방위 목적을 띤 경우를 제외하고 왕국 바깥으로 "대포, 대포 주조 금속, 철광석, 원광, 포탄의 국외 이전"을 금지하는 법안을 통과시켰다. 이를 어기는 사람은 "중죄인"으로 간주되이 "무거운 처벌"을 받게 되었다(*Calendar of State Papers*, 1610년 11월 14/58/12일자, *Journal of the House of Lord*, 1610년 11월 10/13/20/23일자). 1614년에는 "네덜란드 인들이 우리 영국 대포 덕분에 매우 강해져서 영국인들을 능가하고" 있다는 구실을 들어 대포 수출을 금지하는 또 다른 법안이 하원에 도입되었다(Barbour, *Amsterdam*, 36쪽).

표2. 영국의 가격 지수, 1560~1670년(1630년 물가를 100으로 볼 때)

연도	가격 지수	
	일반	숯
1560	46	60
1610	90	95
1620	87	100
1630	100	100
1640	106	135
1650	133	225
1660	121	220
1670	102	250

출전: 펠프스 브라운Phelps Brown과 홉킨스Hopkins, 『가격Prices』, 194~195 쪽과 비버리지Beveridge, 『가격Prices』, 144~145쪽. 식품 가격의 단기 변동 효과가 반영되는 것을 피하기 위해 가격 지수의 수치는 당해 연도 전후 5년간의 평균 물가를 바탕으로 산출하였다.

기가 아주 극심해졌을 때 영국은 주철 대포를 수입하기 시작한다. 스웨덴에서 영국으로 직접 운송된 주철 대포에 대한 첫 언급은 1632년 기록에서 찾아볼 수 있으며[1] 1638년부터 암스테르담을 거쳐 많은 스

사실, 애국주의적 의원들이 하원에서 강력하게 발언했음에도 불구하고 영국에서는 1610년대와 1620년대에도 주철 대포가 여전히 수출되었다(Tawney, *Business*, 70~71쪽과 49쪽 각주 1, 2번 참조) 그러나 1610년 이후 영국의 대포 수출 물량은 미미한 수준이었다. 프리스 교수는 "17세기 1/4분기에 영국의 관세 기록 tollbook은 의미 있는 대포 수출량을 보여주지 않는다"고 진술한다(Friis, *Kobbermarked*, 175쪽 주 3). 그러나 그 같은 진술을 어느 것도 입증해주지 않는데, 첫째, "대포에 물리는 세금은 언제나 조세로 징수되었지 관세로 징수되지 않았기" 때문이며(*Calendar of State Papers*, 14/8/132), 둘째, 많은 양의 대포가 불법적으로 반출되었기 때문이다. 그러나 1628년 암스테르담의 어느 스웨덴 사람이 "영국으로부터 많은 양의 대포가 수입된다고 볼 만한 증거가 없다"라고 진술한 것은 사실이다(Heijkenskjöld, *Styckegjutning*, 73쪽).

1) 62쪽 각주 5번을 보라. 순드의 통계 자료를 보면 1647년과 1648년에 일부 대포

웨덴산 대포가 영국으로 수출되었음을 알 수 있다.[1] 1670년대 초반 세넬리 후작은 영국인들이 "대포를 주조하는 데 필요한 목재가 충분 치 않아서, 스웨덴산의 품질이 영국산보다 떨어진다고 여기지만 별 수 없이 스웨덴으로부터 대포를 수입"하고 있다고 썼다.[2]

10. 해군과 대포를 향한 프랑스의 분투

주철 대포는 품질이 아주 우수한 것일지라도 일반적으로 청동 대포 의 열등한 대체재로 간주되었다. 더욱이 주철 대포는 안전상의 이유 로 청동 대포보다 더 무겁게 만들어졌다.[3] 이것은 여러 가지 불편을 야기했다. 대포가 무거우면 육상에서는 기동성을 떨어트리며 해상에 서는 악천후에 선박의 항해 능력을 떨어트리기 때문이다. 더욱이 더 두꺼움에도 불구하고 주철 대포는 청동 대포만큼 단단하지 못했다. 주철 대포가 배와 선원들에게 위험하다고 여긴 네덜란드 정부는 1621년 해군본부에 주철 대포를 대체하기 위해 매년 새 청동 대포를 주조하도록 요청했다.[4] 1626년 캐루 경Lord Carew의 발언에 따르면 엘리자베스 치세기와 그 이후 영국에서는 가능한 한 주철 대포는 요

가 영국 선박에 실려 "서쪽으로" 수출되었음을 알 수 있다(Bang, *Tabeller*).

1) Barbour, *Amsterdam*, 38쪽 주 98.

2) Clément, *Lettres*, vol. III, pt. 2, 322쪽.

3) 예를 들이, 1620년대와 1630년 스웨덴의 6파운드 포의 평균 무게는 청동으로 주 조할 경우, 500킬로그램, 철로 주조할 경우 800~1,000킬로그램이었다. 3파운드 포는 보통 청동의 경우, 400킬로그램 내외였으며 철의 경우 500~550킬로그램이 었다. Jakobsson, *Beväpning*, 213~214, 231, 248~249쪽을 참조하라.

4) Elias, *Zeewezen*, vol. I, 88쪽.

새에 설치하고 청동 대포는 선박에 배정하는 것이 적절하다고 여겨졌다.[1] 그러나 청동 대포의 높은 비용과 대포에 대한 필요가 점점 증가한 탓에 그러한 이상적 방안은 온전히 실행될 수 없었다. 더군다나 시간이 흐르면서 주철 대포 제작에서 기술이 향상되었다. 1626년, 영국 해군본부의 장교들은 "지나치게 무거운" 철제 대포의 "폐해"를 개선하기 위한 방안을 마련하라는 지시를 받은 존 브라운이 자신의 유명한 주조소에서 청동 대포보다 더 가벼우면서도 정부의 이중 성능 검사를 통과한 철제 대포 여섯 문을 주조하는 데 성공했다는 사실을 지적했다.[2]

주철 대포는 17세기를 거치면서 특히 선박에서 점차 흔해졌으며 17세기 말이 되자 유럽 선박에는 주철 대포가 우세하게 되었다.[3]

---

1) *Calendar of State Papers*, Domestic, 1625-6, vol. 19, no. 2 (Jan. 21, 1626).

2) *Calendar of State Papers*, Domestic, 1625-6, vol. 25, no. 79 (April 28, 1626). 1629년 런던 주재 베네치아 대사 알비세 콘타리니Alvise Conttarini는 도제에게 보내는 편지에서 "이곳[영국]에서는 두 종류의 대포를 구할 수 있습니다. 하나는 최근에 개발된 가벼운 대포로서 무게가 일반 대포의 절반밖에 나가지 않고, 퀸틀, 다시 말해 112파운드당 5와 2분의 1두카트 가격입니다. 구형의 무거운 대포는 퀸틀당 3두카트 가격입니다."라고 쓰고 있는데 그가 말하는 "개발"이란 아무래도 존 브라운의 새로운 대포를 가리키는 듯하다(*Calendar of State Papers*, Venetian. vol. 21, 572쪽 주 780).

3) 1658년 스웨덴에서는 해군의 대포의 절반 정도가 주철 대포였다. 1677년, 주철 대포의 비율은 66퍼센트까지 증가했다(Heckscher, *Ekonomiska Historia*, pt. 1, vol. II, 454쪽). 마찬가지로 프랑스에서도 주철 대포의 비율은 1661년 45퍼센트, 1667년 70퍼센트에 이르렀다(Clément, *Lettres*, vol. III, pt. 2, 699~700쪽). 1671년 세넬리 후작의 보고에 따르면 영국에서는 "일급의 대형 전함은 전부 청동 대포로 무장했으며 …… 2급, 3급의 전함들은 3분의 1 정도만 청동 대포로 무장하고 나머지는 주철 대포로 채웠다. 다른 선박들은 구할 수 있는 대포들로 채웠다." (Clément, *Lettres*, vol. III, pt. 2, 312, 332쪽). 네덜란드 선박의 경우, 암스테르담

군비 경쟁에서 프랑스의 취약점을 개선하고 주철 대포 제작을 발전시키고자 콜베르가 조치를 취한 것도 주로 해군의 필요와 관계가 있다. 1450년부터 1550년 사이 프랑스 포병들의 활약 이후 프랑스 대포 산업은 붕괴와 쇠퇴기에 접어들었다. 16세기 중반 이후 내란과 정치적 혼란이 쇠퇴의 주원인이었다. 혼란스러운 행정과 통치를 약화시키는 분열적 대립은 일정한 정부 차원의 보조가 필수적인 군수 산업에 아무런 조직적 지원을 제공하지 못했다. 많은 숙련공들이 종교적 이유나 더 많은 보수, 안정적 여건을 찾아 나라를 떴다.[1] 역설적이게도 전쟁과 내란의 와중에 군수 산업인 대포 제조업이 붕괴한 것이다. 몇몇 주조소와 공장들이 여기저기서 명맥을 유지했으나 전

에서 활동한 스웨덴 사람은 1633년에 네덜란드 선박 50척 가운데 1척 정도만 청동 대포로 무장했다고 진술한다(Heckscher, *Ekonomiska Historia*, pt. 1, vol. II, 454쪽). 1671년 세녤리 후작은 네덜란드 선박에서 청동과 주철 대포의 비율은 "군비 감독관의 의지에 달려 있습니다. 그러나 제독들이 언제나 아래 갑판에 열등한 대포를 배치한다는 것만은 확실하게 말할 수 있습니다. …… 라위터르의 전함은 청동 대포로만 무장했습니다."라고 보고했다(Clément, *Lettres*, vol. III, pt. 2, 312, 332쪽 참조). 1593년, 덴마크 코펜하겐의 병기고 목록에는 청동 대포 158문, 연철 대포 344문, 주철 대포 426문이라고 되어 있다(Christensen, *Historie*, 25쪽). 베네치아 대사의 보고에 따르면 영국의 사략선들은 대부분 철제 대포를 이용했다.

1) "우리나라(프랑스 — 옮긴이)의 혼란을 틈탄 내란 이후 영국은 [우리나라 장인들의] 일종의 피난처가 되었으며, 그곳으로 이주한 우리나라 장인들의 기교를 얼마나 잘 전수받았는지 우리가 고유의 자산으로 오랫동안 간주해온 바로 그 기술을 이제는 영국이 자랑스럽게 활용하면서 큰 이득을 보고 있다(l'Angleterre depuis nos guerres civiles faisant profit de confusions des ce Royaume, s'est si bien instruite par l'adresse de nos hommes qui s'estoient jettez chez elle comme en un port de repos, que maintenant elle pratique avec gloire et profit ces mesmes arts que nous avions long temps gardez comme en propriété)." (De Montchrétien, *Traicté*, 49쪽).

체적으로 보았을 때 프랑스 대포 산업은 미미한 수준이었다. 따라서 군비와 관련해 프랑스는 주로 외국의 공급에 의존하게 되었다.

리슐리외가 가차 없고 솜씨 있게 추진한 재건 작업은 정치와 행정 분야에만 국한되지 않았다. 정력적인 추기경-공작은 육군을 재건하고 해군을 사실상 무에서 완전히 새로 만들어냈다. 그러나 리슐리외는 프랑스 군수 산업은 재건하지 못했다. 브루아주와 르아브르에서 대포 산업을 발전시키기 위해 시도한 몇 가지 조심스러운 조치들은 별다른 성과를 낳지 못했다.[1] 기본적으로 리슐리외는 계속 외국의 공급에 의존해야만 했다. 리슐리외의 시장은 암스테르담이었는데, 그는 대량의 청동 및 주철 대포와 화승총, 화약, 닻 등을 조달하는 대리인을 암스테르담에 상주시켰다.[2]

허리띠를 졸라맨 마자랭 집권기가 끝나자 콜베르는 재무장 정책을 정력적으로 재개했다. 그러나 프랑스의 생산 역량은 1660년대에도 여전히 존재하지 않는 것이나 다름없었다. 제철업과 관련해서는 앙주와 노르망디, 브르타뉴에서 약간의 발전을 보이기도 했지만, 30년 전쟁은 로렌과 샹파뉴 지방의 제조업을 완전히 파괴했고 어린 루이 14세의 집권 초기 내란은 숙련공의 이민과 왕국 전역의 많은 대포 주조소의 폐쇄를 야기했다.[3] 생산성이 매우 낮고, 고립적으로 존재하는 소규모 용광로는 프랑스 제철업의 전형적인 생산 단위였다.[4] 자본 부족도 몹시 뼈아팠다. 자본 축적이 없지는 않았지만 귀족층과

---

1) Basset, *Histoire*, 989쪽.

2) Basset, *Histoire*, 988~989쪽과 Barbour, *Amsterdam*, 38쪽.

3) Gille, *Origines*, 12쪽.

4) Gille, *Origines*, 47쪽.

교회는 산업 투자에 관심이 없었고 '제3신분'은 "관직les char-ges et les offices"에 투자하는 것을 선호했다.[1] 네덜란드와 영국의 발전과는 눈에 띄게 대조적으로 프랑스 민간 부문은 무기력한 것이 특징적이었다. 외국에서 대포를 수입하려는 정부의 성향도 상황을 개선하는 데 보탬이 되지 못했다. 정부는 정부대로 현지 생산이 불충분했으므로 외국의 생산자들에게 손을 내밀 수밖에 없었다. 그야말로 악순환이었다. 1661년부터 1666년까지 콜베르는 전형적인 패턴을 따를 수밖에 없었다. 그는 헤이그와 암스테르담에 대리인을 상주시키고 네덜란드와 스웨덴, 덴마크, 함부르크, 비스케이에서 생산된 대포를 대량으로 구입했다.[2]

그러나 콜베르야말로 이러한 공급 방식이 가장 불만스러운 사람이었다. 1666년에 쓴 편지에서 콜베르는 분명하게 "(대포를) 구입할 때는 고도로 신중해야 한다. 비록 프랑스산이 외국산보다 더 비싸고 품질이 더 좋지 않더라도 외국산보다 프랑스산을 구입하는 것이 좋다. 이중의 이점이 있기 때문이다. 유동 자산이 유출되어 국고가 고갈되는 위험을 피할 수 있고, 다른 한편으로 우리 백성들이 생계를 유지하고 기술을 발전시킬 수 있다."[3] 이러한 원칙에 따라 1665년 콜베르는 프랑스 군수 산업을 발전시키기 위한 전면 계획에 착수했다. 그는 두 가지 이유에서 철제 대포를 선호했다. (1) 주철 대포는 청동 대포보다 더 저렴하고 (2) 프랑스는 철광석이 풍부한 반면 구리

---

1) Gille, *Origines*, 30, 46쪽.
2) Basset, *Histoire*, 990쪽. 1662년 스웨덴 주재 프랑스 대사가 구입한 주철포 100문에 관해서는 Heijkenskjöld, *Styckegjutning*, 76쪽을, 덴마크의 프랑스 상인이 구입한 대포에 관해서는 Boissonade-Charliat, *Colbert*, 41~42쪽을 참조하라.
3) Clément, *Lettres*, vol. III, pt. 1, 76쪽.

와 주석은 수입에 의존해야 한다. 두 번째 이유는 열성적인 자유 무역 옹호론자들의 구미에 반드시 맞지는 않았을 것이다. 콜베르는 열성적인 사람이긴 했지만 자유무역을 옹호하는 사람은 아니었다. 더욱이 프랑스와 네덜란드 간의 관계 악화는 그에게 계획을 밀고 나갈 또 다른 이유를 제공했다. 콜베르의 군수 산업 육성 계획은 국가 전체를 유기적 통일체로 간주하여 구상되었다.[1] 철광석 산지의 위치와 완성품의 운송을 위한 수로의 접근 가능성이 지역 선정을 좌우했다. 그에 따라 앙구무아, 페리고르, 니베르네가 서해안 지역의 병기고 기능을 하게 될 것이었다. 부르고뉴와 리오네, 도피네는 북부와 남부 해안의 병기고가 될 것이었다. 계획의 가장 심각한 장애 요인은 기술자의 부족이었으므로 콜베르는 외국에서 인력을 끌어와야 했다.[2] 소

---

1) 1671년 6월, 드 라 에 제독은 네덜란드와의 전쟁이 임박했다는 편지를 받았고 (Kaeppelin, *Compagnie*, 53쪽) 1672년에 실제로 전쟁이 선포되었다.
   군수 산업에 관한 콜베르의 계획에 관해서는 Basset, *Histoire*, 995~996쪽을 참조하라.

2) 당시 스웨덴의 기술자들은 분명 명성에 버금가는 실력을 갖췄기에, 콜베르는 유명한 빌렘 드 베슈Willhelm de Beche(부록 1을 보라)의 조카, 아브라함 드 베슈 Abraham de Beche와 위베르 드 베슈 2세Hubert De Beche Jr.를 프랑스로 초청했다. 스웨덴의 장인들도 프랑스로 초청되어 건너왔다. 스웨덴 장인들의 프랑스 유입이 스웨덴 정부의 골칫거리가 되어, 정부는 "베리스콜레이움Bergskolle- gium"(1637년부터 1857년까지 스웨덴의 야금업과 광산 채굴을 총괄한 중앙 정부 기구 — 옮긴이)에 관련 조사를 요청했다. 1669년 정부에 보고된 조사 결과에 따르면 상당수의 스웨덴 장인들이 스웨덴의 다른 지역으로 가는 줄 알고 뉘셰핑에서 출항했으나 배는 뤼베크에 도착했고 장인들은 그곳에서 다시 함부르크로 이동했다가 프랑스에 도착했다. 몇몇은 탈출에 성공하였는데 그중 안데르스 식페르손Anders Sigfersson은 1675년 스웨덴으로 귀국했다(*Sevnskt Biografiskt Lexicon*, 드 베슈 항목을 참조하라). 17세기 스웨덴 기술자에 대한 평판이 매우 좋았다는 사실은 인도로 초청되어 인도의 대장장이들에게 포탄과 못의 생산성을

규모 사업체를 불신한 그는 대량 주문, 철광석 공급에서의 특혜, 인력 모집에서의 지원과 같은 수단을 이용해 거대한 민간 회사 설립을 장려했다.[1] 언제나 그렇듯이 콜베르는 계획을 꼼꼼하게 챙기고[2] 지칠 줄 모르는 에너지와 불굴의 의지력으로 추진해나갔다. 정책의 큰 그림을 맹렬히 밀고 나가면서 세부 사항을 빈틈없이 챙기는 것도 소홀히 하지 않았다. 1670년, 콜베르는 아들에게 편지를 썼다. "주철 대포는 쓸데없는 장식으로 손상되고 있다. 더욱이 쇠붙이로 만들어지는 장식은 우아하지도 않다. 철제 대포는 무르지 않고 단단해야 하며 금속의 순도만 신경 써야 한다."[3] 그는 고집불통이다 싶을 만큼 의지가 확고했다. 새로 제작된 많은 대포들이 성능 시험에서 터져버렸을 때 그는 뎅케르크의 해군 위원에게 편지를 썼다. "불로뉴에서 터져버린 대포의 품질이나 출처에 대해서는 아는 바가 없소. 그러나 이 나라에서 해군 장비가 처음으로 제작될 때마다 사람들이 언제나 나쁘게 평가한다는 사실은 알고 있소. 물론 자주 품질이 형편없소. …… 그러니 대포가 형편없이 만들어졌다고 해서 그리 놀랄 일은 아니오. 첫술에 배부를 수는 없는 법이니까. 제작자들에게 좋은 견본을 계속해서 제공하고 오류를 개선하도록 돕는다면 결국엔 외국에서 제

네 배 이상 높일 수 있는 제조 기술을 가르친 스웨덴 기술자에 대한 일화에서 쉽게 확인할 수 있다. 인도 당국은 궁극적으로 많은 대장장이가 생계를 잃을 수도 있다는 이유로 신기술 도입을 금했다(Raychaudhuri, *Coromandel*, 174쪽 참조).

1) Gille, *Origines*, 50~51쪽.
2) 콜베르가 얼마나 꼼꼼했는지는 그가 아들인 세넬리 후작에게 보낸 각종 지시 사항만 보아도 알 수 있다. 이 책의 주제와 관련해서는 네덜란드와 영국의 대포 산업의 경제적 측면과 다양한 기술적 측면을 조사하라고 지시한 1671년 7월 10일 자 편지를 특히 눈여겨볼 만하다(Clément, *Lettres*, vol. III, pt. 2, 35쪽 참조).
3) Clément, *Lettres*, vol. III, pt. 2, 8쪽.

작되는 것처럼 좋은 제품을 얻을 것이오."[1] 그가 이 편지를 쓴 때는
1670년이었다. 그러나 이듬해에는 콜베르마저도 인내심이 바닥나기
시작해서, 낙담한 말투로 "더 이상 그에 대한 믿음이 남아 있지 않다
(je ne sais plus qu'en croire)"라고 썼다.[2] 성능 시험 과정에서 너무
많은 대포들이 망가져버린 것이다.

15년에 걸친 노력의 최종 결과는 약간의 성공과 많은 실패가 뒤섞
인 것이었다. 페리고르와 앙구무아에 설립된 공장은 만족스러운 결
과를 내어놓았다. 1680년 그들은 "스웨덴산보다 확실히 더 가볍고
품질이 뛰어나며 서해안의 항구 요새의 필요를 충족시킬 만큼 충분
한 양의" 제품을 생산하고 있었다.[3] 그러나 니베르네와 부르고뉴에
세워진 공장들은 완전히 실패였음이 드러났는데 콜베르 자신도 인정
했듯이 가장 큰 노력을 기울인 곳은 바로 그 지역이었다.

콜베르가 소소한 성과만 거둔 이유는 근본적으로 그가 자신의 시
대보다 한참을 앞서 나갔다는 사실에 기인한다. 당대의 화학은 주철
공정에서 유황의 부정적 작용과 인의 긍정적 작용을 발견하지 못했
다. 콜베르 시대의 기술자들은 페리고르의 철광석은 당대의 주조 방
법에 적합하지만 니베르네의 철광석은 부적합하다는 사실을 알 길이
없었다. 어느 지역에서 주조된 대포는 부서지기 쉽지만 어느 지역에
서 주조된 대포는 믿을 만하다는 사실은 풀리지 않는 수수께끼로 남
았다.[4] 콜베르에게는 경제적·사회적인 차원에서 총명하고 헌신적이

---

1) Clément, *Lettres*, vol. III, pt. 1, 76쪽.

2) Clément, *Lettres*, vol. III, pt. 1.

3) Clément, *Lettres*, vol. III, pt. 2.

4) Wertime, *Steel*, 173쪽 이하 참조.

며 매우 적극적인 협력자들이 많았지만 국가 전반을 놓고 봤을 때 프랑스는 그를 따라오지 못했다. 귀족층은 시대에 뒤처져 있었다.[1] "제3신분"은 잡초가 무성한 길을 따라 느릿느릿 나아가고 있었다. 위대한 재상이 죽기(1683년) 전부터 이미 그가 세운 산업 기반 가운데 살아남은 것은 취약성과 피로감의 징후를 보이고 있었다. 상황은 1730년대까지 점차 악화되어[2] 프랑스는 18세기 후반에 이르러서야 가까스로 추세를 역전시켜 군수 산업을 중요한 산업으로 성장시켰다.[3]

11. 야포의 발전과 구스타브 아돌프

대포 생산과 관련하여 17세기 중반 유럽의 상황은 2세기 전에 지배적이었던 상황과 크게 달라졌다. 산업의 지리적 분포는 급격히 변모했다. 그보다 더 중요한 것은 유럽의 생산 잠재력이 막대하게 증가하고 유럽이 예전보다 훨씬 더 만만치 않은 상대가 되었다는 점이다. 이를 뒷받침하는 근거는 효과적인 주철 대포의 등장이다. 이로 인해

---

1) 일례로 과학에 대한 프랑스 귀족층의 태도를 들 수 있다. 1683년, 육군 중장 시로 Sirot는 이렇게 썼다. "귀족은 과학을 위대한 행위를 위협하는 암초로 간주했고 과학이 용기를 말살하고 과도한 경계심을 유발한다고 확신했다(la noblesse regardait les sciences comme l'écueil des grandes actions et elle était persuadé qu'elles amollisaient le courage et donnaient trop de circonspection)."
2) Gille, *Origines*, 33~34쪽. 1693년 이후 프랑스의 상황이 나빠지자 많은 제철 장인들이 알자스와 로렌, 프랑슈콩테에서 독일, 스위스로 이주하면서 프랑스의 야금업과 군수 산업은 또다시 타격을 입었다. Scoville, *Huguenots*, 171쪽 참조.
3) 1750년 이후 성장에 관해서는 Basset, *Histoire*와 Bonaparte and Favé, *Études*을 참조하라.

상대적으로 낮은 비용으로도 유럽의 대포 보관 창고가 확장될 가능성이 커졌고 기술 향상과 사업 조직의 발전 덕분에 가용 자원을 더 효율적으로 이용할 수 있게 되었다.

유럽의 총생산량을 측정하려는 어떤 시도라도 대단히 큰 오차를 감안해야 하지만, 비록 근사치일망정 약간의 추정치에서 주문 물량의 규모를 짐작해볼 수 있다. 1650년경 스웨덴은 연간 대략 1,500톤에서 2,000톤의 주철 대포를 생산할 수 있었다.[1] 영국은 1,000톤에 약간 못 미치는 수량을 생산할 수 있었다.[2] 이 두 지역이 유럽의 가

---

1) 표 1은 17세기 중반 이후 스웨덴이 연간 1,000톤 이상의 주철 대포를 수출할 수 있었음을 보여준다. 1655년 이후 스웨덴 정부는 왕국에서 생산되는 주철 대포를 전매했다. 이 전매 사업은 B. O. 크론베리에게 위임되어 1662년까지 크론베리가 담당했다. 크론베리의 기록(*Rechnung über Eiserne Stücken . . .* 1655-63과 Kammaraki-vert, Stockholm)을 살펴보면 1655년부터 1662년 사이 총 1만 253톤(=7만 5,390스켑)에 달하는 1만 135문의 대포가 왕에게 팔리거나 왕의 허가를 받아 외국으로 수출됐다. 이 수치는 연간 1,370톤의 대포가 수출됐음을 뜻한다. 정부의 대포 전매 사업은 1662년 11월부터 아브라함 반 에이크Abraham van Eijck와 요한 본 프리센도르프Johan von Friesendorf의 감독 하에 게네랄팍토리콘토레트(Generalfaktorikontoret: 반 에이크와 본 프리센도르프가 스톡홀름에 설립한 국제 무역 사무소 — 옮긴이)에서 관할하게 된다. 에이크의 진술에 따르면 1662년부터 1666년 사이에 게네랄팍토리콘토레트를 통해 총 9,457문의 대포(=6만 9,534스켑), 다시 말해, 연간 2,360톤의 대포가 팔렸다.

스웨덴 대포는 대부분 핀스퐁과 네베크바른, 오케르스, 브렌에세뷔, 파다, 후세뷔, 스바르토, 율리타에서 생산되었으며, 17세기 후반에는 스타브셰와 헬레포르스, 에렌달 등에서도 생산되었다. 각 주조소들은 보통 연간 150톤 또는 그 이상을 생산할 수 있었다. 17세기 말에는 스타브셰에서만 연간 300~400톤을 생산할 수 있었다(Jakobsson, *Artilleriet*, pp. 30-2nn과 부록 1 참조). 1697년 베리스콜레이움의 보고서에 따르면(Jakobsson, *Artilleriet*, 29쪽) 스웨덴 대포 산업은 1655년 정부의 대포 전매 사업이 수립된 이후 침체기에 접어들었다. 그러나 위에 인용된 수치와 표 1에 제시된 수출 물량은 그러한 견해를 뒷받침하지 않는 것 같다.

2) 영국의 생산량은 대포와 포탄을 모두 합쳐 1600년 무렵 총 800~1000톤으로 추

장 중요한 생산지였다. 다른 주요 생산지는 에스파냐의 비스케이, 서부 독일, 러시아의 툴라, 프랑스의 페리고르였다. 이 가운데 툴라에 대해서만 연간 250톤에서 300톤가량의 대포를 생산할 수 있었다는 정보가 남아 있다.[1] 어쨌거나 여타 지역의 총 생산량이 스웨덴과 영국의 생산량 합계를 능가하기는 어려웠을 것이다. 이를 사실이라고 가정한다면 유럽의 잠재적 총생산량은 주철 대포 연간 5,000톤이다. 여기에 청동 대포의 생산량 수치를 더해야 한다. 유럽의 거대한 해군에 1650년대 이후 주철 대포가 지배적이었다는 사실과 육지(대부분 요새)에서 주철 대포가 광범위하게 사용되었다는 사실을 감안하여 유럽의 청동 대포 수량이 연간 5,000톤을 넘지는 않았으리라 추정할 수 있을 것이다. 그러나 이것은 순전한 추정에 불과하다. 반면 우리는 유럽의 군비 생산의 질적 향상에 관해서는 좀 더 자신 있게 이야기할 수 있다. 16세기 초가 되자, 해상에서 사용되는 청동 대포는 "실로 최상의 수준에 도달하여 이후 한 세기 반 동안 실질적으로 변모하지 않았다."[2] 1650년에 이를 때까지 해상에서 주철 대포는 청동 대포만큼 훌륭하지 못했지만 그럭저럭 만족할 만한 효율성을 보여주었다. 야포는 여전히 유럽의 군수 물자 가운데 가장 취약한 지점이었지만 17세기를 거치면서 바로 이 분야에서 혁명적 변화가 나타나게 된다.

17세기 초 이른바 '가죽 대포'(leather gun: 17세기 구스타브 아돌프의 스웨덴 군대가 개발한 실험적인 휴대용 소형 화기. 기본적으로 가는 구리관

정된다(42쪽 각주 5번 참조). 1600년 이후 숯 부족 위기가 생산 수준에 악영향을 미쳤을 것이다.

1) Strumilin, *Istoriia*, 104쪽 이하.
2) Clowes, *Sailing Ships*, pt. 1, 63쪽.

에 밧줄과 단단하게 무두질한 가죽을 두른 것이다. 화승총보다 크고 대포보다
는 작은 크기로, 지상전에서 기동성이 떨어지는 기존 금속 대포를 보완하고자
개발되었으나 구조적 결함 때문에 단명했다. ― 옮긴이)가 등장했다. 낭만
적 작가들이 이 무기를 둘러싼 빛나는 전설을 만들어내긴 했지만 사
실, 가죽 대포는 결코 실용적이지도 효과적이지도 않은 무기였다. 가
죽 대포의 발사력은 모두들 인정하다시피 금속 대포보다 떨어졌다.
더욱이 개별 가죽 대포는 수명이 극히 짧았다. 이 같은 다소 심각한
결함 때문에 가죽 대포는 단명했다. 그러나 변화의 시기가 무르익었
다. 1629년 스톡홀름의 왕립 주조소는 최초의 3파운드 "레예멘츠스
튀케regementsstycke", 다시 말해 123킬로그램에 불과하므로 기동성
이 매우 뛰어나면서도 화승총 사수가 한 발 쏘는 동안 세 발을 발사
할 수 있는 무기를 제작했다.[1] 15세기부터 시작된, 효과적인 야포를
향한 오랜 모색이 17세기 전반 유럽의 기술자들에 의해 마침내 결실
을 본 것이다. 스웨덴 기술자들의 성공의 결과는 즉시 유럽의 여러
전쟁에서 가시적으로 드러나게 된다. 스웨덴 대포 주조소의 기술적
성취가 한 역할을 적절히 고려하지 않는다면 구스타브 아돌프의 성

---

1) 가죽 대포 전반에 관해서는 Hime, *Leather guns*와 Meyersson, *Läderkanonen*과
같은 책의 참고 문헌을 참조하라. 1630년대에 이탈리아에서 제작되었다고 하는
가죽 대포에 관해서는 Montù, *Artiglieria*, vol. I, 678~680쪽을 참조하라. "레예
멘츠스튀케"에 관해서는 Jakobsson, *Beväpning*, 182, 214, 223쪽을 참조하라.
1629년 4월에 제작된 최초의 3파운드 "레예멘츠스튀케"는 평균 123킬로그램이
었다. 다음 해에 주조된 대포들의 평균 무게는 116킬로그램으로 줄었다. 일반적
인 3파운드 포의 평균 무게는 주철일 경우 500~550킬로그램, 청동일 경우 400
킬로그램이었다. 18세기 초가 되자 3파운드 "레예멘츠스튀케"는 머스킷 총병이
한 발을 발사할 동안 최대 8~9발을 발사할 수 있을 만큼 성능이 개선되었다(도
판 7을 보라).

공적인 군사 작전의 의미는 온전히 이해될 수 없다. 그러나 신무기는 곧 유럽 팽창의 역사에서도 새 장을 열게 된다. "레예멘츠스튀케"의 등장과 더불어 힘의 균형추는 유럽 쪽으로 더 현저하게 이동했다.

유럽의 팽창 과정을 기술할 때 군비에서 유럽의 우월성은 일반적으로 정적인 현상처럼 묘사된다. 그러나 사실, 15세기 첫 팽창의 물결 이후 유럽의 군비 생산 능력은 질적인 측면에서나 양적인 측면에서나 극적으로 증가했다. 이로 인해 비유럽권의 사람들은 유럽의 팽창에 적절히 대응하기가 극도로 어려웠을 뿐 아니라, 영토 방어 문제가 심각하게 대두하게 된다. 특히 대포 제작에서 유럽의 진보는 전함의 건조와 해전에서도 마찬가지로 새로운 전략과 기술의 주목할 만한 발전을 동반했기 때문이다.

12. 범선 시대의 개막

17세기 중반까지 지상전에서 대포의 주요 약점이 느린 발사 속도와 기동성의 부족이라는 사실은 전술한 바 있다. 그러나 기동성에서의 제약은 해상 전투에서 극복되어서, 초기부터 유럽의 선박에 대포가 광범위하게 성공적으로 운용된 이유를 설명해준다.[1] 이미 1336년에

---

1) 지금까지 유럽의 배에 언제 최초로 포가 출현했는지에 관해서 부정확한 진술이 많았다. 1847년 니콜라스 해리스 니콜라스 경의 영국 해군의 역사가 출판된 이래 많은 역사가들이 1338년에 에드워드 3세의 배 여러 척에 포가 실려 있었다고 주장해왔지만 이 같은 주장은 투트에 의해 반박되었다(Tout, *Firearms*, 668~669 쪽 참조). 한편 구글리엘모티는 조르조 스텔라Giorgio Stella의 연대기에 근거해 "제노바 선박들이 1319년에 사석포로 무장"하고 있었다고 주장했지만(Gugliel-

루이 드 말Louis de Male이 안트베르펜을 공격하기 위해 파견한 배에는 투르네에서 만들어진 대포가 실려 있었다.[1] 1338년, 제노바의 갤리선에는 화기가 실려 있었고 1380년 베네치아의 배들에는 사석포가 실려 있었다.[2] 대포는 1359년과 1372년 에스파냐의 선박에도 실려 있었던 듯하며 1381년이 되자 카탈루냐의 무역선들도 대포를 신고 다녔다.[3]

이 같은 변화는 복잡한 일련의 과정과 맞물려 있는데 여기서는 간단히만 언급하고자 한다. 1. 지중해식 항해술과 북방식 항해술 사이

---

motti, *Marina Pontificia*, 37~38쪽) 제노바 연대기에 언급된 "관 모양의 길고 큰 무기(artificium longum et ingens)"는 분명히 사석포가 아니다. 제노바 선박에 실린 것은 그리스 불을 발사하기 위한 기구였다("관 모양의 길고 큰 무기이다. 이 무기는 화력도 크고 쉽게 점화할 수 있는 불을 탑재하고 다닌다(artificium lognum et ingens ad instar tubae in quo ignis magna quantitas et frequenter accendibilis ferebatur)"). 중세 갤리선에 실린 불을 내뿜는 기구에 관해서는 Oman, *Middle Ages*, vol. II, 46~47쪽을 참조하라.

1) Henrard, *Documents*, 240쪽.

2) 1338년 10월에 프랑스 함대가 사우샘프턴 해안에 나타났다. 갤리선 가운데 일부는 제노바에서 왔고 프랑스 왕 밑에서 일하는 제노바 선원들이 조종했다. 갤리선에는 화약과 함께 포 드 페르(pot de fer: '철 냄비'란 뜻으로, 백년 전쟁 당시 프랑스군이 사용한 원시적인 철제 대포를 말한다. 일반적으로 물병 모양처럼 몸통이 불룩하고 목이 가는 유럽의 초창기 대포를 가리킨다. 이 책 도판 1을 보라. — 옮긴이)가 실려 있었고 아마도 도시의 성문을 부수기 위한 목적으로 추정되는 쇠나사도 48개 실려 있었다(Ruddock, *Italian merchants*, 32쪽 참조). 제노바의 연대기에 따르면 1380년 당시 베네치아 선박들은 사석포를 사용했다(Montù, *Artiglieria*, vol. I, 119~121쪽). 그러나 베네치아의 "갈레라 다 메르카토(galera da mercato: 갤리 무역선이라는 뜻 — 옮긴이)"는 14세기까지 중반까지 궁수(보통 20, 30명)만 실었을 뿐이다. 1461년이 되자 사석포가 선박의 일반적인 장비에 포함되어 규정에 따라 갤리선마다 6명의 포병을 태워야 했다. 1486년이 되자 "갈레라 다 메르카토"의 규정 포병은 8명으로 늘었다(Sacerdoti, *Galere*, 81쪽 참조).

3) De Artiñano, *Arquitectura naval*, 43~44쪽 참조.

의 더 긴밀한 연계.[1] 2. 나침반의 사용과 대서양 지역에서 원양 항해술의 발전.[2] 3. 14세기 중반 이후 주기적으로 창궐하는 역병으로 인한 노동력 부족. 4. 유럽 인구의 전반적인 생활 수준이 향상되면서[3] 갤리선의 노잡이를 구하기가 더욱 어려워진 현실. 5. 15세기를 지나면서 교역의 확대.[4] 이러한 여러 상황들 각각의 상대적 중요성을 평가하기란 —— 불가능하지는 않더라도 —— 매우 어려운 문제이나 이러한 요인들이 총체적으로 선박 건조술, 특히 범선 건조의 발전에 결정적

---

1) 선박 건조에서 북방형과 지중해형의 호혜적 상호 작용에 관한 실례는 Guiard, *Industria naval*, 28쪽 이하, Da Fonseca, *Galeões*, ch. 1-5, 그리고 Lane, *Venetian Ships*, 37쪽을 참조하라.

2) 아스트롤라베(고대의 천문 관측의 — 옮긴이)는 6세기에 알렉산드리아의 필로파누스가 묘사한 바 있으며 10세기 것으로 추정되는 페르시아의 아스트롤라베가 현존한다. 11세기 초부터 유럽 인들은 항해에 나침반을 사용하기 시작했는데 아랍 세계를 통해 중국에서 들어온 것으로 추정된다. 해도海圖 사용에 관한 최초의 기록은 1270년으로 거슬러 올라간다(Gille, *Développements*, 82쪽과 Derry-Williams, *Technology*, 201, 205쪽, Lane, *The invention of the compass*, 605~170쪽 참조). 나침반 및 해도와 관련한 지식은 매우 오래되었지만 실제 항해술은 15세기를 거치면서 크게 발전했다. 15세기 말이 되자 최고의 실력을 갖춘 포르투갈의 항해가들은 경도 관측과 순전한 추정에 의해 해상에서 배의 위치를 꽤 정확하게 계산할 수 있었다. 그들은 경도 1도의 거리를 4퍼센트의 오차밖에 나지 않는 17과 2분의 1 포르투갈 해리(106~560미터)로 계산했다(Boxer, *Portuguese Expansion*, 10~11쪽과 같은 책의 참고 문헌, Barbosa, *Ciencia nautica*; Rey-Pastor, *Ciencia*; Lapeyre, *Ruiz*, 183~195쪽, Mauro, *Portugal*, 53~70쪽 참조). 많은 대서양 원양 항해가들은 여전히 자연에 대한 자신들의 경험과 지식에 의존했지만 한동안 대양의 항해 기술을 터득하지 못한 지중해 항해가들보다 훨씬 더 우월했다(Tucci, *Pratique vénitienne*, 72~86쪽과 Tenenti, *Cristoforo da Canal*, 42쪽 참조).

3) Bridbury, *England*, 103~108쪽.

4) 중세 후기 무역과 생산의 침체에 관한 테제는 여러 사람들에 의해 의문이 제기되었다. Bridbury, *England*(특히 ch. 2)와 Cipolla, *Depression*, 519~524쪽.

인 영향을 미쳤다는 사실은 이론의 여지가 없다. 15세기 말이 되자 범선은 놀라운 수준으로 발전하여 "과거의 뱃사람들은 이 시기의 삭구들을 알아보지 못했을 것이다. …… 반면 위대한 지리상 발견의 시기의 선장들이나 심지어 그보다 한 세대 앞선 시대의 선장들도 넬슨 시대의 배를 조종하기 전 달리 새로 배워야 할 것이 없었을 것이라는 말도 과장은 아니리라."[1]

이러한 기술적 진보는 비록 대단하다 할지라도 "순전히 경험적이고 종종 우연의 결과에 따른 것이었다."[2] 그것은 불균등하고 비체계적이며, 성공적 실험과 더불어 무익한 시도들로 가득 차 있다.[3] 문제를 다소 단순화해서 말하자면 기술 발전 과정의 주요 측면은 다음과 같다. 1. 1300년 이후 지중해 무역선의 주 돛대에 사각 돛의 도입.[4] 2. 그 결과 돛대 하나짜리에서 세 돛대 범선으로의 변화.[5] 3. 15세기 동안 무역선 적재 용량의 현저한 증가.[6] 4. 공격과 방어에서 대포에

---

1) Lane, *Venetian Ships*, 35쪽.
2) De Artiñano, *Arquitectura naval*, 49쪽. 상대적으로 진보한 네덜란드의 조선술도 "전적으로 전통과 경험에 의지했다. 과학적 조선술의 여지는 없었다."(Van Kam-pen, *Scheepsbouw*, 240쪽 참조).
3) 조선술의 발전 과정은 체계적이지 않았다. 현실을 상당히 왜곡함으로써만 중세가 저물어갈 무렵 유럽 인들이 이용한 범선의 다양한 유형을 체계적으로 분류할 수 있을 것이다(De Artiñano, *Arquitectur naval*, 79쪽 참조).
4) Lane, *Venetian Ships*, 37쪽 이하.
5) Lane, *Venetian Ships*, 38쪽 이하, Da Fonseca, *Caravela*와 Singer, *Technology*, vol. III, 474~476쪽, Derry-Williams, *Technology*, p. 203 v.
6) 레인은 "1400년 무렵에 가장 큰 베네치아 상선은 400톤이 조금 넘었지만 1450년이 되자 600톤 이상 되는 상선이 여섯 척에 달했으며 15세기 말에는 1,000톤이 넘는 상선도 한 척 존재했다. 시뇨리아가 전함용으로 건조한 둥근 배의 크기는 그보다 더 급격한 변화를 겪어서 1486년에는 2,400톤이 넘는 전함도 보고되었다. …… 당시 전함용으로 건조된 베네치아 둥근 배는 공식적으로 1,200톤에서

대한 더 큰 의존.

그러한 발전은 선박 구조와 돛에 대한 지중해식과 북방식 사고방식의 효과적인 상호 작용의 결과였다. 캐러벨선(Caravel: 15세기 포르투갈에서 만들어진 세 돛대 범선. 작지만 빠르고 원양 항해에도 능해 지리상의 발견 시대에 서아프리카 항로를 개척할 때 널리 사용되었다. ― 옮긴이)과 카라크선(Carrack: 역시 15세기 포르투갈 항해가들이 설계한 세 돛대 혹은 네 돛대 범선으로 대서양 항해가 가능한 원양선이다. 크리스토퍼 콜럼버스가 처음 아메리카로 항해할 때 탔던 산타마리아호가 가장 유명하며 지리상의 발견 시대 초기 바다를 누빈 주역이다. ― 옮긴이)은 본질적으로 온전히 북방형

1,500톤 사이였다. 그렇게 큰 용적 톤수의 상선을 건조하는 것은 수지가 맞지 않았지만 600톤 규모 상선은 점점 더 흔해졌다."(Lane, *Venetian Ships*, 47쪽)라고 서술한다. 멜리스는 15세기를 거치면서 750톤 이상의 상선이 흔해졌다고 기술한다(Melis, *Marina Mercantile*, 2~3쪽). 에스파냐에 관해서는 De Artiñano, *Arquitectur naval*, 50~51쪽을 참조하라. 고디뉴는 포르투갈에 관해서 "1450년부터 1550년 사이 포르투갈 선박의 평균 톤수는 적어도 두 배 증가했다"고 적는다(Godinho, *Découvertes*, 19쪽). 영국에 관해서는 Carus-Wilson, *Bristol*, 16쪽을 참조하라. 캐러스-윌슨은 "15세기 초에 100톤 이상의 포도주를 싣고 다니는 배는 거의 없었으나 …… 15세기 중반이 되자 보르도에서 온 배들은 평균 150톤의 포도주를 실었으며" 500톤 분량의 포도주를 실은 배도 있었다고 언급한다. 북유럽의 경우, 한자 도시 선박의 평균 규모는 14세기 초 75톤이었다. 15세기 무렵이 되자 전통적인 "코게선"(Kogge: '코그선Cog'으로 알려져 있는 중세 무역선의 일종. 사각 돛을 단 돛대 하나짜리 배이며, 12세기 전후로 발트 해 연안에서 주로 이용되었다. ― 옮긴이)은 더 큰 규모의 "홀크선"(Holk: 주로 하천이나 운하에서 화물선으로 사용된 중세 바지선의 일종 ― 옮긴이) 유형의 배들로 대체되었다. 1440년경 한자 도시 선박의 평균 규모는 150톤이었다. 30년 후 캐러벨형의 선박이 한자 도시 함대에 도입되었고 평균 톤수는 300톤가량이었다. 여기에 관해서는 Pagel, *Hanse*, 256쪽과 Olechnowitz, *Schiffbau*, 7, 8쪽을 참조하라.

클라우스는 1660년 이전의 선박 규모에 관한 기록들이 "용적 톤수와 적재 중량을 구별하지 않고 혼용해서 혼란의 원인이 된다"고 경고한다(Clowes, *Sailing Ships*, 56~59쪽).

도 남방형도 아니었다.[1] 1250년부터 1450년까지 북방형과 남방형 사이의 차이가 점점 사라지는 경향을 보인 것은 분명하다.[2] 그러나 15세기 중반 이후부터 대서양 세력과 지중해 항해 세력 사이에 중요한 차이점, 다시 말해 해전에서 운용하는 배 유형에 대한 태도의 차이가 나타나기 시작한다.

고대 로마 시대로까지 거슬러 올라가는 오랜 전통은 지중해에서 노가 딸린 "긴 배long ship"(갤리선)는 주로 전함으로 사용하고 돛에 의존하는 "둥근 배"(round ship: 선체의 폭 대 길이의 비율이 1:2, 혹은 1:2.5가량 되는 중세 돛단배. — 옮긴이)는 주로 무역선으로 사용하는 일종의 "분업"을 확립했다. 이 "분업"은 13세기 말 "노를 젓는 배와 범선의 장점을 취했을 뿐 아니라 전함과 무역선의 장점도 결합해 설계된" 혼합형 선박 "대형 갤리선"의 출현으로 흔들리게 된다.[3] 15세기에 대포로 잘 무장한 둥근 배들이 베네치아 함대의 보조 선단으로 사용되거나 해안을 순찰하고 상시적으로 출몰하는 해적선을 쫓는 데 활용되면서 기존의 전통은 더욱 흔들리게 된다.[4] 그러나 17세기 말까지 지중해 함대의 중추는 오로지 갤리선이었다. 이는 베네치아뿐만 아니라 제노바, 투르크, 몰타기사단Holy Order of Malta에도 해당되었다.[5]

---

1) 캐러벨선에 관해서는 Lane, *Sailing Ships*, 52~53쪽을 참조하라. 카라크선에 관해서는 Singer, *Technology*, vol. III, 476쪽을 참조하라.

2) Singer, *Technology*, vol. III, 474쪽.

3) Lane, *Venetian ships*, 24쪽. 대형 갤리선은 1295년경에 최초로 출현했다고 알려져 있다(Lane, *Venetian ships*, 13쪽).

4) Lane, *Venetian ships*, 48쪽.

5) Teneti, *Cristoforo da Canal*, 36~49쪽 참조. 베네치아에 관해서는 Lane, *Venetian ships*, 48쪽을 참조하라. 지중해 해상 세력 전반에 관해서는 모리슨의 논의

를 참조하라.

"잔잔한 바다에서 싸울 때는 모두 갤리선을 사용하는데 그 가운데 가장 큰 배는 갤리언선galleon, 중간 배는 갤리선galley, 가장 작은 배는 갈레아스선galleass이나 프리깃선frigate이라고 불린다. 나폴리의 에스파냐 왕과 에스파냐 해군, 제노바와 베네치아 해군만이 갤리선으로 구성된 함대를 보유할 수 있다. …… 교황이나 피렌체 공, 몰타기사단도 몇 척의 갤리선을 갖고 해마다 이곳 바다의 투르크 배들과 맞서기는 하나 그들이 보유한 갤리선의 숫자는 너무 작아 해군이라고 부를 수 없다."(Moryson, *Itinerary*, 137쪽). "(베네치아에서) 사람들은 내게 새로 건조한 갤리선과 일부는 100년 가까이 되어 보이지만 여전히 강력한 갤리선 여러 척을 구경시켜주었다. 항구에 정박한 배들과 바다에 나가 있는 배들을 합쳐 언제나 거대한 해군을 유지하는 베네치아 시는 1,200척, 혹자에 따르면 1,300척의 갤리선을 무장시킬 수 있다. 최근 열흘 사이에도 그들은 언제든 바다에서 나가 싸울 수 있는 거대한 갤리선 30척을 무장시켰다."(같은 책, 144쪽).

아르마다 패배 이후 30년이 지난 1618년에 지중해 함대의 규모에 대한 통계가 로마에서 작성되었다.

"현재 지중해에 떠 있는 배의 숫자는,

에스파냐 데니아에 돈 멜치오르 보르히아Don Melchior Borgia가 이끄는 갤리선 7척. 에스파냐 선원 1,000명이 타고 있는 새로 지은 좋은 배이다.

마르세유에 범선 20척과 갤리선 12척. 프랑스 선원 1,500명이 타고 있으며 대포 204문을 실었다.

나폴리에 갈레온선galeón 25척과 갤리선 24척. 여러 나라에서 온 선원 1만 5,000명과 청동 대포 805문을 실었다.

시칠리아에 갑판이 높은 배 5척과 갤리선 12척. 선원 3,000명과 대포 140문을 실었다.

몰타에 갈레온선 2척과 잘 무장된 갤리선 4척.

베네치아가 보유한 범선 24척, 갈레아스 26척. 선원 9,500명과 청동 대포 550문을 실었다.

베네치아를 원조하러 온 네덜란드 범선 18척. 선원 300명과 대포 120문을 실었다.

에게 해 군도에 투르크 범선 15척과 갤리선 80척. 선원 9,000명과 대포 500문을 실었나.

아프리카에 무어 인들의 배 100척. 무어 인 선원 6,000명과 각종 무기 600문을 실었다."

이 수치를 문자 그대로 받아들일 필요는 없지만 영국과 네덜란드가 노로 추진되 그러나 지중해에서 무리 없이 항해가 가능한 갤리선은 대서양의 사나운 파도와 맹렬한 남서풍을 버텨낼 수 없었다. 15세기를 거치면서 둥근 배의 잠재적 가능성이 차츰 현실화되자 대서양 세력은 범선에 관심을 돌리기 시작했고 범선을 근간으로 해군을 건설해나갔다. 최근 들어, 갤리선과 범선 사이 "편리한 분업의 전통을 깨트리고" 범선을 바다 위의 성공적인 전사로 탄생시킨 이들은 영국인이라는 의견이 제시되었다.[1] 그러나 누가 먼저인지를 정확히 말하는 것은 어렵다. 아마도 대서양 국가들 사이에서 복합적이고 상호의존적인 일련의 영향들이 존재했을 것이다. 영국의 헨리 7세(1485~1509년)는 1487년 해군을 위해 대포로 무장한 두 척의 범선, 리젠트Regent호와 소버린Sovereign호를 특별히 지었는데 두 배는 당시 대서양에서 일어나고 있던 새로운 발전 양상을 보여주는 훌륭한 초기 예이다. 가르시아 데 레센데Garcia de Resende(1470~1536년)는 이렇게 쓴다. "포르투갈의 국왕 주앙 2세(1481~1495년)는 대포로 무장한 거대한 배들을 건조하는 데 많은 돈을 썼다. 그러나 무엇 하나 놓치지 않고, 재간이 뛰어나며 영리한 그는 포술에 정통했으므로 더 안정적으로 저렴하게 해안을 방어하기 위해 이런저런 실험을 한 끝에 작은 캐러벨선에 얼마나 많은 대포가 실릴 수 있는지를 알아냈다. 그는 대포를 아주 낮게 쏘도록 지시해서 포탄이 물 위를 스칠 정도였다.[2] 그는 이런

는 배를 이미 폐기한 지 오래인 1618년까지도 지중해 지역에서는 갤리선이 여전히 해군의 중추였음을 확인할 수 있다. 이 인용에서 "갈레온선"이 대형 갤리선(갤리언선 — 옮긴이)을 지칭하는 것임을 유의하라.

1) Lewis, *Armada*, 64~65쪽.
2) 여기에 인용된 내용의 자세한 의미에 관해서는 Da Fonseca, *Caravela*, 458~459쪽을 참조하라.

발명을 처음으로 해낸 사람이었다. 그런 캐러벨선 몇 척이 큰 배 여러 척을 제압할 수 있었다. 캐러벨선은 대포로 중무장되어 있었지만 그와 동시에 작고 조종이 용이해서 큰 배들이 거의 맞힐 수 없었기 때문이다. 오랫동안 포르투갈의 캐러벨선은 바다 위에서 큰 두려움의 대상이었다."[1]

노잡이들을 돛으로, 병사들을 대포로 대체하는 것은 본질적으로 인력을 기계적 동력으로 대체하는 것을 뜻했다. 대서양 지역 민족들은 대포를 실은 범선으로 완전히 선회하면서 인력 확보에서 필연적으로 따르는 병목 현상을 피하고 훨씬 더 큰 양의 자연적 에너지를 자신들의 뜻대로 동력화할 수 있었다. 유럽의 범선들이 가장 먼 바다까지 위협적으로 모습을 드러낸 것은 바로 그때였다.

13. 갤리언선의 탄생, 더 거대한 배에 더 많은 대포를!

범선에 실린 포는 처음에 선수루(船首樓: 앞 돛대 앞쪽 상갑판 — 옮긴이) 갑판에 설치되었다. 나중에 포가 더 무거워지면서 더 큰 포들은 상갑판에 실려서 현창(舷檣: 뱃전에 낸 창문 — 옮긴이)을 넘어 혹은 현창을 통과해 포탄을 발사했고 더 가벼운 것들은 전갑판 —— 위가 아니라 —— 안쪽이나 후갑판에 실렸다.[2] 캐러벨선은 특별한 경우 최대 30~40문까지 대포를 실을 수 있었으나 보통 15문 이상 싣지 않았다.[3] 더

---

1) De Resende, *Chronica*, ch. 181.
2) Lewis, *Armada*, 59쪽.
3) Da Fonseca, *Caravela*, 461쪽. 대형 갤리선은 30문에서 50문까지 실을 수 있었

큰 배들은 물론 더 많이 실었다. 헨리 7세의 소버린호는 141문의 포를 실었는데 그중 110문은 "서펀타인serpentine"이라 불리는 가벼운 후장식 총포(중세 프랑스에서 고안된 연철 총포로 화승총의 전신 — 옮긴이)로 대부분 선수루에 설치되었다.[1]

16세기 초 중요한 혁신이 도입되었다. 선루船樓와는 별도로 실제 뱃전에 현창을 뚫어 포가 상갑판이나 전갑판뿐 아니라 주갑판에도 실릴 수 있게 된 것이다. 전통적으로 이러한 혁신이 도입된 시기는 1501년으로 알려져 있는데 프랑스 인이 고안했다고 추정된다. 현창의 발견은 매우 중대한 의미를 띤다. 이로 인해 대형 전함의 무장이 급격히 증가했다. 주갑판에 포를 실으면 더 많은 포를 실을 수 있을 뿐 아니라 선박의 안정성을 해치지 않으면서 더 무겁고 큰 대포를 싣는 것도 가능했다. 1514년 새로운 설계 방식에 따라 건조된 영국 전함 해리그레이스아듀Harry Grace á Dieu호는 무려 186문의 포를 실었고 그 가운데는 4,500파운드가 나가는 청동 컬버린 포 두 문과 3,000파운드의 청동 쿠르탈 포(Curtall: 중세 프랑스에서 고안된 연철 대포의 일종 — 옮긴이) 한 문도 포함되었는데 세 문 모두 하갑판에 설치되었다.[2] 해리호는 당대 최고의 배였다. 배는 조정과 신성로마제국의 대사, 교황의 대사, 저명한 주교와 귀족들이 참석한 가운데 진수되었다.[3] "전시 효과"는 즉시 나타났다. 해리그레이스아듀의 뒤를 따라 1527년에는 프랑스의 그랑프랑수아Grand François호, 1534년에

다. Artiñano, *Arquitectura naval*, 82쪽, Tenenti, *Venezia*, 174쪽 주 2, Moryson, *Itinerary*, 142~144쪽을 참조하라.

1) Clowes, *Sailing Ship*, vol. I, 60쪽.

2) Clowes, *Sailing Ship*, vol. I, 63~64쪽.

3) Keble Chatterton, *Ship-models*, 6쪽.

는 무려 366문의 각종 포를 실었다고 하는, 포르투갈의 상호앙São João호, 1554~1559년에는 71문의 대포 가운데 24문이 청동 대포였다고 하는 스웨덴의 엘레판텐Elefanten호가 속속 진수되었다.[1]

이 어마어마한 배들이 어떻게 생겼는지는 세부가 실린 작자 미상의 그림(도판 10)에서 짐작해볼 수 있을 것이다. 이 배들은 형형색색의 깃발과 환상적으로 장식된 선루로 장관을 연출했다. 그러나 당당하고 근사해 보이는 이 배들은 기동이 매우 불편했다. 포문 발명의 이점을 최대한 활용하고 일제 사격의 효과를 극대화 하려다가 추세가 "작고 빠른 포르투갈의 캐러벨선과 반대 방향(muito ligeiras e pequenas caravelas de Portugal)"으로 전환되고 말았다. 대형 전함은 조종 가능한 무기가 아니라 해상의 요새가 되어버렸다. 그것은 "조종이 힘들고 건현(흘수선에서 상갑판까지 부분 — 옮긴이)이 매우 높고 이물과 고물에 솟은 부실한 선루가 거치적거리는, 육중하게 움직이는 괴물이었다."[2]

---

1) Anderson, *Sailing Ship*, 125~127쪽. 앤더슨에 따르면(뵈리에손의 진술을 따른 듯하다) 스웨덴의 엘레판텐호는 1532년에 건조되었다. 그러나 이 같은 진술이 온전히 정확하지는 않다. 1532년 구스타브 바사가 스토라크라벨렌Stora Kravelen(거대한 캐러벨)이라는 대형 전함을 건조했지만 그 배의 이름이 "엘레판텐"이라는 증거는 없으며 배의 무장이나 각종 장비의 세부 사항에 대해서도 알려진 바가 없다.
  다른 한편, 1554~1559년에 스웨덴에서 대형 전함 —— 이번에도 스토라크라벨렌 —— 이 건조되었으며 이 배는 확실히 엘레판텐이라는 이름으로 불렸다. 에크만에 따르면 "포는 틀림없이 갑판 아래에 설치되었을 것이며, 이 같은 경우는 아마도 스웨덴에서 최초일 것이다."(Ekman, *Skeppstyperna*, 214, 227쪽). 그러나 이 같은 진술은 더 구체적인 근거가 필요하다. 엘레판텐은 1564년 칼마르 북쪽에서 침몰하였다.
2) Lewis, *Armada*, 25쪽.

추세가 다시 역전되어야 하는 것은 불가피했다. 조선공들은 대형 범선의 화력을 약화시키지 않으면서 기동성을 개선하고자 애썼고 1550년 직후 이들의 노력은 전설적인 갤리언선, 다시 말해 무장이 튼튼하면서도 민첩하게 기동해서 치명적 전함도 되고 동시에 효율적인 무역선으로 기능할 수 있는 배가 선보임으로써 결실을 보았다. 이전의 대형 배와 관련해, 갤리언선은 (선체의) 폭이 더 넓고 선체가 어느 정도 갤리선의 외형을 따라 건조되었다. 건현이 낮아졌고 특히 이물 부분의 "선루가 훨씬 줄어들었다"(그와 더불어 갑판 구조가 개선된 것은 물론이었다).[1] (원래 완연히 다른 유형의 여러 선박을 포괄하는)[2] 갤리언선의 명칭과 형태는 갤리언선의 유래가 정교한 갤리선 디자인의 영향을 받았음을 암시하며 이는 다시 에스파냐 기원임을 암시한다고 짐작해도 무방할 것이다.[3] 그러나 새로운 유형의 선박을 선호하고 재빨리 이를 채택해 최상을 이끌어낸 사람들이 종국에 가서는 영국과 네덜란드 사람들이었다는 사실에는 의심의 여지가 없다.

---

1) 익히 지적되어 왔듯이 "다른 배와 구분 가능한 유형으로서 갤리언선을 정확하게 규정하기는 불가능하다. …… 특정 유형의 갤리언선이 존재한 것은 아니다." Lopes de Mendonça, *Navios*, 25~31쪽, De Artiñano, *Arquitectura naval*, 98~99쪽, Anderson, *Sailing Ship*, 125쪽, Boxer, *Fidalgos*, 13쪽을 참조. 그러나 모든 갤리언 유형의 배들이 다른 배들과 비교하여 필자가 위에서 언급한 특징들을 공통적으로 보여준다는 점은 일반적으로 인정된다. 이러한 특징에 관해서는 Da Fonseca, *Galeões*, 151~167쪽을 참조하라.

2) De Artiñano, *Arquitectura naval*, 100쪽 참조.

3) Anderson, *Sailing Ship*, 126쪽.

14. 지중해식 해전 전통의 퇴장

지중해 지역 사람들은 뒤처졌다.[1] 새로운 유형의 선박 도입을 지지
하고 주장하는 이들도 없지는 않았지만 갤리선의 장점만 강조하며
결점을 무시하는 이들, 적을 무찌르는 효과적인 방법은 적선을 충각
으로 들이받고, 적선에 올라타는, 오랜 세월을 통해 검증된 방법밖에
없다고 믿는 이들, 영광스러운 과거의 전통에 매달리는 이들이 너무

1) 러독은 15세기 중반기 범선 건조술과 삭구가 발전하고 대포 사용이 점증함에 따
   라 대서양 해역에서 베네치아 선박이 점차 사라지게 되었음을 밝힌다(Ruddock,
   Italian merchants, 223~225쪽). 1490년대가 되자 영국의 베네치아 상사 대리
   인들은 이탈리아로 보내는 수출품을 선적하기 위해 높은 운임을 지불하고 갤리
   선을 이용하는 대신 사우샘프턴에서 출항하는 영국과 에스파냐 선박을 점점 더
   많이 이용하게 된다.
   16세기에 관해서는 Tenenti, *Cristoforo da Canal*, 36~44쪽과 특히 48쪽의 다음
   의 언급을 참조하라. "지중해는 이제 명백하게 근대화의 시기를 넘어서 있었고,
   대서양은 결정적인 일보 전진을 막 이룬 상태였다. …… 마르세유에서 콘스탄티
   노플까지, 알제에서 바르셀로나까지, 메시나에서 베네치아까지 똑같은 유형의
   갤리선이 계속해서 지중해를 주름잡고 있었다. …… 모든 지중해 권역은 인간이
   노를 젓는 갤리선이라는 기술적 범주 속에서 살고 있었고 간간이 갤리선을 넘보
   는 몇몇 갤리언선의 활약 앞에 놀라거나 조용히 감탄하는 정도였다(de toute
   évidence la Méditerranée ne vivait plus à l'heure de la modernité et l'Atlan-
   tique venait de prendre une avance decisive . . . De Marseille à Constantino-
   ple, d'Alger à Barcelone et de Messine à Venise, la galère, avec les navires du
   même type, continue à être reine . . . Tout l'univers méditerranéen vit dans le
   cadre technique et humaine des bateaux à rames et ne va pas au delà d'une
   surprise ou d'une admiration passive devant les exploits de quelque rares
   galions que les affrontent)."
   지중해 민족들은 해전에서의 기술뿐 아니라 원양 항해술에서도 대서양 민족들에
   뒤처졌다. Tucci, *Pratique vénitienne*, 72~86쪽, Tenenti, *Cristoforo da Canal*,
   42쪽, Teixeira da Mota, *Art de naviguer*, 127~148쪽 참조.

많았다. 자연환경의 물리적 조건들도 지중해에서 전통주의자들의 견해를 더 뒷받침했다. 북방의 갤리언선이 지중해의 베네치아 선박의 항행을 위협하기 시작하자 이 골치를 썩이는 침입자들을 어떻게 대처할 것인지를 두고 베네치아에서는 장황한 토론이 벌어졌다. 결국 주력 전함으로 갤리선을 옹호하는 전통주의자들이 절대다수임이 판명되었다. 16세기 초반 범선을 전함으로 운용한 초기 실험 이후 이런 유형의 선박은 다음 세기가 시작될 때까지 해전에서 버림받았다. 1608년 결국 "갈레오네galeone"가 건조되었지만 곧 거동이 어색한 "떠 있는 요새"임이 드러났다. 베네치아 병기창에서는 갤리언선 건조의 전통이 존재하지 않았고 거대한 전함을 능숙하게 조종할 만한 선원도 없었다. 새로운 해전 방식으로 성공적으로 옮겨가지 못한 베네치아는 1616~1619년에 에스파냐를 물리치기 위해 영국과 네덜란드에 의존해야만 했고 영국과 네덜란드의 막강한 갤리언선이 지중해로 건너와 지난 세기 동안 가장 위대했던 유럽의 해상 세력을 보호해 주게 되었다.[1]

에스파냐는 대서양과 지중해 전통을 절반씩 이어받고 있었는데 에스파냐가 해상 세력으로 부상하는 데 강력하게 작용한 쪽은 지중해 전통이었다. 지금까지 1588년 아르마다의 패배는 에스파냐 인들이 해전에 대한 지중해식 관념을 버리지 못한 탓이라고 간주되어왔다.[2] 에스파냐 관료제의 문제점과 궁정의 태도도 상당한 책임이 있기 때문에[3] 이 같은 논제는 너무 극단적이고 단순하다. 그러나 이 논

---

1) Tenenti, *Venezia*, 174~186쪽 참조.
2) Lewis, *Armada*, 61~80쪽.
3) 루이스에 따르면(Lewis, *Armada*, 61~80쪽) 에스파냐 배의 설계는 영국 배에

제가 적지 않은 진실을 담고 있기는 하다.

에스파냐 인들은 여전히 적선에 올라타는 전술을 염두에 두고 배에 병사들을 너무 많이 실었고 노로 추진하는 갤리선을 완전히 폐기하지 못했다.[1] 이탈리아의 전문가들은 "원거리에서 대포로 적선을 맞히는 것이 해군의 목표가 될 수 없다. 해군의 주목적은 충돌과 적선에 오르는 것"이라는 비이성적 주장을 굽히지 않았다.[2] 그러나

비해 현대적인 해전에 적합하지 않았다. 그는 에스파냐 배의 이 같은 열등함을 충각으로 들이받기와 적선에 올라타기라는 지중해 전통의 영향 탓이라고 규정한다. 그러나 다른 요인들도 존재한다. 헨리 8세가 방위를 위한 독자적 기관으로 해군성을 설립한 1512년 이래 영국에서는 상설 해군이 존재하게 되었고 국왕은 해전에 맞게 특별히 설계된 전함을 여러 척 건조했다. 에스파냐에서는 그 같은 중요한 조치가 결코 내려지지 않았다. 왕실 자체적으로 배를 많이 보유하지 않아서 전쟁 때마다 임시방편으로 상선을 고용하는 경우가 많았다. 1584년, 마르틴 데 레칼데Martin de Recalde는 왕실 기가 없으면 상선으로 오인될 것이기 때문에 자신의 배에서 왕실 기를 휘날릴 수 있도록 해달라고 청원을 했다(Fernandez Duro, *Disquisiciones*, vol. VI, 28쪽 참조). 테르세라스의 돈 알바로 데 바산Don Alvaro de Bazan의 함대에는 왕실 소유 배가 단 세 척뿐이었다(앞의 책, 29쪽). 영국에서는 해군의 배를 이용한 반면, 에스파냐 정부는 언제 어느 때나 민간 선박을 몰수하는 쪽을 택했다. 1601년 메디나 시도니아 공작Duke of Medina Sidonia은 "국왕은 민간 선박을 몰수해, 민간 업자들을 파멸시키려 하지 말고 필요한 선박을 직접 건조해야 한다."고 썼다(앞의 책, 48쪽 참조). 사실 에스파냐의 체계는 이중으로 불이익을 가져왔다. 정부는 전쟁이 일어날 경우 "고용"하기 위하여 상선을 필요 이상으로 크게 짓도록 압박했다. 그에 따라 에스파냐에는 상선으로도 전함으로도 결점이 많은 선박들이 많았다. Lapeyre, *Ruiz*, 213쪽 참조.

1) 영국을 침공하기로 결정했을 때, 에스파냐 정부는 아르마다에 갤리선 40척과 갈레아스선 6척도 포함시킬 계획이었다. 1588년, 계획이 변경되어, 갤리선 4척과 갈레아스선 4척을 포함한 아르마다가 에스파냐에서 출항했다. 당시 영국에서는 갤리선이 딱 한 대 있었는데 "현명하게도 안전하게 템스 강에 정박해 있었다"(Lewis, *Armada*, 59, 62쪽 참조).

2) Gentilini, *Bombardiere*, 26~27쪽. 다 카날Da Canal이나 부스카Busca 같은 이탈리아 전문가들에 따르면 해상에서 대포의 주된 용도는 적선에 오르기 전에 적

1618년 영국의 해군개혁위원회 보고서는 다음과 같은 의견을 천명했다. "지금까지의 경험은 오늘날 바다에서의 싸움이 적선에 올라타거나 활을 쏘고 작은 포탄을 던지며, 칼을 휘두르는 상황으로 가지 않고 주로 대포를 이용해 돛대와 활대를 부수고, 배에 구멍을 내거나 배를 파괴하는 방식으로 수행된다는 것을 가리키며, 바로 거기에 집중해 선박이 감당할 만큼 각 배에 최대한 대포를 배정함으로써 우리 해군의 가장 큰 강점이 유지되어야 한다."[1] 시대에 뒤떨어진 지중해 전통에 구애받지 않았고, 가용한 인력이 제한되어 있었으며,[2] 구제불능으로 사략질에 빠져 있던[3] 영국은 바람에 의한 조종과 일제 사격의 유효성에 전적으로 의존하게 되었다.[4] 수는 적었지만 공격적이고 집요하며, 창의력이 풍부하지는 못했으나 새로운 기술을 금방 받아들이고 노련한[5] 영국인들은, 보테로가 말한 대로 "매우 가볍고 대

을 맞혀서 적진을 혼란에 빠트리는 것이었다. 따라서 대포는 근거리에서 발사해야만 했다. Teneti, *Cristoforo da Canal*, 38쪽 참조.

1) Robertson, *Naval armament*, 21쪽.

2) 16세기 말 이탈리아(약 1,200만 명)나 에스파냐의 인구(800만 명)와 비교해 네덜란드(100만 명을 넘지 않았다)와 영국(500만 명에 못 미쳤다)의 인구수는 매우 적었다.

3) 보테로는 "영국인들은 기독교도 상선을 약탈하는 데만 열중하지 않는다면 참으로 훌륭하고 갸륵한 민족이다"라고 평가했다(Botero, *Relationi*, pt. 2, book 1, 257쪽 참조). 데이비스Davis 교수는(*Shipping Industry*, 45쪽) 영국인들이 "무어인의 항구에 근거지를 둔 지중해의 무슬림 해적에 맞서기 위해" 가볍고 무장이 잘된 배가 필요했다고 말한다. 그러나 지중해 해역에서 가장 가공할 만한 해적이 다름 아닌 영국인들이었다는 사실을 입증하기란 어렵지 않다. 해적질과 사략질에는 분명 가볍고 기동성이 매우 뛰어나며 대포로 무장이 잘된 배가 필요했다.

4) 에스파냐의 펠리페 2세의 표현을 인용하자면, 영국인들은 "대포에서의 강점 덕분에 원거리에 싸우는 것을 선호했다"(Lewis, *Armada*, 73쪽).

5) 당시 영국은 직물 산업에서 외국과의 경쟁에 직면하게 되자 새로운 생산 방식을

포로 잘 무장해[1] 에스파냐의 거대한 배들을 갖은 방법으로 괴롭힐 수 있는 배"를 만들어냈다.[2] 네덜란드도 같은 노선을 따랐다.[3] 유럽

채택하고 새로운 유형의 상품 분야로 이전하여 외국의 경쟁자들은 따돌렸다. 또한 본문에서도 언급되었듯이 구리와 외국환 부족이 심각해지자 대포를 주조하는 새로운 기술을 개발하기도 했다. 영국인들은 새로운 직물 분야를 개척하면서 네덜란드 인들에게서 아이디어를 빌려왔고, 철제 대포를 주조하기 위해 프랑스의 대포 기술자들을 고용했다. 배를 대포로 무장할 때는 프랑스 인 발명을 금방 받아들였고, 해군을 쇄신하면서는 에스파냐 인들의 갈레온형의 배를 채택했다. 각각의 경우 영국인들은 자신들만의 독창성을 발휘하지는 않았지만 유용한 아이디어를 따와 다른 사람들의 혁신과 발명을 개선하고 새로운 상황에 맞춰 도구와 기술을 채택하는 데 놀랄 만한 재능을 보여주었다. 모든 분야에서 실용성에 대한 감각을 보여주었고 그러한 실용적 감각은 사용하기 편하고 생산하기 값싼 영국산 제품에서 고스란히 반영되었다. 영국인들의 태도와 그에 따른 성공은 오늘날 일본인들의 태도와 성공에 버금갈 만하다. 영국인들의 성공의 비결은 아무래도 엘리자베스 시대 여행자들의 보여준 미덕에서 찾아볼 수 있을 것 같다. 파인스 모리슨이나 피터 먼디 같은 이들은 지치지 않고 여행하고 관찰하고 질문하고 무엇이든 배웠다.

1) Botero, *Relationi*, pt. 2, book 1, 257쪽: "매우 가볍고 대포로 잘 무장한 선박들 (legni leggerissimi e benissimo forniti di artiglieria)." 말 그대로 16세기가 막 저물었을 때 유럽에서 오랫동안 가장 막강하고 가장 뛰어난 해상 세력이었던 나라의 배들을 비판적으로 평가하면서 파인스 모리슨은 다음과 같이 언급했다. "이탈리아 배는 바다 위에서 느리고 무겁다. …… 반면 영국의 배는 가볍고 빠르다." (Moryson, *Itinerary*, 136~137쪽 참조).

2) Botero, *Aggiunte*, 67쪽: "영국의 직선형의 가벼운 선박들은 에스파냐의 무장 함대의 위대함을 조롱하고, 다양한 방법으로 무너뜨렸다(i legni destri e leggeri de gl'inglesi insultarono e in mille maniere travagliarono la grandezza delle navi dell'armata spagnola)." 루이스는 "에스파냐 배는 커 보이고 영국 배는 상대적으로 작아보였다. 에스파냐 배는 훨씬 더 웅장해보였다. 영국 배에서는 폐기된 높은 선수루를 여전히 유지했기 때문에 물 위로 높이 솟아올라 보였다. 그러나 그러한 전통에 대한 고수가 약점이었다. 더욱이 에스파냐 인들은 선원으로서 능력이 형편없어서, 영국인 경쟁자들보다 배를 다루는 데 서툴렀다."(*Armada*, 67~68쪽)고 언급한다. 실제 용적 톤수만 따지자면 확실히 에스파냐의 배가 영국의 배보다 더 큰 것은 아니었다. 루이스가 지적한 사실은 당대의 세넬리 후작도 영

해군에 대한 보고서(1671년)에서 지적한 것이었다.

"일반적으로 영국인들은 네덜란드나 프랑스보다 함선을 더 많이 만든다. 그들은 함선 건조 시에 1인치 높이까지도 신경을 쓴다. 그렇게 해서 2천 톤짜리 함선이 프랑스나 네덜란드의 1,200톤짜리 함선보다 해면 위로 더 많이 솟아오르지 않게 된다. …… 영국 함선이 우리 함선보다 훨씬 더 낮아 보이는 이유는 아래와 같다.(En général les Anglois frégatent beaucoup davantage leurs vaisseaux qn'en Hollande ni en France; ils mesnagent jusqu' à un pouce de hauteur, et font en sort qu'un vaisseau de deux mille tonneaux ne paroist guère davantage à la mer qu'un vaisseau de France ou de Hollande de mille deux cents . . . Les raisons pourquoy leurs vaisseaux paroissent beaucoup plus bas que les nostres sont).

1. 그들이 준수하는 원칙에 따르면 일급 함선의 두 갑판 사이에 들어가는 포대의 높이는 6피트와 6.5피트로 제한된다(Le mesnagement qu'ils observent dans l'élévation d'entre deux ponts, ne donnant que six pieds et six pieds et demy de hauteur dans la batterie basse à leurs vaisseanux du premier rang). ……

2. 영국인들은 다른 나라에서 건조된 함선은 너무 짧다고 말하는데, 네덜란드의 모든 조선소와 프랑스의 대부분 조선소에서는 그 길이가 정상이다(La maxime qu'ils ont qu'un vaisseau basty au tiers est trop court, qui est cependant la mesure ordinaire de tous les charpentiers de Hollande et d'une grande partie de ceux de France). ……

3. 뱃머리는 날씬하게 만든다(Le grand élancement qu'ils donnent à l'étrave). ……

4. 현장(舷墻: 갑판 위에 있는 사람이나 짐이 밖으로 떨어지거나 물이 갑판 위로 올라오는 것을 막기 위하여 뱃전에 설치한 울타리 — 옮긴이)은 프랑스 함선보다 훨씬 더 안쪽으로 들어와 있다(Les allonges de revers rentrent beaucoup davantage quecelles de France). ……

그들은 이런 건조 방식이 배를 가볍게 만들고 더욱이 갑판을 좁혀줌으로써 배를 조종하는 데 필요한 선원 수를 줄일 수 있기 때문에 훨씬 더 낫다고 주장한다(Ils prétendent que cette manière de construction est beaucoup meilleure parce qu'elle rend le vaisseau plus lèger et que, outre cela, étrécissant le pont, il faut moins de monde pour faire leurs manoeuvres).……"(Clément, *Lettres*, vol. III, pt. 2, 326쪽).

3) 네덜란드는 더 큰 해군뿐만 아니라 더 좋은 배 덕분에 동양의 해상에서 포르투갈의 지배를 끝낼 수 있었다. 17세기 중반 빈첸초 마리아Vincenzo Maria 신부는

에서 대포와 돛으로 더 철저하게 전환한 나라들이 우위를 차지하게 된다. 인력의 시대가 끝나고 기계의 시대가 열리려는 참이었다.

(*India Orientale*, 458쪽) 다음과 같이 지적했다. "포르투갈의 갤리언선은 거대한 규모와 여러 장비로 주목할 만하다. 각각의 배는 하나의 성채처럼 보이고 청동 대포를 80문 이상 장착하고 있다. 갑판이 아주 넓어서 선원들이 가끔 공놀이를 하기도 한다. 이 갤리언선은 선실도 많고 넓어서 배가 아니라 편안한 집처럼 느껴진다. 밧줄은 대부분 캡스턴(원통형의 드럼에 밧줄이나 철사, 쇠사슬을 감아, 도르래를 이용해서 무거운 것을 높은 곳으로 들어 올리거나 끌어당기는 기계. 권양기라고도 한다. — 옮긴이)을 이용해 조종하고 선체의 외판은 매우 두꺼워 웬만한 포탄을 견뎌낸다. 한마디로 이 배들은 그렇게 느리게 움직이지 않고 조종하기 더 편하다면 따라올 배가 없을 것이다. 바람에 따라 조종하기가 더 쉬운 네덜란드 배는 포르투갈의 갤리언선을 쉽게 따라잡을 수 있다. 네덜란드 배는 바람이 적선에 유리할 때 쉽게 도망칠 수 있고 적선이 맞바람을 받을 때 쉽게 공격할 수 있다. 네덜란드 배는 약간의 바람만 불어도 충분하지만 포르투갈 배가 움직이기 위해서는 상당히 센 바람이 필요하다." 마리아 신부가 이야기한 내용은 아르티냐노의 책에 실린 17세기 화가의 그림에도 잘 나타나 있다(De Artiñano, *Arquitectura naval*, 105쪽).

네덜란드 전함이 조종이 어렵고 거대한 포르투갈 배를 가로챌까봐 걱정한 포르투갈 인들은 1618년 이후 마카오와 일본을 잇는 무역에서 갤리언선과 카라크선을 이용하는 대신 갈리오타스galiotas라는 작은 연안용 선박을 이용하게 되었고 결국 네덜란드 인들이 이곳의 대양을 지배하게 되었다(Boxer, *Great ship*, 14쪽 이하)

에스파냐의 배와 비교하여 네덜란드 배의 우수성에 관해서는 Usher, *Shipping*, 195쪽 이하를 참조하라. 네덜란드와 영국의 동인도회사 선박에 관해서는 Fayle, *Voyages*, xxxi쪽 이하를 참조하라. 프랑스의 동인도회사 선박에 관해서는 Weber, *Compagnie Française*, 241~263쪽을 참조하라.

2장

유럽 너머의 대포와 범선

1. 거대한 대포를 향한 투르크 인의 집착

이슬람 세계는 유럽과 가까운 덕분에 아직 걸음마 단계였을 때부터 유럽의 포술을 잘 알고 있었고 재빨리 이를 채택했다. 1331년, 무어 인人인 그라나다의 국왕 모하메드 4세Mohammed IV는 오리우엘라와 알리칸테를 공격하면서 대포를 이용했다고 알려져 있다.[1] 이 신기술은 에스파냐에서 북아프리카와 중동으로 전파되었다. 대포는 이 지역에서 아마도 1350년대 무렵 처음 맘루크 왕조에서 사용된 듯하며[2] 1360년대에는 확실히 사용되었다.[3] 오스만 투르크는 1364년 소아시아 지역에서 대포를 제작했으며 1387년 카라만 왕국Kara-mans과의 전투, 1389년 세르비아-보스니아, 헤르체고비나, 알바니아 연합군에 맞선 코소보 전투에서 총포를 사용했다.[4]

---

1) 무슬림들이 언제부터 포를 사용하기 시작했는지는 확실치 않다. 정확한 시기를 특정하기 어려움은 물론 유럽 포술의 기원에 관한 문제를 다룰 때도 마찬가지이다. 전해오는 문서들은 불분명하고, 당시 막 의미를 갖추어가기 시작한 기술적 용어들은 오늘날 오해의 소지가 있으며, 연대기 작가들의 진술은 종종 상반되기 때문이다. 그러나 이슬람 세계가 "그리스의 불"(비잔티움 제국이 해전에서 널리 사용한 유황불 따위의 액체 화공 무기 — 옮긴이)을 알고 있었으며 1331년 이전에 소이 로켓탄을 사용한 것은 확실하다. 그러나 현대적 의미에서 최초로 대포가 사용된 시기는 오리우엘라와 알리칸테 포위 공격 무렵인 듯하다. Fernandez Duro, *Disquisiciones*, vol. I, 18쪽. 그러나 일부 저자들(e.g. Sarton, *Introduction*, vol. III, 725쪽)은 두로의 증거가 확정적이지 않다고 주장한다.

2) 이 같은 사실은 후대의 연대기 작가 이븐 부투르Ibn Buhtur와 이븐 이야스Ibn Iyas의 이야기에서 알 수 있다. Ayalon, *Mamluk* 참조.

3) 믿음직한 두 명의 목격자인 사전 편찬자 알 칼카샨디Al Qalqashandi(*Subb al-a'shā*, vol. II, 144쪽)와 역사가 이븐 할둔Ibn Khaldun(*Kitab al-ibar*, vol. V, 456쪽)에 따르면 대포는 1366~1368년에 알렉산드리아와 카이로에서 사용되었다.

4) 아얄론Ayalon 박사(*Mamluk*, 7쪽 주 22와 98쪽)는 비테크Wittek 교수가 제시한

앞 장에서 지적한 대로, 15세기 포는 성벽을 부수는 데만 유용했으나 투르크 인들에게는 다름 아닌 대포의 바로 그러한 특성이 매우 매력적으로 비쳤다. 이슬람 군대는 앞이 너르게 탁 트인 땅에서의 전투에서 서양의 적군에 비해 언제나 의심의 여지 없이 우월함을 보였다. 무슬림 군대의 강점은 더 큰 규모의 병력, 더 엄격한 규율, 경기병대의 압도적 기동성에 기반 한 더 우수한 전략에 있었다.[1] 투르크

정보를 바탕으로 "오스만 투르크에서는 1425년에 이르러서야 대포를 사용하기 시작했다"고 주장한다(앞의 책, 141~144쪽). 그러나 이 견해는 받아들이기 힘들다. 다니에멘드Daniemend는 1364년에 부르사(소아시아 지역)에서 철제 대포가 제작된 바 있고 오스만 투르크가 2차 카라만 전투에서 대포를 사용했다고 주장한다(*Osmanli Tarihi*, vol. I, 73쪽). 비테크 교수는 출전을 제시하지 않았다는 이유로 다니에멘드의 주장을 수용하지 않는다. 그러나 신빙성 있는 인도 측 문서를 보면 투르크 인들이 1368년 인도에 대포를 소개했음을 알 수 있다(126쪽 각주 1과 127쪽 각주 1을 보라). 오스만 투르크 인들은 코소보 전투에서도 대포를 사용했다고 알려져 있다. 이러한 사실은 다니에멘드뿐만 아니라 폰 하머von Ham-mer(*Geschichte*, vol. I, 210쪽) 시대 이후 대다수 역사가들이 인정한다.

1) Oman, *Middle Ages*, 346쪽과 Oman, *Sixteenth Century*, 758~759쪽. 17세기 초 모리슨(Moryson, *Itinerary*)의 다음과 같은 언급도 참조하라. "투르크 인들의 말은 매우 빨라서 독일 말을 금방 따라잡을 수도 있고 때에 따라 쉽게 도망칠 수도 있다. 독일인들이 아무리 투르크 인들의 공격을 견뎌낼 수 있다고 하더라도 전장에서 투르크 인들의 여러 강점은 쉽게 손꼽을 수 있고 따라서 독일인들이 도망칠 수 없다면 결코 강력한 투르크 군대를 당해낼 수 없다……"(35쪽). "투르크 인들은 전투에 나갈 때 경기병에만 의존한다. 말이나 병사(기병이든 보병이든)나 무장을 무겁게 하지 않는다. 그들은 방어용 무구를 착용하지 않고 공격을 위해 창과 방패, 짧고 좋은 칼만 챙긴다."(47쪽). 몬테쿠촐리는 이렇게 썼다. "투르크 군대는 우리의 말보다 더 빠르고 날렵하며, 고삐, 안장, 갑주와 같은 마구의 제약을 덜 받는 말을 가지고 있기 때문에 자신들의 독특한 교전 방식인 소규모 접전에서 큰 이점을 누린다(nelle scaramucce ha tropo vantaggio il Turco, come unico e proprio suo modo di battagliare, avendo egli cavalli piu' veloci e piu' agili dei nostri e meno aggravati dagli arnesi di briglie, selle e armature)." (Montecuccoli, *Aforismi*, 499쪽).

군을 막기 위해 유럽 인들이 내세울 수 있는 유일한 방어물은 보루뿐이었다. 무시무시한 무슬림 기마병도 요새와 도시의 방벽 앞에는 무력해져서, 견고한 흙벽과 맞닥뜨리면 지루한 포위 공격에 의존해야 했다. 그러나 투르크 군대는 장기적 공성전에 조직적으로 대비가 되어 있지 않았다.[1] 결국 투르크군은 몹시도 절실한 무기를 대포에서 찾아낸 셈이다.

무슬림들이 신기술을 얼마나 금방 배웠는지는 실로 놀랍다. 그러나 그에 못지않게 놀라운 사실은 그들이 초기 단계를 벗어나는 데 실패했다는 것이다. 이슬람 세계는 대포를 야전 무기로 발전시키기 못했다. 맘루크 인들은 때때로 낙타 위에 경포light guns를 올려 사용했으며 오스만 투르크 인들은 코소보와 모하치 전투에서 대포를 사용했다. 그러나 무슬림들이 기동전에서 대포를 사용하는 데 소극적이었다는 사실은 금방 눈치 챌 수 있다. 이러한 소극적 태도는 이내 전적인 무능력으로 고착되게 된다. 여기에는 여러 가지 이유가 있었다. 우선, 무슬림 군대는 전면전에서 굳이 보조적인 신무기가 절실하지 않았다. 투르크 인들은 자신들의 전략적, 전술적 우수성을 더할 나위 없이 잘 인식하고 있었던 반면 초창기 포술은 전장에서 비효율성이 두드러졌다. 더욱이 뿌리 깊은 전통과 사회 구조도 야포술 도입에 장애가 되었다. 아얄론 박사가 적절히 지적했듯이 "기마술과 기마술이 의미하는 모든 것은 맘루크 지배 계급의 생활 양식 전반을 좌우하는

---

1) 투르크 군대의 중추인 기병대는 마초가 적절하게 보급되지 않고 땅의 상태가 적당하지 않으면 겨울 원정을 버틸 수 없었다. 따라서 투르크 인들이 치른 전쟁은 대체로 짧고 신속한 여름 전투로 이뤄져 있다. Montecuccoli, *Aforismi*, 471, 474쪽과 Oman, *Sixteenth Century*, 758~759쪽 참조.

중심축이라고 할 수 있다. 지배 계급은 기마술로부터 품위 있는 자부심과 우월감을 이끌어낸다." 어느 맘루크 기마병도 자신의 말을 빼앗기고 보병이라는 굴욕적인 지위로 떨어지는 데 동의하지 않았을 것이다. 반면, 맘루크 왕조의 사회 구조가 근본적으로 봉건적으로 남아 있는 한 부대의 중추는 필연적으로 기병대에 의해 대표될 것이며 다른 부대에 중요한 역할이 맡겨질 가능성은 없었다. 대포는 왕국에서 가장 경멸받는 종족, 다시 말해 군대에서 승진 기회란 오로지 거세되어 환관 부대에 소속되는 것이 유일한 노예들에게 떠넘겨졌다.[1]

군대 구성 문제에서 오스만 투르크는 맘루크보다 약간 더 유연했다. 오스만 투르크의 주요 부대 가운데 하나인 예니체리('새로운 병사'라는 뜻의 오스만 투르크 정예 부대. 발칸 지역의 기독교도 소년들을 강제 징집한 뒤 무슬림으로 개종시키고 군사 훈련을 통해 술탄의 친위대로 삼았다. ─ 옮긴이) 부대가 화기 도입 이전에는 주로 궁수 보병으로 구성되어 있었기 때문이다. 예니체리는 초창기부터 소화기小火器로 무장했고 아마도 이것이 16세기 초 오스만 투르크가 맘루크를 상대로 결국 승리할 수 있었던 주요 요인 가운데 하나일 것이다.[2] 그러나 오스만 투르크도 전통적으로 육박전과 기마술을 선호하고 기마병이 사회적으로 우월한 지위를 누리는 탓에 야포를 도입하는 데 소극적이었다. 오스만 투르크는 기본적으로 포위 작전에서만 대포를 활용했다.[3]

얼마 전까지만 해도 스텝 지대에서 유목민으로 생활해온 선조를

---

1) Ayalon, *Mamluk*, ch. 3와 특히 61~71쪽 참조
2) Ayalon, *Mamluk*, 86~97쪽.
3) 아얄론 박사는 오스만 투르크 인들의 대포 사용 실례를 과장한다. 화기와 관련하여 맘루크에 대한 오스만 군대의 우위는 주로 휴대용 총포hand-gun의 사용에 기인한다. 한편 아얄론 박사는 오스만 투르크 인들이 "공성용 대포와 야전포 사

둔 이 전사들은 적의 성곽에 대포를 사용하면서 원초적인, 심지어 거의 본능적이라 할 만한 증오심을 드러냈다. 원초적 분노에 사로잡힌 이들은 크고 무거운 돌덩어리를 날려 보낼 수 있는 거대한 대포를 찾았다. 오스만 투르크 군대가 콘스탄티노플을 함락한 이야기는 익히 알려져 있지만 각별한 의미가 있으므로 여기서 다시 이야기하는 것도 나쁘지 않을 것이다. 팔라이올로고스 치세 아래 쇠락하고 있을 때조차도 콘스탄티노플의 방벽은 유럽 세계에서 가장 견고한 방어 체계였다. 콘스탄티노플의 성벽은 메메드 2세가 이 전설적인 도시를 공격하는 일에 착수했을 때 지독한 악몽을 안겨주었다. 투르크의 연대기 작가들은 메메드가 포위된 도시의 견고한 방어를 무너뜨릴 이런저런 전술과 작전을 짜고 또 짜면서 걱정으로 잠 못 이뤘다고 기록한다. 오직 대포만이 이 난제를 풀 수 있었고 그도 이 점을 알고 있었다. 그때 그리스 황제 아래 고용되어 있던 우르반이라는 헝가리의 대포 주조 기술자가 비잔티움에서 받는 보수에 불만을 품고서, 더 큰 보수를 주는 곳에 기술을 제공하고자 투르크 진영으로 넘어오게 된다. 메메드 2세는 이 변절자를 두 팔을 벌려 열렬히 환영했고, 우르반은 엄청난 크기의 대포를 제작했다. 우르반의 작품은 보스포루스 해협을 지나가던 불운한 베네치아 갤리선을 상대로 시험을 거쳤다. 대포에서 발사된 거대한 돌덩이는 배를 부수고 침몰시키기에 충분했다. 의기양양해진 메메드는 흥분해서 우르반에게 그보다 갑절 크기

이에 구조적 차이를 발전시키지 않았다"고 주장한다(*Mamluk*, 112쪽 주 3a). 실제로 17세기 말에 투르크 인들은 12파운드 포와 3파운드 포를 야포로 이용했지만 — 마르시글리가 썼듯이(Marsigli, *Etat Militaire*, pt. 1, 23쪽) — 더 큰 청동 대포와 "다를 바 없이" 다루었고 "대포들 간의 차이점이라고는 구경과 포신의 길이뿐이었다."

의 두 번째 대포를 주문했다. 그에 따라 우르반은 무게가 천 파운드 나가는 돌덩어리를 던질 수 있는 어마어마한 크기의 대포 '마호메타'를 제작했다. 마호메타는 끄는 데 소 60~140마리가 필요했고, 조작하는 데에만 백 명이 넘는 인원이 동원되었으며, 재장전하는 데 두 시간이 소요되었다. 연대기 작가들의 말에 따르면 마호메타의 포성에 놀란 임산부들은 유산을 했다고 한다. 그것은 당시까지 제작된 대포 가운데 가장 큰 대포였다. 그러나 마호메타는 실패작이었다. 대포는 포위 공격 둘째 날에 금이 가서, 넷째 날이나 아마도 다섯째 날에 완전히 망가져버렸다. 그러나 그보다 작은 구경의 대포들은 임무를 성공적으로 수행했다. 콘스탄티노플은 함락되었고 걷잡을 수 없는 잔학 행위와 이루 말할 수 없는 공포가 뒤따랐다.[1]

이 이야기에는 특히 주목할 만한 부분이 두 군데 있다. 첫째는 변절한 대포 제작자의 출신과 관련한 것이다. 연대기 작가들에 따르면 그는 헝가리 사람이었으며,[2] 따라서 '서양인'이었다. 비록 전해오는 이 이야기가 얼마나 믿을 만한 것인지는 의문의 여지가 있고 또 사실이 아닌 것으로 판명된다 하더라도, 이야기의 존재 자체는 의미심장하다. 무슬림들은 자신들에게도 대포 제작자가 있었지만 가능하면 언제나 서양의 기술자를 구하려고 애썼다. 17세기 프랑스의 한 경제학자는 "투르크 인들은 대포 기술자를 잡으면 결코 놔주지 않는다(les Turcs les retiennet quad ils les peuvent attraper)"고 썼다.[3] 많은

---

1) 메메드 2세의 거대한 대포에 관한 이야기는 Hammer, *Geschichte*, vol. I, 510쪽 이하와 Gibbon, *Decline and Fall*, ch. 58, 그리고 Oman, *Sixteenth Century*, 357쪽을 참조하라.
2) 그러나 한 가지 출전에 따르면 우르반은 다키아 인이었다.
3) De Montchrétien, *Traicté*, 51쪽.

경우, 그들은 굳이 '필요한 장인'을 잡으려고 애쓸 필요가 없었다. 언제나 그렇듯이 당시에도 제시되는 가격만 높으면 자신들의 기술을 누구에게든 기꺼이 팔 용의가 있는 기술자들이 넘쳐 났고, 우르반이라는 사람이 실제 존재했다면 그 역시 예외가 아니었을 것이다.[1] 서양의 대포 제작자를 구하기 위해 투르크 인들이 보인 열성은 그들이 서양의 기술을 매우 일찍 도입했지만 결코 "후발 국가" 단계를 벗어나지 못했음을 명백히 시사한다. 서양은 꾸준히 앞서나갔고 특히 15세기 중반 이후에는 점점 더 빠르게 앞서나갔다. 이 시점에서 마호메타와 콘스탄티노플 함락에 관한 이야기에서 주목해야 하는 두 번째 지점, 다시 말해 대포를 향한 투르크 인들의 집착을 살펴보는 것이 좋을 것이다.

확실히, 투르크 인들의 거대한 대포와 관련하여 당대 사람들의 묘사를 접할 때면 볼테르가 『관습에 관한 에세이Essai sur les moeurs』[2]에서 뚜렷하게 드러낸 바 있는 미심쩍은 느낌을 떨치기 힘들다. 그러나 우리에게 있는 구체적 증거들은 볼테르의 회의주의보다 옛 연대기 작가들의 묘사를 지지하는 듯하다. 1867년 압둘 아지즈 술탄은 빅토리아 여왕에게 15세기 투르크 대포를 선물로 보냈다. 그것은 그때까지 투르크가 보유한 대포 가운데 가장 큰 대포가 아니었다. 그럼에도 불구하고 대포는 구경이 65센티미터이고 포신의 두께가 14센티미터이며, 무게가 무려 18톤 180킬로그램에 달하는 어마어마한 괴물이

---

1) 많은 유럽 인 변절자들이 무슬림 밑에서 일했으며 서양의 상인들 역시 교황의 파문과 온갖 종류의 금지 조치에도 불구하고 "전략적 도구들"을 투르크 인들에게 계속해서 팔았다. 낙심한 어느 16세기의 작가는 "우리 기독교도들은 투르크 인들에게 온갖 군수품을 조달한다"고 적었다.

2) Voltaire, *Moeurs*, vol. 12, 100~101쪽.

도판 1 마일미트 사본의 대포(위)

도판 2 유명한 피렌체 사본(아래)

1326년 2월 11일이라는 날짜 아래, 피렌체 방어를 위해 "쇠로 된 단단한 포탄과 철로 만든 대포"를 구입했다고 적혀 있다.

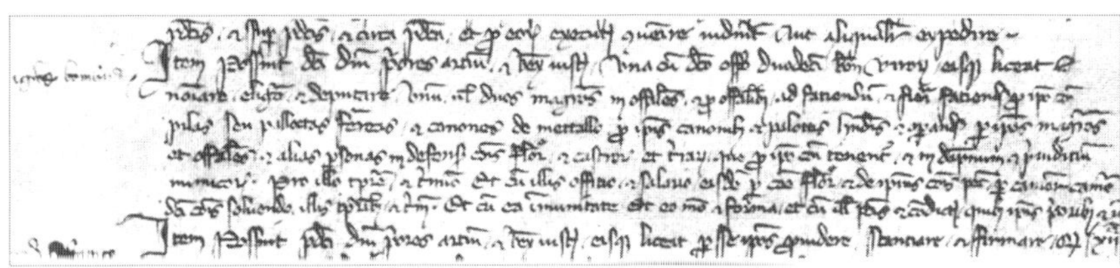

도판 3 에든버러 성의 몽 메그(위)

도판 4 다르다넬스 대포(오른쪽 위)

런던탑에 있는 이 투르크 대포들은 15세기 것이다.

도판 5 무굴 대포(오른쪽 아래)

무굴 제국 대포인 탄자부르의 라자 고팔Raja Gopal. 이 대포는 무려 40톤이나 나가는 괴물로, 투르크 기술의 영향을 받았음을 보여준다.

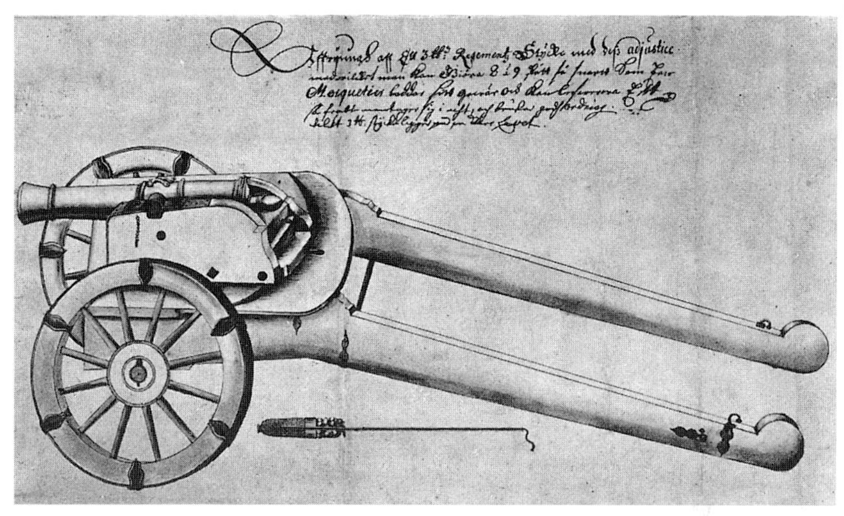

도판 7 스웨덴 야포(위)

1706년, 뮐러하임 사본에 묘사된 스웨덴의 '레예멘츠스튀케'. 머스킷 총병이 한 발 발사하는 동안 이 대포가 여덟 발에서 아홉 발을 발사할 수 있다는 설명이 삽화 위에 적혀 있다.

도판 8 18세기 대포 상인들(아래)

그림은 C. A. 에렌스베르드C. A. Ehrensvärd(1745~1800년)의 작품이다.

도판 9 율리타의 대포 주조소(부록 1 참조)

네덜란드 화가 알라르트 판 에베르딩언Allart van Everdingen의 작품으로, 시기는 1650년경으로 추정된다. 건물과 시설은 고도로 사실적으로 재현되었으나 풍경은 상상해 그린 것이다.

도판 10　바사Vasa호

스웨덴 전함 바사호는 1628년 건조되었다. 위 사진은 해저에서 인양된 후 건선거(乾船渠: 큰 배를 만들거나 수리할 때 배가 출입할 수 있을 정도로 파서 만든 구조물 ─ 옮긴이)에 있는 모습이다.

도판 11 금란장Field of the Cloth of Gold*으로 향하는 헨리 8세의 출항(세부)
작자 미상의 이 그림은 1550년 이후에 그려진 것으로 추정된다.

* 1520년, 영국의 헨리 8세와 프랑스의 프랑수아 1세가 1514년 조약에 따른 유대 강화를 위해 만났다. 이들은 화려한 의장과 의전 행사로 상대를 능가하려 했기 때문에 이 만남의 장소나 행사를 금실로 짠 천으로 덮인 곳이라는 뜻의 '금란장'이라 부르게 되었다. ─ 옮긴이

도판 12 해전에 대한 지중해식 시각(위)

이 그림은 1654년 몰타기사단과 투르크 배 사이의 교전을 묘사하고 있는데, 갤리선이 범선을 압도하고 있다.

도판 13 해전에 대한 대서양식 시각(오른쪽 아래)

네덜란드 화가 헨드릭 코르넬리스 브룸스Hendrik Corenlisz Vrooms의 그림에서는 범선이 갤리선을 압도하고 있다.

도판 14 중국의 청동 대포

17세기 전술 지도인 『주해도편』에 묘사된 중국의 청동 대포 파쾅의 모습.

도판 15 18세기 중국의 경포

그림 출처: Amiot, *Art Militaire*, 383쪽

도판 16 옛날 중국 대포들

앞쪽의 사석포는 1377년으로 거슬러 올라가는 것이 확실하다(Goodrich, *Note*, 211쪽 참조). 뒤쪽 대포들은 아미오 신부가 묘사하고 기술한 대포들과 아주 유사하다(아래 그림 참조). 산시 성의 성도聖都 타이위안 시 박물관에 소장되어 있다.

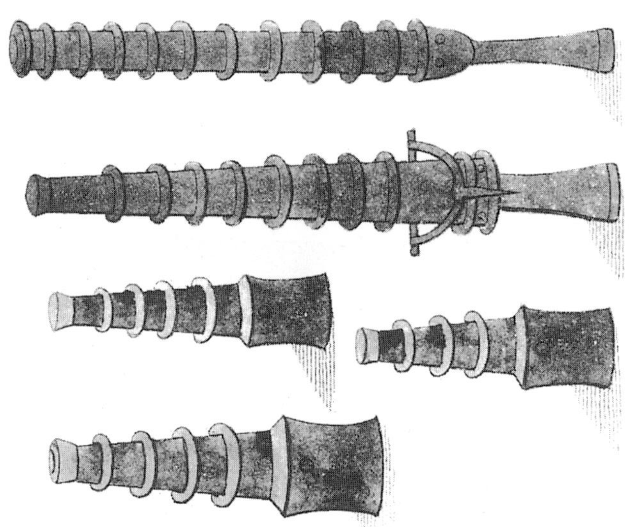

도판 17 아미오 신부가 묘사한 중국 대포들

맨 위 두 대포는 페체파오, 아래 세 대포는 마티파오이다. 18세기에 아미오 신부가 구경했을 때 대포들은 이미 아주 오래되어 보였다. "둘레의 고리는 철로 만들어져 있는데 그런 대비책이 없다면 필시 발생할 수밖에 없는 포신이 터지거나 쪼개지는 불상사를 방지한다."

출처: Amiot, *Art Militarie*, planche xxi쪽과 384~385쪽.

도판 18 중국의 정크 전함(왼쪽)

17세기 전술 지도인 『주해도편』에 묘사된 중국의 정크선이다. 이러한 유형의 선박이 적선에 부딪히기와 승선하기라는 유서 깊은 전술에 맞추어져 있었음은 분명하다.

도판 19 엘리자베스 시대 전함(아래)

아크로열Ark Royal호로 추정된다(C. J. 비셔C. J. Visscher의 판화).

도판 20 중국인의 꿈

서양인의 선박과 화력을 두려워한 중국과 일본의 통치자들은 서양 선박이 입항해 있는 동안 대포들, 적어도 가벼운 대포들을 배에서 떼어내야 한다는 명령을 내렸다. 이 18세기 그림은 중국 해안에 정박한 서양의 배를 묘사한다. 떼어낸 대포를 바닷가의 헛간에 모아둔 것이 보인다. 다른 헛간에는 서양인들이 실어갈 도자기가 쌓여 있는 것을 볼 수 있다.

었다. 오늘날에도 런던탑에 가면 이 대포의 위용을 감상할 수 있다(물론 앞서 언급한 각종 수치도 측정해볼 수도 있다)(도판 4). 17세기 초에 보테로는 "투르크 인들은 어마어마하게 큰 대포를 가지고 있어서 그 포성만으로도 흉벽을 무너뜨릴 수 있다"[1]고 쓰면서 틀림없이 과장을 섞었겠지만 이러한 과장된 수사 뒤에 부인할 수 없는 진실이 담겨 있음을 입증하는 증거는 충분하다.[2]

투르크의 거대한 대포를 주조하기 위해서는 구리가 많이 필요했는데 오스만 투르크는 아나톨리아 지역에 풍부한 구리 광산이 있었고 광산에서 부릴 수 있는 노예도 많았다.[3] 큰 대포를 실어 나르는 데는 심각한 어려움이 존재했지만 술탄은 싸움터 바로 옆에서 대포를 주조하는 과격한 해법을 내놓았다.[4] 투르크 인들은 대포의 크기

---

1) Botero, *Relationi*, pt. 2, book 4, 339쪽.
2) 본문에 적은 대로 런던탑에는 18톤이 넘게 나가는 15세기 투르크 대포가 있다. 리스본에는 19톤이 넘게 나가는 투르크 대포가 있으며 45킬로그램이 넘는 돌덩어리를 쏘아 보낸 것으로 추정된다. 리스본의 대포는 1533년 주조되었고 나중에 포르투갈 인들이 전리품으로 노획한 것이다(Cordeiro, *Apontamentos*, 82~89쪽). 1717년 오스트리아 인들이 노획한 또 다른 투르크 대포의 포신은 7.5미터가 넘었다(Basset, *Histoire*, 942쪽). 하머는 빚쟁이를 피해 도망쳐 온 재단사가 며칠 동안 몸을 감춘 거대한 대포를 다르다넬스에서 실제로 본 적이 있다고 말한다(*Geschichte*, vol. I, 666쪽). 더 상세한 증거에 관해서는 121쪽 각주 3번을 보라.
3) Anhegger, *Bergbaus*. 또 Alberi, *Relazioni*, series 3, vol. I, 66쪽에 실린 베네치아 대사의 보고도 참조하라. 투르크 인들은 아나톨리아에서 화약의 재료인 초석과 철도 얻었다. 앞의 책, 146, 222쪽 참조.
4) "그들(투르크 인들)은 공격용 무기로 많은 대포를 끌고 다녔지만 대부분의 경우 전장에서 조야한 방식으로 주조했다"(Moryson, *Itinerary*, 41쪽). Ffoulkes, *Gun-Founders*, 27쪽도 참조. 메메드 2세는 1480년 로도스 섬 포위 공격에서 길이는 5.5미터, 구경은 60~75센티미터에 이르는 대포 16문을 그 자리에서 주조하라고 명령했다.

에 집착하는 바람에 거대한 대포의 약점을 결코 인정하려 들지 않았고 거대한 대포가 시대에 뒤떨어진다는 사실도 깨닫지 못했다. 18세기, 토트 남작Baron de Tott은 러시아-투르크 전쟁 시기(1768~1774년) 우스꽝스러운 일화를 전한다. "투르크 인들은 보스포루스 해협이 내려다보이는 성곽 위에 500킬로그램짜리 대리석 덩어리를 날려 보낼 수 있는 엄청나게 큰 대포를 올렸다. 무라드 치세 당시 청동으로 주조된 이 대포는 나사못으로 연결된 두 부분으로 구성되어 있었다…….[1] 도저히 이 거대한 대포를 외루外壘에서 쏠 수 있을 것 같지 않았다. 투르크 인들은 내가 전 우주에서 필적할 만한 것이 없는 이 대포에 별반 관심을 보이지 않는 것을 보고 수군거렸다. 그러자 파샤(예전에, 터키에서 장군·총독·사령관 따위의 신분이 높은 사람에게 주던 영예의 칭호. — 옮긴이)가 내게 불만을 표시했다. 그는 공격 시 한 발 이상 발사할 경우 장전에 어려움이 있을 것이라는 나의 의견에 동의했지만, 처음 단 한 발이 멀리 날아가 모든 것을 쑥대밭을 만들 것이므로 한 차례 발사만으로도 적군의 전 함대를 파괴하기 충분하다고 우겼다. 이러한 선입관은 반박하기보다 맞춰주는 것이 편했기에, 나는 방어 계획을 변경하지 않으면서도 능보(綾堡: 성 외벽의 끝이나 모서리 부근에 위치한 작은 탑 — 옮긴이)의 직각 교차 부위를 파내어 대포를 발사할 수 있을 만한 공간을 확보한 후 먼저 대포의 효과를 평가해보기로 했다.

나의 제안에 주위 사람들은 벌벌 떨었고 그 가운데 가장 늙은 사람은 이 대포가 아직까지 발사된 적이 없으나 만약 발사되면 이 성곽과 도시 전체를 뒤엎을 것이라는 전설이 전해온다고 주장했다. 그의

---

1) 런던탑에 보관된 투르크 대포와 같은 유형의 대포였다.

말마따나 대포의 진동에 성벽의 돌덩어리 몇 개쯤은 흔들려 빠져나올 수도 있을 것 같았으나 나는 이 거대한 대포 때문에 후회할 일은 결코 없을 것이라며 사람들을 안심시켰다. …… 분명 어느 대포도 이보다 가공할 명성을 누린 적은 없었다. 적군과 마찬가지로 아군도 대포가 토해내는 무시무시한 진노 앞에서 꼼짝 못하는 셈이었다. 대포를 장전하기 위해 화약이 자그마치 150킬로그램 소요되었다. 나는 수석 기술자에게 뇌관을 준비하라고 일렀다. 내가 명령을 내리는 것을 듣자마자 모두들 다가올 위험을 겁내며 자취를 감췄다. 파샤도 막꽁무니를 빼려는 차였으나 나는 성 한 모퉁이 자그마한 키오스크(천막이나 지붕이 있고 때로 이동이 가능한 작은 정자나 칸막이 구조물 — 옮긴이) 안에서 안전하게 포탄의 효과를 관찰할 수 있을 것이라고 간신히 그를 만류했다.

파샤를 설득하는 데 성공하자 이제 남은 일은 기술자에게 용기를 북돋아주는 일 뿐이었다. 그는 도망가지 않고 남은 유일한 기술자였지만 나의 동정심을 불러일으키고자 이러저런 불평을 늘어놓을 뿐 확고한 결의를 보이지 않았다. 결국 나는 그를 북돋기보다는 나도 그와 똑같은 위험을 겪겠다고 약속함으로써 그가 군소리 못하게 만들었다. 나는 대포 뒤쪽 보루에 자리를 잡았고 땅이 흔들리는 듯한 충격을 느꼈다. 550미터 떨어진 거리에서 바윗덩어리가 세 조각으로 쪼개지더니 한 조각이 해협 너머에서 바닷물 속으로 들어갔다가 반대편 산등성이로 도로 튕겨 나오는 것이 보였다……."[1]

토트 남작이 들려준 에피소드는 투르크군의 대포에 관한 황당하기 짝이 없는 이야기 가운데 결코 마지막이 아니다. 1807년 존 덕워

---

1) De Tott, *Mémoires*, vol. II, pt. 3, 66~69쪽.

스 경이 이끄는 함대가 다르다넬스 해협을 무력으로 통과할 때 영국 군 선원들은 거대한 크기의 무수한 돌덩어리가 자신들의 배를 향해 시끄러운 소리를 내며 날아오는 믿지 못할 광경을 목격했다.[1]

15세기 중반까지 서양의 대포 제작자들도 거대 무기를 추구하면서 크고 무시무시한 대포를 꿈꿨으나 메메드 2세가 '마호메타'를 발사하고 있던 바로 그 시점에 기존의 지배적인 경향과 반대로 가벼운 야포를 생산하는 데 주력하기 시작했다. 투르크 인들은 혁신의 중요성을 깨닫지 못했고 새로운 발전 양상을 따라잡지 않았다. 기동전에서의 명백한 우위와 봉건적 군대 구조가 이러한 뒤처짐 현상에 일조했다. 더욱이 16세기 오스만 사회는 사회적 불안과 경제적 위기를 겪은 시기여서 변화를 따라가고 적응하는 데 어려움이 많았다. 원인이 무엇이든 간에 오스만 투르크는 포위 공격용 대포를 제작하는 데만 주력했고[2] 야포의 생산과 운용 모두에서 서양에 크게 뒤쳐졌다. 서양에서 야포가 여전히 걸음마 단계에 머무는 한 오스만 투르크의 기술적 후진성은 양자 사이 힘의 균형에 눈에 띄는 영향을 미치지 않았다. 그러나 17세기에 이르러 특히 스웨덴의 "레예멘츠스튀케"가 등장하면서 유럽은 기동성이 뛰어나고 만족할 만한 발사 속노를 자랑하는 야포를 제작하는 데 실질적이고 빠른 진전을 보였다. 17세기 후반, 장크트 고타르트 전투(1664년 8월)에서 투르크군을 대파한 라이몬도 몬테쿠촐리Raimondo Montecuccoli 장군은 자신의 경험에 의거

---

1) Robertson, *Naval armament*, 67쪽.
2) 투르크 인들은 공성용 대포를 활용하는 데 전문가적 지식을 쌓게 되었다. 그들은 거대한 대포와 중간 구경의 대포를 함께 운용하는 복합적인 포대砲隊를 이용해 성벽을 무너뜨렸다. 이 같은 기술에 대한 묘사는 Collado, *Plática*, 13쪽을 참조하라.

해 다음과 같이 적었다. "(투르크 군대의) 이 거대한 포는 적진을 맞힐 경우 심각한 피해를 준다. 그러나 옮기기가 매우 번거롭고 재장전하고 조준하는 데 시간이 너무 오래 걸린다. 더욱이 엄청난 양의 화약을 소비하는데다가 수레와 바퀴는 말할 것도 없고 대포를 올려놓는 누벽壘壁마저 망가트린다. …… 우리 편 대포는 옮기기가 더 용이하고 더 효율적인 무기다. 여기에 아군의 강점이 있다."[1] 토트 남작이 목격한 것처럼 "넓은 구경 때문에 겉보기엔 막강해 보이지만 막상 첫 발을 발사하고 나면 한참이 지나야 작동시킬 수밖에 없어 두려워할 까닭이 없는"[2] 유형의 대포를 가지고 있던 투르크군은 도리 없이 패

---

1) Montecuccoli, *Aforismi*, 457쪽. 몬테쿠쫄리가 피력한 견해는 무수한 다른 출전을 통해서도 뒷받침된다. 17세기 중반 빈첸초 마리아 신부(부록 2를 보라)는 "투르크 인들은 대포를 별로 이용하지 않으며 실제로 포위 공격 때가 아니라면 거의 관심을 두지 않는다"라고 적는다. 17세기 초 파인스 모리슨(*Itinerary*, 41쪽)은 "투르크 군대 대부분은 대포를 가지고 싸우는 기술이 없으며 실제로 대포를 거의 사용하지 않는다. 예니체리 부대 일부만이 대포를 사용할 뿐이며 비록 대포는 많이 있지만 기독교도만큼 잘 다루지는 못한다."고 썼다. 야포를 개발하지 못한 투르크 인들은 1768년 러시아를 공격했을 때 거대하고 다루기 힘든 공성용 대포는 많았지만 야포는 거의 없었다. 이에 대해서는 토트 남작의 언급(*Mémoires*, vol. II, pt. 3), 즉 "투르크 인들은 군대에 야포에 필요하다는 것에 무지하며 따라서 그들의 뛰어난 전투 능력도 별반 효과를 보이지 못한다"(114쪽)는 내용과 "새 주조소(토드가 조직한 것이다)가 처음 착수할 작업은 야포의 포대였는데 투르크 인들에게는 포대가 전무했다"(155쪽)는 내용을 참조하라. 토트 남작의 진술에 다소 비판적이었던 무슈 드 페이소넬Monsieur de Peyssonnel도 "투르크 인들은 작은 구경의 야포를 주조할 만한 적절한 용광로가 없었다"는 사실을 인정했으며 "투르크군에는 야포가 많이 부족해 토트 남작이 이를 제작하는 임무를 떠맡았다"고 밝혔다(De Tott, *Mémoires*, vol. II, pt. 4, 257쪽).

2) De Tott, *Mémoires*, vol. II, pt. 3, 38쪽. 거대한 공성용 대포에 대한 원초적인 집착과 구리가 상대적으로 풍부하다는 사실이 분명히 투르크 인들이 대포를 발전시키지 못한 주요 요인 가운데 하나다. 18세기 후반까지도 페이소넬은 "투르크 인들은 철제 대포가 없고, 철제 대포를 주조하는 방법도 모르고, 알려고 하지도

배할 운명이었다.[1]

2. 중세에 머물러 있는 이슬람 해군

육지에서 오스만 투르크와 유럽 사이 힘의 균형추는 17세기가 지나면서 분명하게 유럽 쪽으로 기울었다. 그러한 경향은 해상에서 이미한 세기 전에 일어났다.

1571년 10월 7일, 대형 갈레아스선 여섯 척을 포함한 갤리선 208척으로 구성된 기독교 세계의 함대와 갤리선 230척으로 구성된 투르크 측 함대가 레판토 앞바다에서 맞붙었다(에스파냐가 중심이 된 신성동맹 연합 함대가 그리스 파트라스 만 나브팍토스 앞바다에서 오스만 함대를 격파한 레판토 해전을 말한다. 『돈 키호테』의 작가 세르반테스가 참전해 한 팔을 잃은 전투로도 유명하다. ― 옮긴이). 3시간 동안의 격전 끝에 투르크 전함 30척이 침몰했고, 130척이 포획됐으며, 40척만 가까스로 전장을 빠져나올 수 있었다. 서양은 환호작약했고 전 기독교 세계가 이 승전의 의미를 소리 높여 외치며 의기양양해했다. 어느 누구보다 기뻐한 교황 피우스 5세는 흥분한 나머지 신의 은총으로 로마의 성 베드로 좌에 앉아서 전투의 모든 과정을 '지켜보았다'고 밝히기도 했다.

정작 오스만 투르크는 그다지 충격을 받지 않은 듯하다. 술탄은

않는다. 그들의 대포는 모두 청동 대포이고 배에는 대포를 싣지 않는다. 비록 투르크의 요새나 상선에서 종종 철제 대포를 발견할 수 있지만, 이것들은 모두 전쟁에서 얻은 것이거나 스웨덴이나 덴마크, 다른 유럽 인들한테서 구입한 것이다."라고 언급했다(De Tott, *Mémoires*, vol. II, pt, 4, 256쪽 참조).

1) 에필로그를 보라.

"이교도들이 내 수염을 그슬렀을 뿐, 수염은 다시 자랄 것이다."라고 말했다고 한다. 그러한 오만한 반응이 단지 선전술의 일환은 아닌 듯하다. 술탄의 주력은 육지에 있었지 해상에 있지 않았다.[1] 그리고 투르크 인들은 몇 달 만에 해군을 재건할 수 있을 만한 충분한 자원이 있었고 실제로도 금방 해군을 재건했다.

서양의 역사가들은 전투의 역사적 의미를 따지면서 (역사 교과서를 쓸 때가 아니라면) 대체로 교황의 평가보다 술탄의 평가에 동의하는 경향이 크다. 역사가들은 레판토 해전을 "결과가 따르지 않은 크나큰 승리"라고 칭하면서 승리의 결과가 따르지 않은 원인을 기독교 진영의 결속력 부족 탓, 즉 베네치아와 에스파냐 간 경쟁 관계, 에스파냐와 네덜란드/영국의 대립 탓으로 돌린다(합스부르크 왕가의 속령인 나폴리, 시칠리아, 사르데냐 등을 기반으로 오랫동안 이탈리아와 지중해 지역에 영향력을 행사해왔던 에스파냐는 지중해 패권을 놓고 베네치아 해상 세력과 마찰을 일으켜왔다. 또 레판토 해전 이후에는 속령인 네덜란드와는 독립 전쟁 (1568~1609년)에, 영국과는 아르마다에 군사력을 집중했다. ― 옮긴이). 그러나 레판토 해전이 "크나큰 결과"를 낳지 않은 까닭은 본질적으로 그것이 "크나큰 승리"가 아니기 때문이다. 레판토 해전은 시대에 뒤쳐진 전투였다. 전투는 새로운 유형의 선박과 무기가 해전의 새 장을 열고 새로운 해상 전략의 길을 가리키던 시기에 갤리선을 가지고 주로 충각(군함의 함수艦首 밑에 있는 뾰족하게 돌출된 부분 ― 옮긴이)으로

---

1) 모리슨은 다음과 같은 점에 주시한다. "투르크의 갤리선은 튼튼하게 건조되지 않았고, 빠르지도 않으며, 전투에도 적합하지 않았다. 에스파냐 인들이나 베네치아 인들 혹은 다른 기독교도들의 배처럼 오래 견디는 튼튼한 목재로 건조되지 않았다."(*Itinerary*, 58쪽). 부록 2도 참조.

들이받거나 적선에 올라타 싸우는 옛날 방식으로 싸운 마지막 전투이다. 레판토의 승자는 패자만큼이나 구시대적이었다. 양측 모두 시대에 뒤떨어진 관습과 기술에 사로잡혀 있었다. 역사적 관점에서 볼 때 레판토 해전에서 승자는 없었다.

반대로, 레판토 해전보다 화려하지 않고 또 널리 회자되지도 않지만 16세기 전반기에 포르투갈이 인도양에서 무슬림을 상대로 여러 차례 승리를 거둔 것이 역사적으로 더 큰 중요성을 띤다.[1] 바스쿠 다 가마가 캘리컷에 상륙하자마자 이슬람 세력은 인도양에서 기독교도 선박의 출현이 새로운 전선을 열었으며 이 지역에서 자신들의 지위와 전통적인 세력 균형을 위협한다는 사실을 깨달았다. 1507년, 미르 후사인Mir Hussain 제독이 이끄는 병력 1만 5,000명의 함대가 이집트를 떠나 인도양의 포르투갈 세력을 파괴하기 위해 나섰다. 그러나 포르투갈 해군은 1509년 이들을 디우 앞바다에서 격퇴했다.[2] 이후 공격이 재개되고 새로운 원정군이 파견되어 산발적인 승리를 거두기도 했지만 궁극적으로 이슬람 세력의 노력은 수포로 돌아가서 기독교 세력이 인도양에 지배권을 확립하게 된다.

무슬림이 패배한 원인을 놓고 목재 공급이 원활하지 않았기 때문이라는 설명이 제시되어왔다. 이 견해에 따르면 "홍해와 페르시아 만 인근에는 선박 건조에 쓸 만한 목재가 전혀 없어서 이집트(1517년 이전)와 투르크(1517년 이후) 통치자들이 인도양에서 함대를 건설하는

---

1) 이와 관련해 모리슨의 다음과 같은 언급은 주목할 만하다. "투르크 인들은 에스파냐 인들을 바다에서 더 두려워한다. 홍해에 항구를 두고 있는 포르투갈 인들에게 지금까지 줄곧 심각한 패배를 겪었기 때문이다."(*Itinerary*, 34쪽). 1580년부터 1640년까지 포르투갈은 에스파냐 왕국에 병합되어 있었다.

2) Serjeant, *The Portuguese*, 41쪽 주 4.

데 크나큰 어려움을 겪었다”는 것이다.[1] 목재 부족이 무슬림들에게 골칫거리를 안겨준 것은 사실이다. 그러나 이런 종류의 어려움은 극복할 수 있었다. 실제로 이슬람 세력은 16세기 내내 홍해에 함대를 차근차근 만들어나갔다.[2] 오히려 이슬람의 패배는 해전에서 시대에 뒤떨어진 기술과 전략에서 주로 기인한다. 자신들의 전통적인 적인 베네치아와 몰타기사단 세력과 마찬가지로 오스만 투르크는 대서양 세력이 거둔 해상 혁명의 함의와 중요성을 깨닫지 못했다. 그들은 근대가 이미 시작되었을 때도 여전히 “중세에” 머물러 있었다. 오스만 제국의 해군도 (비록 조야한 방식이었을망정) 배에 대포를 설치했고 범선도 활용했다.[3] 그러나 그들은 본질적으로 인력에 크게 의존했다. 충각으로 들이받고 적선에 올라타 싸우는 구식 전술을 고수했고 전력의 핵심은 언제나 갤리선이었다.[4] 이슬람 세력은 인도양의 포르투

---

1) Boxer, *Portuguese in the East*, 197쪽과 Boxer, *Four Centuries*, 15쪽.

2) Serjeant, *The Portuguese*, 15, 19쪽 이하.

3) 거대한 대포에 대한 투르크 인들의 집착은 결코 사라지지 않았다. 1516년 아덴을 출항한 투르크 갤리선이 포르투갈 선박을 공격했다. 갤리선에는 바실리스크라는 거대한 대포가 실려 있었는데 무려 38킬로그램의 돌덩어리를 쏘아 보낼 수 있었다고 한다. 대포가 발사되었을 때, 반동이 너무 커서 포르투갈 인들이 용골(선박 바닥의 중앙을 받치는 길고 큰 재목. 이물에서 고물에 걸쳐 선체를 받치는 기능을 한다. — 옮긴이)을 볼 수 있을 정도로 갤리선이 완전히 뒤집어지고 말았다(Whiteway, *The Portuguese*, 39~40쪽과 Serjeant, *The Portuguese*, 170쪽 주 H 참조). 18세기에 페이소넬은 “투르크의 전열함(戰列艦: 여러 층의 갑판으로 구성되어 일제 사격의 효과를 극대화한 17세기 이후 대규모 전함 — 옮긴이)들은 모두 수백 파운드의 돌덩어리를 날려 보낼 수 있는 어마어마한 구경의 대포 너덧 문을 상갑판(가장 위층에 있는 갑판 — 옮긴이)에 싣고 있었다”고 언급했다(De Tott, *Mémoires*, vol. II, pt. 4, 240쪽 참조).

4) 하지 할리파Hāği Halifa의 투르크 전함에 대한 묘사는 Kahle(ed.), *Piri Re'is, Bahrīje*, xxxiv~xxxviii쪽을 참조하라.

갈 세력에 맞서 레판토에서 한 것과 똑같은 방식으로 싸웠다. 1551∼
1552년에 피리Piri의 함대가 페르시아 만으로 이동했을 때, 1576∼
1577년 알리 베이Aly Bey가 이끄는 함대가 무스카트(아라비아 반도 남
동단에 위치한 오늘날 오만의 수도 — 옮긴이)를 치러 출정했을 때, 키드
르 베그Khidr Beg 제독이 아덴을 방어했을 때, 전투의 중추를 담당
한 배는 언제나 카디르가스선qādyrgas, 즉 대형 갤리선이었다.[1] 포
르투갈 인들도 갤리선을 사용하지 않은 것은 아니지만 포르투갈 함
대의 중추는 대포를 실은 거대한 원양 범선이었다.[2] 좁고 만으로 둘
러싸인 바다에서는 여전히 큰 갤리선이 승리할 가능성이 있었다. 포
르투갈이나 네덜란드가 홍해 연안에 확고히 자리 잡지 못한 것은 결
코 우연이 아니다. 그러나 대양에서는 갤리선에 아무런 기회가 없었
다. 갤리선은 대형 범선에 장착된 대포에 맞아 침몰하지 않는다면 맹
위를 떨치는 자연의 힘 앞에 먹잇감이 되기 십상이었다.[3]

    16세기 말이 되자 투르크 인들은 대양을 항해하는 선박을 조종하

---

1) Sergeant, *The Portuguese*, 179쪽 주 DD, 180쪽 주 EE. 리무지Ramūzī의 삽화는
    Kahle(ed.), *Piri*, xxxvii쪽을 참조하라.
2) 로포 소아레스 데 알베르가리아Lopo Soares de Albergaria는 아덴 원정에서 나
    오선(nao: 대형 범선) 15척, 나비오선(navio: 나오보다 작은 범선)와 카라벨라선
    caravela 10척, 갤리선 8척, 카라벨라오선(caravelao: 16, 17세기 캐러벨선의 한
    유형 — 옮긴이) 1척, 바르간틴(bargantin: 가로돛을 단 두 돛대 범선의 한 유형
    — 옮긴이) 1척, 인도 정크선(junk: 중국에서 유래하여 아시아 전역에서 널리 사
    용된 범선 — 옮긴이) 1척을 보유했다. 디에고 로페스 데 세케이라Diego Lopes
    de Sequeira는 호르무즈 원정에서 나오선 11척, 갤리언선 2척, 갤리선 5척, 가로
    돛(활대를 돛대에 좌우 대칭이 되게 수평으로 걸어서 편 직사각형의 돛 — 옮긴
    이)을 단 배 4척, 브리간틴 2척, 캐러벨선 2척을 보유했다(Serjeant, *The Portu-*
    guese, 170∼171쪽, 주 H, I 참조).
3) 1514년에는 시디 알리 라이스Sīdī Alī Ra'īs의 함대가 폭풍우에 파괴되었다.

는 법을 터득하게 되었다. 17세기 초반 북아프리카 해안의 "무어 인들"이 범선으로 제법 큰 함대를 구성해 해적질에 나서기도 했지만[1] 전반적으로 오스만 제국은 뒤늦은 출발을 만회하지 못했다. 서양의 기술은 점점 더 빠르게 발전해간 반면 투르크 인들은 속수무책으로 뒤쳐졌고 시간이 지날수록 격차는 더 크게 벌어졌다.[2]

3. 중국과 조우하다

투르크 인들, 다시 말해 오스만 제국과 맘루크 왕조를 앞지른 유럽

---

1) "지난 16년간 우리 기독교 국가들이 평화를 유지하면서 먹고살 길이 없어지자 해적으로 변신한 병사들은 기독교 군주들의 항구에서는 무사하지 못한바 모두 바바리(북아프리카 — 옮긴이) 해안의 알제로 건너갔다. 바바리 해안과 그 일대에서 활동하는 자들은 투르크 인들 가운데에서도 가장 대담한 자들이다. 원래 이 투르크 인들은 해적들을 도우며 처음에는 노획품을 나눠 갖는 데만 만족하고 나중에는 함께 바다에 나가기도 했지만, 최근 들어 기독교도들에게서 좋은 전함 60~80척을 구입하고 나침반을 이용해 항해하는 기술도 터득했다. 이들은 범선을 다룰 수 있게 되자 이전에는 알지도 못하고 감히 나설 생각도 하지 못한 넓은 바다에서도 해적질을 하게 되었다."(Moryson, *Itinerary*, 60쪽) 1618년 "지중해에 떠 있는 배의 숫자"(1장 90쪽 각주 5번을 보라)와 관련해 작성된 비공식적인 통계 역시 모리슨의 진술을 뒷받침하며, "에게 해 연안의 투르크 인들"은 갤리선을 고수한데 반해 "아프리카의 무어 인들"은 범선으로 구성된 함대를 보유했다고 지적한다. Marsigli, *Etat Militaire*, pt. 1, 144~145쪽 참조.
2) 18세기에 투르크 인들에게 호의적이었던 페이소넬은 투르크 인들의 배가 조종하기가 다소 불편하다는 사실을 인정했다. 하산 파샤는 "배의 구조와 조범 장치(밧줄, 도르래 등 범선의 각종 조종 장치 — 옮긴이)를 개선하고 갑판과 높이 솟아오른 고물머리(배 뒤쪽의 끝부분 — 옮긴이)를 낮췄다. 돛대를 올리고 도르래 장치를 개선했으며 더 일반적인 대포로 배를 무장시켰다."(De Tott, *Mémoires*, vol. II, pt. 4, 250쪽).

인들은 이제 매우 상이한 기술력과 문명을 향유하는 민족들과 대면하게 되었다. 한편으로는 아메리카와 아프리카에 퍽 원시적 부족들이 있었고 다른 한편으로는 아시아에 고도로 발전하고 세련된 문명을 자랑하는 민족들이 존재했다. 첫째 집단은 물론 화기라고는 꿈도 꿔본 적 없었으므로 파올로 조비오Paolo Giovio의 말마따나 유럽 인들의 대포 소리는 이들로 하여금 "예수 그리스도 숭배"를 유발하기에 충분했다고 표현해도 무방할 것이다. 둘째 집단의 경우, 이야기는 훨씬 더 복잡하다.

중국의 옛 문헌에 이런 이야기가 있다. "(중국의) 서쪽 지역 야산에 사람처럼 생겼으나 키는 한두 자에 불과하고 천성적으로 두려움을 모르는 것들이 살고 있다. 이들은 공격을 받으면 사람에게 오한과 발열이 (번갈아) 일어나는 병에 걸리게 한다. 이들은 '산싸오山臊'라고 불린다. 대나무를 불속에 집어넣고 타닥타닥 불타는 소리를 내면 산싸오를 쫓아낼 수 있다."[1] 중국의 고고학자들 사이에 널리 받아들여지는 전승에 따르면, 화약과 폭죽은 대나무 타는 소리를 과장해 이자그마한 악귀들을 겁주어 쫓아내기 위해 발명되었다.[2] 이러한 전통이 정확히 언제부터 생겼는지는 알 수 없다. 그러나 적어도 10세기 초에 중국인들이 심술궂은 산싸오를 쫓아낼 때뿐 아니라 전장에서도 화약을 사용했음은 의심의 여지가 없다.[3] 중국인들이 시끄러운 소음을 내는 폭죽 성분을 직접 발명했는지 아니면 옛 인도 브라만 계급

---

1) Mayers, *Gunpowder*, 77쪽.
2) 폭죽은 중국에서 "파오추"라고 불리는데, 말 그대로 "터지는 대나무〔爆竹〕"란 뜻이다.
3) Mayers, *Gunpowder*, 85쪽 이하, Wang-Ling, *Gunpowder*, 160~162쪽, Needham, *Science*, vol. I, 131, 134쪽.

화학자들한테서 배워온 것인지는 이론의 여지가 있지만 여기서 논의할 문제는 아니다.[1]

인도와 중국에서는 화약을 사용하기 시작하고 상당한 세월이 흐른 후, 다양한 형태의 로켓, 미사일, 화염 발사체들로 일련의 실험을 거치면서 비로소 현대적 의미의 금속 화기가 등장했다.[2] 1356년과 1357년으로 거슬러 올라가는 중국 대포가 중국 박물관에 보존되어 있고 중국인들이 이런 종류의 무기를 14세기 중반 이전에 이미 사용하고 있었음은 확실하다.[3] 중국에서 화약과 화기에 관한 지식이 한국과 일본, 자바 등 다른 아시아 지역으로 널리 전파되었다.[4] 인도의

---

1) 중국 기원설이 일반적으로 받아들여지고 있다. 인도 기원설에 관해서는 Mayers, *Gunpowder*, 81쪽 이하를 참조하라.

2) Mayers, *Gunpowder*, 83~93쪽, Wang-Ling, *Gunpowder*, 160~178쪽, White, *Medieval Technology*, 96~99쪽.

3) Goodrich, *Note*, 221쪽에는 1365년과 1357년에 제작된 것으로 추정되는 중국 사석포들의 그림이 실려 있다. 이 사석포들의 포신에 포이(砲耳: 포신을 포가砲架에 걸칠 때 쓰는 받침 — 옮긴이)가 달려 있는 것으로 보아 당시 중국의 대포 제작술이 상당히 진보했음을 짐작할 수 있다. 왕링에 따르면 중국에서 금속 포신의 대포는 1275년경에 처음으로 사용되었다(Wang-Ling, *Gunpowder*, 172~173쪽). 화이트는 이 같은 견해를 반박하고 중국에서 현대적인 의미의 대포는 유럽에서 기원했다는 설을 지지하지만 그의 비판이 전적으로 설득력 있지는 않다(White, *Medieval Technology*, 99쪽). 이 문제에 관해서는 Chow Wie, *Chung Kuk Ping Ji*, 234~238쪽을 참조하라.

4) 전통적으로 한국인들은 14세기 말에 중국인들에게서 대포 사용법을 전수받았다고 알려져 있다. 임진왜란(1592~1599년) 당시 조선의 재상이었던 유성룡은 다음과 같이 썼다. "원래 우리나라에는 화약이 없었다. 고려 말(1372년) 이원이라는 중국 상인이 병기를 총괄하는 관리의 집에 머물렀는데 …… 이로 인해 우리 땅에서도 처음으로 화약과 화기를 사용하게 되었고 이를 처음으로 사용한 이는 최무선이었다." (유성룡, 『서애문집』, 283~285쪽). 부트 역시 이 같은 견해를 따라 한국에서 화기가 최초로 사용된 것을 14세기 말로 추정하는데(Boots, *Korean Weapons*, 20~21쪽) 최근 곽 군이 제공한 몇몇 문헌을 분석해보면 한국에서 화

경우, 페리슈타(Ferishta: 1560~1620년, 페르시아 역사가 — 옮긴이)는 1360년대 데칸 지역에서 비자야나가르의 라자(군주 — 옮긴이)Raja of Vijayanagar와 바마니의 술탄 무하마드 샤Muhammad Shah Bahmani 에 의해 대포가 널리 사용되었다고 전한다. 실제로 무하마드 샤는 포술에 특별한 관심을 보여서 군대에 특수 병과를 설치하고 포술에 능숙한 "루미스Rumis(투르크 인)"와 "파랑기Farangi(유럽 인)"들을 고용했다.[1] 페리슈타의 역사서는 이러한 사건들보다 200년 후에 기록된 것이지만[2] 그는 전반적으로 매우 신중하고 믿음직한 역사가이며 그의 기록을 의심할 만한 이유는 없다. 우리는 앞서 1368년에 유럽 인과 투르크 인 모두 총포술에 관해 잘 알고 있었다는 사실을 살펴본 바 있고, 또한 14세기 인도 북부 지역에서 투르크의 영향력이 매우 컸으므로 인도 역사서에서 투르크 인 포병에 대해 언급한 것은 그리

기 사용이 그보다 더 앞섰을 가능성도 제기된다. 일본의 경우, 비록 텐분天文 천황 제위기(1532~1554년) 이전까지 총포가 전적으로 군사적 용도로만 쓰이지는 않은 것으로 여겨지지만 포르투갈 인들이 오기 전부터 총포가 존재했다는 문헌 기록은 많이 남아 있다(Brown, *The Impact of Firearms*, 236~237쪽과 같은 책의 참고 문헌도 참조하라. 有坂鉊藏, 『兵器考』, 35쪽 이하 참조). 자바 인들의 화기에 대한 지식은 몽골 인들에게서 유래한 듯하다(Schlegel, *Invention of Firearms*, 6쪽 참조). 말라카의 경우, 포르투갈의 연대기 작가들에 따르면 1511년 포르투갈 인들이 그곳에 상륙했을 때 3,000점의 각종 총포를 빼앗았다고 한다. 이 무기들이 어떤 종류의 것인지는 구체적인 정보가 없지만 오늘날 한 연구자는 이 무기들이 "페구와 시암의 주조소에서 만들어진 소화기였으며 중국에서 이 지역의 나라들로 주철 기술이 전래되었다"고 믿는다(Meilink-Rollosz, *Asian Trade*, 123쪽 참조). 한편 필리핀 사람들도 유럽 인들이 도래하기 전에 화기에 대한 약간의 지식이 있었다고 한다.

1) Nadvi, *Use of cannon*, 406~407쪽.
2) 페리슈타는 1550년이나 1570년에 태어나 1612년이나 1623년에 죽었다. 그는 자신을 후원하는 국왕에게 1606년에 역사서의 초고를 바쳤으나 이후 개정하였다.

놀랄 만한 일이 아니다.[1] 구자라트 지역에서는 대포가 1421년 말와 전투에서 사용되었고, 1457년 만달가슈를 포격할 때도 사용되었다. 15세기 후반 마무드 베그라 술탄은 야포와 공성포 외에도 해전에서 사용하는 대포도 갖고 있었다.[2]

후속 연구는 이같이 단편적이고 불완전한 기록들에 절실한 세부 사항들을 밝혀줄 것이다. 아직은 이러한 신기술이 어떠한 방향으로 얼마나 빠르게 발전해갔는지, 또 기술 발전을 촉진한 주체가 누구인지에 대한 정보가 크게 부족한 실정이다. 그러나 몇 가지 사실은 분명한 듯하다. 포르투갈 인들이 도착하기 전에 아시아에 대포가 알려져 있었던 것은 확실하다. 그리고 15세기에 이를 때까지 중국의 대포가 서양의 대포보다 더 우수하지는 않더라도 적어도 그와 동일한 수준이었던 것 같다.[3] 그러나 15세기에 걸쳐 유럽은 기술이 눈에 띄게 진보했고 1498년이 되자 "포르투갈 선박들의 무장은 인도(와 중국) 앞바다에서 기대할 수 없는, 전적으로 새로운 수준이었으므로 포르투갈 인들은 이러한 기술 차이에서 직접적인 우위를 누릴 수 있었다."[4] 유럽의 대포는 아시아에서 제작된 어느 종류의 대포보다 비교

---

1) 투르크 기술은 16, 17세기 내내 인도의 대포 제작에 강력한 영향력을 미쳤다.

2) Nadvi, *Use of cannon*, 407쪽. Crawfurd, *Dictionary*, 22쪽 참조.

3) 베를린 민속학박물관에 소장된 소형 청동포(길이 35센티미터)는 원래 중국의 만리장성에서 온 것이고 영락제 제위기인 1421년에 제작되었다(Gohlke, *Gewehr*, 205~206쪽. 영락제 시대에 중국의 대포 사용에 관해서는 Mayers, *Gunpowder*, 94쪽을 참조하라). 그 같은 포는 같은 시기 뉘른베르크에서 주조된 작은 휴대용 총포와 별로 다르지 않다(Rathgen, *Pulverwaffe*, 28~29쪽 참조). 무거운 대포의 경우, 1356년, 1357년, 1377년에 제작된 중국의 사석포에 포이가 달려 있다는 사실에 주목할 필요가 있다. 서양에서 포이는 한 세기 후에나 일반화되었다.

4) Panikkar, *Asia*, 29쪽. 16세기 초 서양 무기의 월등한 우위에 관한 상세하고 기술적인 분석은 Rathgen, *Pulverwaffe*, 11~30쪽을 참조하라.

할 수 없을 만큼 강력했으며 유럽 대포의 출현이 아시아 인들에게 경악과 공포가 뒤섞인 감정을 불러일으켰다는 사실은 당대 문헌에서 어렵지 않게 발견할 수 있다. 『라자발리Rajavali』에서 인용한 다음 내용은 포르투갈 인들이 실론(오늘날 스리랑카 — 옮긴이)에 처음 도착했을 때를 설명한다. "포르투갈에서 온 배 한 척이 콜롬보에 도착하여, 살결이 매우 하얗고 잘생긴 사람들이 항구에 와 있다는 소식이 왕의 귀에 전해졌다. 이들은 부츠를 신고 철모를 썼으며 어느 곳에서도 잠시나마 멈추는 법이 없었다. 또 하얀 돌덩어리처럼 생긴 것을 먹고 피를 마셨다. 이들은 물고기 한 마리를 받으면 금화 두서 냥을 주었고 천둥소리가 나는 큰 대포를 가지고 있었는데 여기서 나온 포탄은 십 리를 날아간 후 대리석으로 만든 성을 부술 수 있다."[1]

포르투갈 인들은 중국에 1517년에 중국에 도착했으나 그들의 대포의 명성은 이보다 앞서 1511년 말라카를 정복했을 때나 심지어 그보다 먼저 중국에 알려졌다.[2] 포랑기佛郎機는 서양의 이 무시무시한 발명품을 보고한 사람들이 붙여준 이름이었다. 포랑기라는 이름은 아마도 "프랑크 인"을 의미하는 듯하며[3] 구잉샹顧應祥은 백성들에게 "포랑기는 대포가 아니라 나라 이름"이라고 가르쳐줘야만 했다.[4]

---

1) Tennent, *Ceylon*, vol. I, 148쪽.

2) Pelliot, *Le Hōja*, 204~207쪽.

3) Pelliot, *Le Hōja*, 204쪽 주 244. 동양인들에 의해 모든 유럽 인들에게 무차별적으로 적용된 "프랑크"라는 표현에 관해서는 Francesco Balducci Pegolotti, *Pratica*, 23쪽을 참조하라. 14세기 피렌체의 "상인" 프란체스코 발두치 페골로티(*Pratica*, 22쪽)는 중국에서 "그들은 로마니아(비잔티움 제국 — 옮긴이)에서 서유럽에 이르는 지역의 모든 기독교인들을 프랑키라고 부른다(franchi appelan'eglino tutti i Cristiani delle parti dei Romania innanzi verso Ponente)"라고 썼다.

4) Mayers, *Gunpowder*, 96쪽과 Pelliot, *Le Hōja*, 204쪽 주 244.

1517년 페르낭 페레스 데 안드라데Fernão Peres de Andrade가 이 끄는 포르투갈 함대가 광저우 항에 정박했을 때 이들이 처음 한 일은 예포를 발사하는 것이었다. T. T. 창 교수의 표현에 따르면 "중국인들은 어떤 곳에서는 전쟁 도구를 시연해 보이는 것이 존경과 예를 표시하는 방식일 수도 있다는 점을 생각하지 못했다."[1] 주민들은 겁에 질렸고 사대부(士大夫: 동아시아 한자 문화권의 사회 지도층, 학자-관료층을 말한다. ― 옮긴이)의 항의가 들어왔다. "코가 큰 오랑캐"와 그들의 가공할 무기에 대해 지금까지 들어온 이야기가 확인되고도 남는 순간이었다. 포르투갈 인들과의 접촉이 있고 몇 년이 지나 감찰사 호아오는 "포랑기는 매우 잔인하고 꾀가 많은 이들이다. 몇 해 전 갑자기 광저우에 출현한 이들의 무기는 다른 오랑캐들의 무기보다 월등하다."고 썼다.[2] 또 다른 사대부 왕홍王鋐은 다음과 같이 설명했다. "포랑기들은 배와 대포 때문에 극도로 위험한 자들이다. 고래부터 지금까지 그들의 대포보다 우월한 무기는 없다."[3]

유럽 대포의 굉음은 잠자고 있던 중국과 인도, 일본인들을 깨웠다. 아시아 인들은 우월한 무기를 앞세워 자신들의 바닷가에 갑작스레 출현해 주민들의 삶에 가차 없이 관여하는 이상하고 낯선 존재들이라는 무서운 현실에 비로소 눈을 뜬 것이다.[4] 상인들은 물론이거

---

1) Chang, *Trade*, 64쪽. 또한 Pelliot, *Le Hōja*, 123쪽 주 77 참조.

2) Chang, *Trade*, 51쪽.

3) Pelliot, *Le Hōja*, 107쪽 주 42.

4) 르네상스와 종교 개혁으로 15, 16, 17세기 유럽에서 어느 정도 눈에 띄는 진보가 이루어지긴 했지만 "거친 귀족들, 무지한 성직자들, 더럽고 난폭한 날품팔이꾼들"은 결코 소수 집단이 아니었다. 더욱이 비非유럽 인들이 뜻밖에 그리고 원치 않게 접한 유럽 인들은 대체로 유럽 사회의 낙오자들이었다. 신세계의 바르톨로메 데 라스 카사스Bartolomé de Las Casas나 중국의 마테오 리치Matteo Ricci처

니와 상당한 정치적 지위를 누리는 대다수의 아시아 인들에게 눈앞의 현실은 악몽이었다. 이 "양귀"들을 어떻게 할 것인가? 그들과 싸울 것인가 아니면 그냥 무시할 것인가? 그들의 기술을 본받고 따르며, 현지의 오랜 관습과 전통을 버릴 것인가 아니면 그들과의 모든 접촉을 끊고 쇄국이라는 피난처로 도피할 것인가? 사느냐 죽느냐, 이후 수세기 동안 아시아 인들의 마음을 어지럽힐 햄릿의 고민, 회의와도 같은 것이 막 고개를 쳐들기 시작한 참이었다.[1] 아시아 인들이 직면한 딜레마는 안타깝게도 쉽게 대답할 수 없는 문제였다. 두 가지 대답은 모두 항복을 의미했고 항복의 유일한 대안은 죽음이었다.

럼 교양 있고 이해심이 많은 인물들도 전혀 없지는 않았지만 이들은 드물기 때문에 눈에 띄는 경우다. 선원과 군인, 상인과 선교사처럼 해외로 나간 유럽 인들 대부분은 비록 찬탄할 만한 용기와 인내심, 열정과 재간을 보여주었다 할지라도 결코 훌륭한 예의범절과 교양을 자랑하는 이들은 아니었고 유럽에 관해 좋은 인상을 심어주는 데 재능이 없었다.

1) 이러한 갈등은 "근본(체體, 말 그대로 본체)"과 "기능(용用)"이라는 유명한 이분법에서 가장 잘 드러난다. 아편 전쟁의 충격 직후 유력한 학자인 펑구이펀(馮桂芬: 1809~1874년)이 발전시킨 이 이론의 요지는 본질적으로 나음과 같다. "만약 우리가 중국의 윤리와 유명한 가르침(즉 유교)을 본래의 근본으로서 고수하면서 우리의 기예를 다른 민족들이 사용하는 기술과 방법으로 보충한다면 이것이야말로 최상의 길이 아니겠는가?" 달리 말하면 중국인들의 목적에 맞게 서양의 수단을 이용하고, 유교적 가치관을 유지한 채 서양의 도구를 활용하며, 중국의 전통 문명을 지지하면서 서양의 기술을 수입하자는 뜻이다(Fairbanks, *China's response*, 387쪽 참조). 이 같은 사고는 장즈둥張之洞의 유명한 공식인 "근본으로서 중국의 가르침, 실용적 용도로서 서양의 학문〔中體西用〕"에서 다시 한 번 역설된다. 그러나 역사는 현실에서 그러한 바람이 이루어지기가 불가능함을 입증한다. 장즈둥을 비판하며 옌푸嚴復가 지적한 대로 "중국의 학문은 그 나름대로의 근본과 기능이 있고, 서양의 학문도 그 나름대로의 근본과 기능이 있다." 기술은 과학에 뿌리를 두고 과학은 철학에 뿌리를 둔다. 자신들의 철학을 수정하지 않는다면 중국인들은 결코 서양의 과학을 배울 수 없었다(Mu, *Hundred Flowers*, 94쪽).

4. 포탄에 실려 온 그리스도

군비 경쟁이 불가피하게 뒤따랐다. 대포는 모두가 탐내는 상품이 되었다. 그것은 모두가 원하는 상품, 가장 큰 사례를 받을 수 있는 교역품, 통치자의 환심을 사는 데 안성맞춤인 선물,[1] 군주의 예물 가운데

---

1) 유럽 인들이 현지의 통치자한테서 특권을 얻어내기 위해 대포를 제공한 예는 셀 수 없이 많아서 알려진 실례의 극히 일부도 온전히 인용하기 힘들 정도다. 네덜란드 인과 영국인이 일본의 통치자들에게 제공한 대포에 관해서는 Boxer, *Jan Compagnie*, 25쪽 이하와 Hyma, *The Dutch*, 145, 157쪽을 참조하라. 포르투갈인이 일본인에게 건넨 대포에 관해서는 1568년 분고의 다이묘인 오토모 요시시게大友義鎭가 니케아의 주교에게 쓴 편지를 참조하라(Brown, *The Impact of Firearms*, 242쪽 주 31). 17세기에 영국인들이 중국인들에게 제공한 대포와 탄약에 관해서는 Morse, *Chronicles*, vol. I, 37, 56쪽에 인용되어 있다. 1637년 영국인들이 인도, 이케리의 통치자에게 제공한 대포에 관해서는 Mundy, *Travels*, vol. III, 88쪽을 참조하라.

이와 관련해 특히 주목할 만한 예는 미나모토 이에요스(源家康: 17세기, 에도 막부를 연 도쿠가와 이에야스德川家康를 가리킨다. — 옮긴이)가 의전용 예물에 관해 시암의 왕에게 쓴 편지다. 다이묘는 "대포와 화약이야말로 능라 비단보다 더 바라는 것이다"라며 솔직하게 털어놓았다(Satow, *Notes*, 145쪽).

선물 형식으로 대포를 제공하는 전통과 관련해 1684년 중국 해안에서 일어난 기이한 사건을 언급할 만하다. 한 영국 배가 "타이완의 반란을 진압하려는 중국 황제"에게 팔 생각으로 "청동 대포와 화승총, 화약, 납 등 전쟁에 필요한 물자"를 푸저우 항에 싣고 왔다. 중국인 관리들은 이 물자들을 황제에게 바치는 선물이라는 명목으로 모두 몰수했다. 영국인들은 회사는 상인들의 단체이고 따라서 그처럼 비싼 선물을 감당할 수 없다며 이 물자들은 선물이 아니라 팔기 위한 것이라고 항의했다. 이에 대해 중국인 관리들은 착한 백성은 스스로를 보호하기 위한 무기가 필요하지 않으며 반역 도당의 수중에 그러한 무기가 결코 들어가서는 안 된다고 주장하며 짐짓 격노하는 듯한 태도를 보였다. 영국인들은 강력히 항의하여 "전쟁 외의 다른 용도로 쓰일 수 있는" 납만 간신히 돌려받을 수 있었으나 배와 다른 화물에 "더 이상의 화가 미치지 않도록" 대포와 탄약 대부분을 황제에게 바치는 선물로 중국인 관리들에게 넘겨준 채 떠났다(Morse, *Chronicles*, vol. I, 54쪽).

가장 값어치가 나가는 항목이었다.[1] 현실에서든 가공의 세계에서든 대포로 사지 못할 것은 없었다. 옛날 자바 섬의 시에 등장하는 어여쁜 공주 타루로고는 대포 세 문에 어느 네덜란드 사람에게 팔린다.

물론 유럽 인들이 자신들의 우위가 달려 있는 신무기를 언제나 기꺼이 내준 것은 아니다. 대포는 때로 현지인들에게 넘겨졌다. 몇몇 경우, 유럽 인들은 그 대가로 현지 당국으로부터 교역 특권을 얻어내고자 했다.[2] 또 다른 경우, 대포는 "분할 통치" 전략에 따라 한 권력자에 맞서 다른 권력자를 도와주는 수단이었다.[3] 금전적 이익과 이윤이라는 동기로 움직이는 많은 유럽 인들은 이미 누구에게 무엇이든 팔 용의가 있었다.[4] 후추에 대한 대가로 청동 대포 한 문이 "악명 높은 해적 바바라우트(Babarautt, the arche pyratt)"[5]한테 팔릴 수도

---

1) "아체인Acheijn의 왕은 굉장히 크고 뛰어난 대포 한 문을 보냈는데 아체인의 왕이 말라카 옆, 시암의 연안에 있는 이오르Ior의 왕에게 자신의 딸과의 결혼을 축하하며 예물로 보낸 그 같은 대포는 모든 기독교도 왕국을 통틀어서도 찾아보기 힘든 훌륭한 대포였다."(Linschoten, *Voyage*, vol. I, 109~110쪽).

2) 131쪽 각주 1번을 보라.

3) 1514~1515년경, 포르투갈 인들은 투르크 인들을 곤경에 빠트리기 위해 투르크 인들과 만성적인 전쟁 상태였던 페르시아 인들에게 화기를 제공하고 대포 주조 기술을 가르쳤다(Godinho, *Repli vénitien*, 299쪽). 1541~1542년에는 아마드 그랑(Ahmad Grāñ: 1507~1543년. 아비시니아 왕국을 침공한 소말리아의 무슬림 지도자. — 옮긴이)에 맞선 아비시니아(에티오피아의 옛 이름 — 옮긴이) 인들을 원조해 대포를 제공했다(Serjeant, *Portuguese*, 102쪽).

4) 대포를 팔면 높은 수익을 거둘 수 있었다. 특히 네덜란드 인들이 인도의 토후들에게 판 대포에 관해서는 Raychauduri, *Coromandel*, 195쪽을 참조하라.

5) 먼디는 1637년 밧칼에 머무는 동안 "바바라우트의 프리깃함(전열함, 즉 대형 전함보다 작고 빨라서 경계, 정찰, 호위 등의 임무에 적합한 전함. — 옮긴이)을 만나, 그들에게서 약간의 후추를 받고 그 대가로 청동 대포 한 문을 주었다."라고 진술한다(Mundy, *Travels*, vol. II, 316쪽).

있었다. 그러나 아시아를 상대로 한 유럽의 대포 수출은 결코 유럽의 전체 대포 생산량 가운데 미미한 부분에 지나지 않았음을 간과해서는 안 된다.

반면 아시아의 군주들은 자신들의 군수품을 유럽 인들에게 의존해야만 하는 상황이 마음에 들지 않았다. 그들은 가능한 직접 대포 주조소를 세우려고 애썼고 대포뿐 아니라 대포 제작자도 열심히 찾아 나섰다.[1] 유럽은 원칙적으로 신기술을 유출하는 것에 반대했다. 포르투갈은 현지들에게 포술을 가르쳐주는 사람을 처벌했다.[2] 대만의 네덜란드 총독 피터르 나위츠Pieter Nuyts는 포술을 가르쳐달라는 일본인에게 "당신들은 활과 화살, 칼로 육지를 지배하지만 우리나라는 오직 화기에만 의존하므로 당신들에게 이 기술을 가르쳐줄 수 없다"고 답했다.[3] 바타비아에서 "대포 주조소가 현지 자바 인들의 거주지와 너무 가까이 있어 기밀을 유지하기 힘들다"고 판단한 네덜란드 인들은 바타비아 성 안의 눈에 띄지 않는 곳으로 주조소를 옮겼다.[4] 1645년, 나가사키의 네덜란드 상관商館의 책임자 피터르 안토니스존 오버르트바터르Pieter Antoniszoon Overtwater는 "우리의 가장 소중한 보물인 이 포탄 만드는 기술을 자부심 강하고 도도한 이곳 일본인

---

1) 1643년 네덜란드 선박 두 척이 남부 혹은 남브레 시 인근에서 일본인들에게 나포되었다. 한 일본의 공문서에는 이들 가운데 세 명이 포술을 가르쳐주는 교관이 되는 대가로 목숨을 부지할 수 있었다고 기술한다(Hyma, *The Dutch*, 288쪽 주 6). 1675년 플라잉이글Flying Eagle호의 선장은 다소 강압적인 분위기에서, 만주인들에 대항한 반란에서 포술을 가르쳐줄 두 포병 대원을 포모사(오늘날 대만 — 옮긴이) 섬에 두고 내릴 것으로 요구 받았다(Morse, *Chronicles*, vol. 1, 44쪽).
2) 바르테마의 이야기는 이 책 134~136쪽에 상세히 소개되었다.
3) Boxer, *Jan Compagnie*, 28쪽.
4) Boxer, *Jan Compagnie*, 27쪽.

들에게 가르쳐주는 것이 현명한 생각일지 자문하는 것도 당연하다.
…… (대포 제작자를 빌려달라는 일본 당국의 요청에 대해) 우리는 확답을
피하며 의례적인 의미 없는 약속들로 이들의 비위를 맞춰주어야 한
다."[1] 그러나 시간이 흐르자 아시아의 군주들은 대포를 만드는 기술
을 가르쳐줄 준비가 되어 있는 유럽 인들을 금방 찾아낼 수 있었다.
루도비코 바르테마Ludovico Varthema는 다음과 같이 기록한다. "캘
리컷에 도착했을 당시(1506년) 나는 밀라노 출신 기독교도 두 명을
만났다. 한 명은 요안 마리아였고 다른 한 명은 피에로 안토니오였는
데 두 사람은 포르투갈 왕의 명을 받아 보석을 구입하러 포르투갈 배
를 타고 이곳에 왔다. 이들은 코친에 도착하자마자 캘리컷으로 도망
갔다. 진정, 이 두 기독교도와 만난 것보다 더 기쁜 일은 없었다. 우
리는 이곳에서 이곳의 풍습에 따라 벌거벗고 다녔다. 내가 그들에게
혹시 기독교도냐고 묻자 요안 마리아가 대답했다. '예, 우리는 틀림
없이 기독교도요.' 그러자 피에로 안토니오가 내게 기독교도냐고 물
었다. 내가 대답했다. '그렇소. 신이여, 감사합니다.' 그가 내 손을 잡
고 자기 집으로 이끌었다. 집에 도착하자 우리는 서로 얼싸안고 입을
맞춘 후 눈물을 흘렸다. 사실대로 말하자면, 나는 기독교도처럼 이야
기할 수 없었다. 지난 4년 동안 기독교도와도 이야기해본 적이 없었
으니 마치 혀가 굳어서 움직이지 않는 듯했다. 나는 다음날 밤늦게까
지 그들과 함께 머물렀는데 우리는 기쁜 나머지 잠을 청하거나 밥을
먹는 것도 잊었다. 온갖 이야기를 주고받을 수 있도록 하룻밤이 일
년처럼 길었으면 하고 바란 그 당시 우리의 심정이 상상이 갈 것이
다. 나는 그들이 캘리컷 왕의 친구인지를 물었다. 그들은 자신들이

---

1) Boxer, *Jan Compagnie*, 38쪽.

왕의 중신이며 매일 그와 이야기를 나눈다고 대답했다. 나는 앞으로
의 계획에 대해서도 물었다. 그들은 고국으로 돌아가고 싶지만 어떻
게 돌아가야 할지 모르겠다고 대답했다. 나는 왔던 대로 되돌아가면
될 것이 아니냐고 반문했다. 그들은 고개를 가로저었다. 포르투갈 사
람들한테서 도망쳐 나온 데다 캘리컷의 왕이 엄청난 양의 대포를 만
들어내라고 억지로 시켰기 때문이다. 이런 까닭에 그들은 원래 왔던
길로 돌아가기를 꺼렸다. 그들은 포르투갈 국왕의 함대가 곧 도착할
거라고 말했다. 나는 주님의 은혜를 입는다면 함대가 도착할 때 카나
노르로 도망가서 기독교도 함장을 만나 그들을 사면할 수 있도록 설
득하겠노라고 말했다. 또 그들에게 이것 말고는 달리 빠져나갈 방도
가 없을 것이라고도 말했다. 그들이 대포를 만든 사실이 이미 여러
나라에 알려졌고 많은 왕들이 그들의 기술을 높이 사서 서로 데려가
려고 했기 때문에 다른 식으로는 빠져나갈 길이 없었다. 크고 작은
대포 4, 5백 문을 만들었으니 한마디로 말해 그들은 포르투갈 인들을
크게 두려워하고 있었다. 사실 두려할 만도 했다. 직접 대포를 만들
었을 뿐 아니라 이교도들에게 대포 만드는 법을 가르쳐주기까지 했
기 때문이다. 게다가 그들은 국왕의 부하 열다섯 명에게 스핀가르다
(Spingarda: 전장식 산탄총 ― 옮긴이)를 발포하는 법도 가르쳐주고 여
기에 머무는 동안 이곳 사람들에게 무게가 150칸타라(cantara: 지중해
지역에서 많이 쓰인 중세 무게 단위 ― 옮긴이)인 금속 포탄의 도면을 건
네주었다고도 말했다. 이곳에는 매우 아름다운 갤리선을 짓고 철제
포탄 다섯 개를 만든 유대인도 있었다. 그 유대인은 연못에 몸을 씻
으러 갔다가 물에 빠져 죽었다. 다시 두 기독교도 이야기로 돌아가
자. 내가 그들에게 무슨 이야기를 했는지, 기독교도에게 반하여 그런
죄를 저지르지 말라고 얼마나 다그쳤는지는 아무도 모를 것이다. 피

에로 안토니오는 하염없이 눈물을 흘렸고, 요안 마리아는 캘리컷에
죽든 로마에서 죽든 아무래도 마찬가지라며 신께서 모든 일을 예정
하실 거라고 말했다."[1]

마침내 양심의 가책과 고향에 대한 그리움을 이기지 못한 두 대포
제작자는 탈출하기로 마음먹었으나 발각되어 사형당했다. 이것이 요
안 마리아와 피에로 안토니오의 최후였으나 곧 또 다른 유럽의 대포
제작자들이 변절자나 그 밖의 다른 이름하에 아시아로 흘러들어오게
된다. 1505년, 베네치아 사람 네 명이 말라바르에 도착해 대포를 주
조했다.[2] "의례적인 의미 없는 약속들"로 시간을 끌던 네덜란드 인들
은 1649년 마침내 일본인들의 요구에 굴복해 사에덜Schaedel이라는
포병과 다른 세 사람을 에도로 보내 일본인들에게 대포를 만들고 쏘
는 법을 가르쳐야만 했다.[3] 중국에서는 예수회 선교사들이 포교 활
동을 허락받는 대가로 서양의 각종 유용한 기술을 가르쳐주었다. 실
제로 중국인들은 적어도 1522년 이후 '포랑기'를 주조할 수 있게 되
었다. 중국인들은 그해에 포르투갈 배에서 일하다가 영리하고 약삭
빠른 허루河儒의 설득에 넘어와 배를 버리고 도망쳐 나온 두 동포의
노움을 얻었다.[4] 이 시건은 명나라 공식 사서에 미사여구로 치장되
었고 내각대학사(內閣大學士: 명청 시기의 재상 — 옮긴이)는 허루의 이
전 공로를 줄줄이 읊은 후 마침내 그를 베이징 성 안의 어느 부 아래

---

1) Varthema, *Travels*, 260~262쪽.
2) Whiteway, *Portuguese*, 37쪽, Pieris, *Ceylon*, vol. I, 445쪽 주 18.
3) 일본인들은 네덜란드 인들에게 전문 포병을 교관으로 보내달라고 거듭 요구했
   다. Boxer, *Jan Compagnie*, 26~27, 39쪽 참조.
4) Pelliot, *Le Hōja*, 199~207쪽. 펠리오는 중국인들이 "포랑기"를 주조했을 가능성
   이 있는 1522년 이전의 실험적 시도들에 관한 또 다른 문헌을 언급한다.

현의 부현감으로 임명했다.[1] 그러나 서양의 지원을 받지 않은 중국인들이 대포 제작에서 그다지 큰 진전을 보인 것 같지는 않다. 예수회 선교사들은 중국인들이 마카오에서 서양 대포를 구입하려고 했을 때 명나라 관리들과 포르투갈 당국 사이에서 중재자로 활약했다. 언제든 명나라 황실에 봉사할 준비가 되어 있던 이들은 더 나아가 대포 주조술과 포격을 가르치는 교관의 임무도 기꺼이 떠맡았다. 선교사들은 이 임무에 적격이었다. 1622년 네덜란드의 공격에 맞서 마카오를 방어한 사람은 이탈리아 예수회 선교사이자 수학자인 자코모 다 로Giacomo da Rho 신부였다. 그가 쏜 포탄은 운 좋게도 적군의 화약통에 적중해서 적진 한가운데에 엄청난 폭발을 일으켰다. 마카오에서 기민한 포격술을 자랑한 이들도 예수회 선교사들이었는데 이들은 도미니크회 수도사들과 열띤 논쟁을 벌이다가 화를 참지 못하고 도미니크회 수도원을 대포로 날려버렸다.[2] 18세기 말에도 중국을 여행하던 영국 외교관은 여전히 "중국인들에게 열심히 대포 주조술을 가르치는 예수회 선교사, 샬Schall과 페르비스트Verbiest 신부"에 관한 이야기를 들을 수 있었다.[3] 샹Chiang 박사가 표현한 대로 "부처

---

1) Pelliot, 앞의 책.

2) Boxer, *Fidalgos*, 81, 97쪽. 자코모 다 로 신부(1593~1638년)와 그의 마카오 방어에 관해서는 Pfister, *Notices*, 188~191쪽도 참조하라.

3) Barrow, *Travels*, 302쪽. 요한 아담 샬 폰 벨 신부(1591~1666년)는 독일 출신이었다. 1640년대 초에 명나라 조정의 요청에 따라 자금성 근처에 대포 주조소를 세웠다. 전하는 말에 따르면 샬 신부는 용광로 옆에 제단을 세우고 대포를 주조하기 전 천주교 의식을 거행했다고 한다. 황제는 샬 신부가 의식을 치르는 동안 방해받지 않게 하라는 명령을 내렸다(Väth, *Schall*, 111~114쪽. Pfister, *Notices*, 165쪽, Hummel, *Eminent Chinese*, vol. II, 622쪽 참조). 샬 신부가 대포에 관한 중국 문헌의 저자였는지 아니면 단순히 기술적 정보만 제공했는지에 관해서는

는 중국에 흰 코끼리를 타고 온 반면 그리스도는 포탄에 실려 왔다."

5. 중국은 왜 우수한 대포를 만들지 못했는가

중국인들이 포르투갈 인들과의 첫 접촉 이후 대포를 제작하고 운용하는 일에 약간의 진전을 보였다 할지라도 그 과정은 놀랄 만큼 느렸다. 포르투갈과의 첫 만남 이후 1세기 반이 흐른 후에도 마르틴 데라다 신부는 "(우리는 호친의 병기창에 가봤는데 적어도 우리가 본 것만 놓고 말하자면) 중국의 포술은 매우 조악하다. 여기에는 소형 철제 대포만 있을 뿐이다."라고 썼다.[1] 마테오 리치 신부의 의견도 다르지 않

학자들 사이에서 논쟁거리다(Väth, *Schall*, 370쪽).

페르디난트 페르비스트 신부(1623~1688년)는 저지대 국가 남부 제주 출신이었다. 1670년대에 청나라 조정의 요청에 따라 어설픈 고물 사석포 300문을 복원한 후 작고 운용이 매우 쉬운 대포 132문을 주조했다(Bosmans, *Verbiest*, 392~400쪽. *Huang Ch'ao Wen Hsien T'ung K'ao*, Chüan 194, 14쪽도 참조). 그는 청나라 군대에 대포를 건네주기 전에 공개적으로 엄숙하게 축성식을 거행했으며 각각의 대포에 성인의 이름과 예수의 상징을 새겨 넣기도 했다(Pfister, *Notices*, 348쪽). 대포 주조와 사용법에 관해 중국어로 쓴 저술도 남겼다(Bosmans, *Verbiest*, 398쪽과 Pfister, *Notices*, 359쪽). Duhalde, *History*, vol. II, 79쪽 이하 참조.

샬과 페르비스트 외에 다른 예수회 선교사들도 서양의 군사 기술을 중국인들에게 전파하는 데 공헌했다. 화기 사용과 조작법에 관한 두 권의 저술을 쓴 한린韓霖은 그 문제와 관련하여 이탈리아 예수회 선교사 알폰소 바그노니Alfonso Vagnoni 신부(1566~1640년)에게 가르침을 받았다(Hummel, *Eminent Chinese*, vol. I, 274쪽). J. 데 로차J. de Rocha, N. 롱고바르디N. Longobardi, E. 디아스E. Diaz, F. 삼비아소F. Sambiaso 신부도 중국인들에게 포술을 가르친 서양인으로서 언급되어야 할 것이다(Lin, *Essai sur Duhalde*, 15쪽 참조).

1) De Rada, *Relation*, 273쪽.

았다. "군대에 지급되는 무기는 실제로 공격용으로 아무 쓸모가 없었고 심지어 방어용으로도 신통치 않았다."[1] 중국의 문헌들도 이 사실을 솔직히 인정했다. "포랑기들은 화기를 매우 능숙하게 다뤘다. 반면 중국인 포병들은 자신들의 손가락이나 손, 심지어 팔을 날리기 일쑤였다……."[2]

1624년, 중국의 한 병서는 포술에서 거둔 일정한 성공을 언급하면서 중국인들이 "서양 오랑캐의 대포를 정교하게 개선하여 포랑기보다 더 크고 작동이 더 용이한, 파콰이라는 대포"를 만들어냈다고 자랑했다. 문헌에 따르면 파콰은 발사력이 대단해서 "파콰에서 발사된 돌덩어리가 벽을 뚫고, 집을 부수고, 나무를 쓰러트리고, 무수한 사람과 동물을 도륙할 수 있으며, 또 산을 몇 길이나 뚫는다고 했다."[3] 그러나 문헌은 이 거대한 대포를 요새를 파괴하거나 전략적 요충지를 함락하는 데만 사용할 수 있다는 사실을 시인했다. 또 다른 군사 문헌은 실제로 만들지는 않았지만 다양한 구경의 대포와 불을 내뿜는 여러 기상천외한 대포를 구상 중에 있다고도 했다.[4] 그러나 17세기에 대포에 정통한 유럽 인들의 눈에 중국의 대포는 여전히 "수도 적고 조잡해" 보였다. 1670년대 페르비스트 신부의 노력도 상황을 크게 개선하지는 못해서 중국은 서양에 비해 딱할 정도로 뒤쳐져 있었다.[5]

---

1) Trigault, *China*, 90쪽.

2) Pelliot, *Le Hōja*, 93쪽 주 14.

3) 胡宗憲, 『籌海圖編』.

4) 茅元儀, 『武備志』, vol. 50, vols, 51-56.

5) 17세기 중반의 노력에 관해서는 Brusoni, *Osservazioni*, 97~98쪽과 Semedo, *Histoire*, 145쪽을 참조하라. 18세기 후반, 아미오 신부는 중국 군대에서 사용되

예수회 선교사들의 기술적 지원과 풍부한 원자재, 중국인들 자신의 재주와 능력에도 불구하고 중국이 만족스러운 수준의 대포를 생산하지 못한 원인은 한두 마디로 요약하기 힘들다. 중국인들이 왜 우수한 대포를 만들어내지 못했느냐고 묻는 것은 중국이 왜 산업화하지 못했느냐고 묻는 것이나 다름없다. 물론 이런 종류의 질문에 대한 답이 없지는 않지만 대체로 질문만큼이나 모호하고 막연한 답뿐이다. 그러나 여기서 주목해야 할 것은 단순히 기술적 차원의 문제가 아니라 가치관과 문화적 자부심, 제도의 문제가 아닌가 싶다. 명·청 왕조 시기 중국은 "유교 국가이자 농본주의 국가"였다. 숙련 장인의 수는 제한되어 있었고 사회적 지위도 높지 않았다.[1] 또 숙련 장인들이 나서서 서양의 기술을 채택하고 발전시키도록 유인할 만한 수요도 존재하지 않았다. 중국의 조정은 기술 개발에 관심이 많고 호전적인 서양의 군주들과 달리 대포에 열성을 보인 적이 한 번도 없었다. 외적外賊 못지않게 내부의 비적을 두려워하고 외침外侵 못지않게 내부의 반란을 걱정한 조정은 포술에 관한 지식이 널리 퍼지고 포술에 능통한 기술자들이 느는 것을 막으려고 애썼다. "영락제 치세 때 이

던 몇몇 대포에 관해서 (치수와 무게를 비롯해) 정확하고 상세한 묘사를 제공한다. 그에 따르면 중국 군대에서 사용된 얼마 안 되는 대포들은 대체로 오래되고 구식이었으며, 일부는 1636년 이전에 주조되었던 것 같다. 18세기 말, 드 기네에 따르면 "중국에 존재하는 대포들 대부분"은 샬과 페르비스트 신부가 제작한 오래된 것들이었다(De Gui-gnes, *Voyages*, vol. III, 35~36쪽). 드 기네는 또한 중국인들이 종종 진흙을 말려 포탄으로 사용했다고 지적한다. Barrow, *Travels*, 302쪽과 Keberg, *Ostindische Reise*, 101쪽 참조.
아미오 신부가 묘사한 대나무로 만든 포(Amiot, *Supplement*, 360쪽)는 서양 가죽 대포의 중국판이었다.
1) Ho, *Ladder of success*, 41쪽 이하, 56쪽 이하.

미 화기가 도입되었으나 이 같은 사실은 공개되지 않았다. 1422년 산시 성 다퉁과 다른 변경 지대 요새에 대포를 설치하자는 장푸의 건의가 받아들여졌으나 사람들이 이 무시무시한 무기를 보지 못하도록 하라는 명령이 내려졌고 황제는 대포를 매우 소중히 여겼다."[1] 그러나 1570년에 이르자 대포는 백성들에게 널리 알려졌고 성벽으로 둘러싸인 거의 모든 도시에 대포가 설치되었다.[2] 그래도 조정은 여전히 대포를 매우 미심쩍은 눈초리로 바라봤고 백성들이 대포를 다루는 기술을 알게 된 사실을 전혀 달가워하지 않았다.[3] 조정의 태도는 중국의 지배자들이 대대로 외국의 영향력을 매우 두려워했다는 사실에도 크게 영향을 받았다. "오랑캐"가 자신들보다 뛰어나다는 생각이 정치적으로 굉장한 위험 요소가 될 수도 있다는 점을 베이징의 조정 역시 깨닫고 있었다.[4]

---

1) Mayers, *Gunpowder*, 94쪽. 영락제 치세에 제작된 중국의 휴대용 소형 포에 관해서는 Gohlke, *Gewehr*, 205~206쪽을 참조하라.

2) "대포를 쉴 새 없이 만들어내는 특정 건물들이 모든 도시마다 있었다. 그들은 대포를 성에 설치하지 않고 왕국 전역에서 사용하지는 않았기 때문에 거대하고 두꺼운 성벽과 도랑으로 둘러싸인 도시의 성문 위에 설치했다."(De Mendoza, *History*, 130쪽).

3) 조정은 어쩌다 포르투갈 대포를 구입할 뿐 아니라 포병도 고용했지만 일이 끝나는 대로 최대한 빨리 고향으로 보냈다. 이에 관한 상세한 설명은 Boxer, *Expedições militares*에 있다. Pfister, *Notices*, 214쪽, Boxer, *Fidalgos*, 75쪽 참조.
중국 조정의 사고에 따르면 충성스러운 백성이라면 결코 어느 종류의 무기에도 손을 댈 필요가 없었다. 17세기에 니우호프가 지적한 대로 "(중국에서는) 병사든 지휘관이든 많이 배운 학자든 간에 아무도 도시 안에서 무기를 착용하려고 하지 않았다. 행진을 하거나 전쟁에 나가는 경우가 아니라면 말이다. 또한 강도를 당하지 않도록 자위 목적으로 단검을 소지하는 게 아니라면 아무도 집안에서나 밖에 나갈 때 무기를 소지하지 않았다."(Nieuhoff, *Embassy to China*, 156쪽).

4) Mu, *Hundred Flowers*, 76쪽.

다른 한편으로, 황제가 서양의 "오랑캐"와 그들의 기술에 더 우호적인 태도를 보이면 수구파들과 보수적 관리들은 변화를 막기 위해 갖은 수단을 동원했다. 때로 이것은 조정에서 높은 신망을 얻은 몇몇 서양 "오랑캐"에 대한 단순한 시기심과 의심의 발로였다.[1] 그러나 그 이면에는 더 근본적인 이유가 숨어 있다. 신사(紳士: 과거에 합격하여 관리가 될 수 있는 사람으로 엄밀하게는 현직 관리를 포함하나 여기서는 향촌의 지배층을 의미 — 옮긴이)와 조정의 사대부 사이에 지배적인 문화적 태도는 혁신에 호의적이지 않았다. 물론 신무기 도입과 기술 개발을 적극 건의한 사대부들의 실례를 찾는 것은 어렵지 않다. 왕홍은 베이징 조정에 포르투갈 대포를 보내 몽골 족을 물리치는 데 사용하도록 촉구했다.[2] 쉬광치徐光啓는 1619년과 1631년에 마카오에서 대포를 구입할 것을 강력히 건의했다. 쑨위안화孫元化는 1621년 서양 대포의 도입을 건의하는 글을 썼다. 취스쓰瞿式耜는 선교사들의 주선으로 서양의 대포를 얻어내 1648년 구이린을 방어하는 데 사용했다고 한다.[3] 그러나 소수의 노력만으로 꿈쩍도 않는 다수의 보수주의를 물

---

1) 일례로 청나라 조정의 천문·역법학자들이 샬 신부를 모함한 일을 들 수 있다. 서양의 영향력에 대한 반대는 환관과 조정 관리 간의 대립에서 기인하기도 했다. 한편이 서양의 도구에 관심을 보이면 반대편은 즉시 서양에 반대 의사를 보였다.

2) Pelliot, *Le Hōja*, 199~201쪽.

3) Hummel, *Eminent Chinese*, vol. I, 200, 317, 318쪽과 vol. II, 686, 912쪽. 서양의 기술을 도입하는 데 호의적이었던 관리들 가운데 상당수가 기독교를 받아들이고 예수회 선교사들과 긴밀한 관계를 맺었다는 사실은 특기할 만하다. 일단 "양이의 문물"을 수용하는 것을 가로막는 정신적 장벽이 제거되고 나면 무엇이든 받아들이고 흡수할 수 있었던 것이다. 그러나 대다수의 관리들은 그러한 정신적 장벽을 깨트릴 수 없었다. 메이웽틴(1632~1721년)의 시는 이러한 현실을 암시한다. "내 어찌 공자의 가르침에서 벗어나 / 서양의 가르침에 전념할 수 있으랴 / 천주교도가 되지 않고 천문학을 공부한다면 / 우리의 우정은 신실하지 못할

리치기에는 역부족이었다. 천문 역법 분야에서 서양 과학의 우수한 성과와 이것이 중국의 달력과 행정 체계에 미치는 함의는 많은 사대부들에게 너무도 큰 충격이라 그저 당연한 것으로 받아들여질 수 없었다. 그들은 자신들이 배워온 세련된 시가와 엄격한 형식을 갖춘 문장을 짓는 법이 서양의 기술과 지식의 시각에서 볼 때 아무 쓸모도 없다는 생각을 도저히 받아들일 수 없었다. 무푸셍이라는 필명 아래 정체를 감춘 한 중국인은 이 점을 매우 설득력 있게 설명했다. "군사적 패배는 서양의 지식을 습득해야 한다는 주장의 기술적 근거이지만 동시에 서양의 기술을 거부해야 한다는 주장의 심리적 근거이기도 하다. 본능적으로 중국인들은 심리적인 위기 상태에 빠지기보다 군사적 패배를 인정하는 쪽을 선호한다. 승패는 뒤집어질 수 있다. 그러나 사람이란 굴욕은 참아낼 수 있어도 자신의 위상이 추락하는 것은 견딜 수 없는 법이다. …… 관리들은 경제적·정치적 쟁점과 상관없이 중국 문명에 대한 전반적 위협을 감지하고 역시 경제적·정치적 위험 요소를 고려하지 않은 채 이러한 위협에 저항하려 했다. 과거 중국인은 자신들의 문화적 자존심을 버릴 필요가 없었다. 이민족 출신 왕조들은 언제나 중국 문명을 받아들였다. 따라서 지금의 위기를 헤쳐 나가는 데 도움을 줄 만한 역사적 선례가 없는 것이다."[1] 문화적 자존심이 변화의 앞길을 끈질기게 가로막았다. 전통적 취향과 오랫동안 내재된 가치관도 변화를 방해했다. 명대와 청대 초기 대다수 사대부들에게 요란한 무기와 군사적 혁신보다 구미에 맞지 않는

___

것이지만 / 사람이 어찌 이 세상에서 자신의 뿌리를 저버릴 수 있겠는가"
1) Mu, *Hundred Flowers*, 76~77쪽. 무푸셍의 논제를 거꾸로 입증하는 근거는 바로 위 각주에 인용된 사례에서 확인할 수 있다.

것도 없었다. 근본적으로 인문주의적 문화에 물든 고상하고 우아한 중화 제국의 관리들은 "온전한 의미에서 진정 아마추어였다. 이들은 진보에도 흥미가 없고, 과학에도 이끌리지 않고, 효용성과 상업에도 우호적 태도를 보이지 않았다. 이들은 통치에서 아마추어였다. 왜냐하면 이들이 훈련한 것은 기예이기 때문이다. 그러나 그들은 기예 자체에 대해서는 아마추어적 편견을 품고 있었다. 왜냐하면 그들의 임무는 통치였기 때문이다."[1] 중국 관료 문화는 확고하게 전통에 뿌리박고 있었고 르 콩트 신부(1655~1728년)가 지적한 대로 "이들이 황제의 어명 없이 옛것을 버리고 새로운 도구를 채택하는 것은 불가능했다. 이들은 가장 완벽한 현대적인 것보다 가장 흠이 많은 옛것을 더 좋아했다. 오직 새로운 것만 사랑하는 우리(유럽 인)와는 달랐다."[2]

조정과 사대부들 이하 중국 사회의 문화적 경향도 변화에 호의적이지 않기는 마찬가지였다. 중국 사회 전체가 전통과 개인의 현란한 기예, 화려한 솜씨에 대한 취향으로만 물들어 있었다. 마지막으로 계층 고하를 막론하고 모두가 군사軍事에 관련한 사안을 등한시하고 군인들을 천시했다. 리치 신부는 "군인은 중국인들이 천하게 여기는 네 가지 직업 가운데 하나였다"라고 적었다.[3] 세메도는 중국 군대가 약한 까닭을 이렇게 정리했다. "첫째, 오랫동안 평화를 누려왔기 때문이다. 둘째, 문에 대한 숭상과 무에 대한 천시 탓이다. 셋째, 무관 등

---

1) Levenson, *Confucian China*, 16~19쪽.

2) Le Comte, *Empire of China*, 68쪽. 천치톈 교수가 지적한 대로 보수주의는 19세기 중반에도 여전히 서양의 기술을 비롯해 어떠한 혁신을 도입하는 데도 저항한 지방관들이 다스리는 지역에서 특히 강력했다(陳其田, 『林則徐』, 58~60쪽).

3) 리치의 편지 내용은 Staunton(ed.), De Mendoza, *History*, lxxviii쪽에서 재인용. 마카오의 필리핀 상관商館의 대리인이었던 로만 헤로니모Roman Geronimo는

용 방식, 다시 말해 군사적 전문성보다 과거 성적에 바탕을 둔 등용 방식 때문이다."[1]

이 문제에 관해 중국 사회에 지배적인 고고한 냉담함과 아마추어적인 행태를 다음의 재미난 일화보다 더 적절하게 예시하는 경우도 없을 것이다. 1626년, 만주족의 침략에 맞서 닝위안을 수비하던 위안충환袁崇煥이 마침내 "외국 대포"를 활용하기로 마음먹을 때 대포의 조작과 운용 전반을 지휘한 사람은 그의 푸젠 성 출신 요리사였는데 그는 임무를 훌륭히 수행해냈다.[2]

푸젠 성 출신 요리사가 스텝 지대에서 들이닥친 "오랑캐"에 맞서 포병대 지휘관으로서 손색이 없었다고 한다면, 바다 쪽에서 오고 있는 "오랑캐"와 싸우기 위해서는 훨씬 더 큰 능력이 요구되었다. 그러나 천자의 나라의 사대부들이 할 수 있는 것은 별로 없었다.

6. 정크선의 탄식

포술 분야에서 유럽 열강에 비해 중국인들의 불리한 여건은 육지보다 바다에서 더 크게 감지되었다. 앞 장에서 거듭 지적했고 또 에필

리치의 언급에 대해 논평하면서 다음과 같이 덧붙였다(앞의 책, lxxx쪽). "이 나라의 병사들은 창피한 수준이다. …… 군인이라는 직업이 불명예스럽고 노예들이나 할 일로 여겨지는 나라에서 달리 어쩔 수 있겠는가." 명·청대 중국에서 군인의 사회적 지위에 관해서는 Ho, *Ladder of Success*, 59쪽 이하를 참조하라.

1) Semedo, *Histoire*, 145~146쪽. 브루소니(Brusoni, *Osservationi*, 98쪽)의 진술은 세메도의 진술을 그대로 따온 것이다.
2) Hummel, *Eminent Chinese*, vol. II, 954쪽.

로그에서 다시 강조할 테지만 17세기 중반까지 유럽 인들은 효율적이고 가벼운 야포를 생산하지 못했다. 그때까지 대포는 기동성이 떨어졌고 탁 트인 전장에서는 대규모 공격이나 기동 작전에 의해 쉽게 압도되었다. 바다에서는 상황이 퍽 달라서 중국인들이나 다른 지역의 사람들이 가공할 유럽의 범선에 대적하는 것은 불가능했다.[1]

근자에 중국 정크선의 장점을 칭찬하는 것이 역사학계의 유행이 되다시피 했고 또 내항성耐航性과 각종 항해 능력 전반을 살펴볼 때 그러한 찬사가 틀린 말은 아니다. 정크선은 지리상 발견에 나선 서양의 범선이나 상선용 선박과 비교해 결코 손색이 없다.[2] 거론할 필요

---

1) 많은 수의 정크선이 고립된 서양의 배를 에워쌀 수 있다면 동양인들에게도 이길 가능성이 없지는 않았지만 그럴 경우조차도 승리의 가능성은 제한적이었다. 1565년 8척에서 10척가량의 일본 정크선과 무려 50척이나 되는 일본 배가 포르투갈의 카라크선을 공격했다. 카라크선에는 포르투갈 선원이 80명밖에 없었으며, 그 가운데 많은 수가 뭍에 나갔다가 복귀하지 못했지만, 배에 있던 소수의 포르투갈 선원들은 대포에 의지해 일본인 병사들을 물리칠 수 있었다. 기가 죽은 히라도 섬平戶島의 소형 선단은 200명이 넘는 사상자를 남기고 물러갔다(Boxer, *The Great Ship*, 31쪽).

현지 당국은 상인이나 사절로 위장한 말썽꾼을 유럽 인들의 배에 승선시켜 분쟁을 야기하는 데 성공한 경우, 유럽인들의 배를 나포하거나 파괴할 수 있었다. 하지만 이러한 경우는 물론 본문에서 주장하는 바를 반박하지 않는다. 유럽 인들의 주된 약점은 아시아의 해안에서 그들의 위상과 의도가 모순된다는 점이었다. 군사적 관점에서 보았을 때 유럽 인들은 가공할 무기 덕분에 현지 세력보다 훨씬 강했다. 그러나 그들은 중국이나 일본을 정복하기 위해서가 아니라 교역을 하러 왔으며 영예가 아니라 돈벌이를 찾아서 온 것이었다. 따라서 언제든 무력을 사용할 용의가 있기는 했지만 한편으로 사업을 해나가기 위해서는 평화적인 교섭이 필요했다.

2) 13, 14세기에 극동을 여행한 서양인들은 거대한 원양 정크선을 열성적으로 치켜세웠으나(Hudson, *Europe*, 164쪽 참조) 15세기 말부터는 서양의 범선이 동양인들의 상상력을 사로잡기 시작했다. 대체로 앞선 시기의 문헌을 참고한 18세기 문헌 『대만부지臺灣府志』에는 다음과 같이 적혀 있다. "우리가 머리색이 빨간 오랑

도 없겠으나 굳이 예를 들자면 15세기 초 정허鄭和 제독의 성공적 탐험이 이에 대한 탁월한 증거이다. 그러나 문제는 정크선이 결코 전함으로 발전하지 않았다는 것이다.[1] 지중해 갤리선처럼 해전에서 중국

캐라고 부르는 사람들은 네덜란드 인들이다. 그들은 포수후라고도 한다. …… 그들의 배에 달린 돛은 마치 거미줄과 같아서 바람에 따라 어느 방향으로든 펼칠 수 있고, 어디든 마음대로 배를 움직일 수 있다."(Chang, *Trade*, 117쪽 참조).

1581년 일본에서 가장 강력한 봉건 영주인 기타노소의 다이묘, 시바타 가쓰이에柴田勝家는 현지를 방문한 선교사에게 "서양인들의 거선巨船이 이곳 가가구니(加賀國: 이시가와 현 남부 지역 — 옮긴이)에 온다면 기쁠 것이며, 그 거선처럼 새롭고 신기한 것을 보기 위해서 필요하다면 포르투갈 인들에게 수천, 수만 냥의 돈이라도 기꺼이 주겠다."라고 말했다고 한다(Boxer, *The Great Ship*, 41쪽 참조).

일본인들은 서양의 카라크선이나 갤리언선을 "쿠로후네", 즉 "흑선黑船"이라고 불렀다. 이 배들이 일본인들에게 깊은 인상을 남겼다는 것은 옛 일본의 가장 특징적인 미술 양식 가운데 하나에서 서양의 배가 인기 있는 소재로 다루어져서, "남반뵤부" 다시 말해, "남만병풍南蠻屛風"(남만은 남쪽 오랑캐)이라는 장르가 탄생했다는 사실에서도 잘 드러난다. 이러한 유형의 미술 양식의 발전과 유럽 인과 일본인 간의 관계의 변화가 이 장르에 미친 영향에 대한 짤막한 설명은 Boxer, *Fidalgos*, 20~26쪽을 참조하라.

1) 오드마르Audemard 대위 같은 전문가는 이 점에 대해 다음과 같이 적었다. "(16~18세기) 당시 중국의 선박 건조 기술자들은 엄밀한 의미에서의 전함을 만드는 데 관심이 없었다. 해전에서 사용된 배들은 아주 드문 예를 제외하고는 약간의 전투 장비를 갖추고 군인들을 태운, 그저 평범한 상선일 뿐이었다(les constructeurs (chinois) de cette époque ne se sont pas préoccupés de réaliser le bâtiment de guerre aux sens exact du mot. Le bâtiment employé à cet effet n'est, à des rares exceptions près, qu'une jonque ordinaire de commerce montée par des soldats armés de quelque instruments de combat)." Worcester, *Junks*, vol. II, 348쪽 이하 참조. 한국과 일본의 해군과 관련하여 밸러드 제독은 "그들의 전함은 무역선과 별로 다르지 않은데 굳이 따지자면 무역선보다 노가 더 많고, 조종하기 쉽고 더 빠른 속도를 낼 수 있는 구조였다. 그들의 주요 공격 전술은 적선에 오르는 것이다."라고 적었다(Ballard, *Japan*, 51쪽). 그러나 밸러드 제독의 진술은 약간의 부연 설명이 필요하다. 위대한 제독인 이순신

의 정크선은 기본적으로 적함을 들이받고 상대편 뱃전에 올라타기에 적합한 배였다. 선수루가 매우 높고 뱃전에 포문이 없는 정크 전함은 전통적 방식의 전투에만 적합했고 계속 그렇게 남았다.

마카오에 위치한 필리핀 상관商館의 대리인 로만 헤로니모는 1584년 이렇게 적었다. "중국 황제는 어느 나라와도 싸우고 있지 않음에도 불구하고 이곳 해안에 굉장히 큰 함대를 보유했다. 여기(마카오)에서 가까이에 있는 린타오라는 섬에는 병기고가 있는데 그곳의 하이타오(아이타오를 포르투갈 어로 독음한 것. 지방의 해안 경비 함대의 대장 혹은 광둥 지방 해안 함대의 대장을 말한다. ― 옮긴이)는 선박을 건조하고 설비를 갖추는 일로 쉴 틈이 없었다. …… 제독은 춘핀이라는 직함을 보유했는데 이는 투탄보다는 낮지만 여전히 매우 높은 관직이었다. 그는 무수한 호위병과 북, 나팔에 둘러싸여 있었는데 북과 나팔 소리는 중국인들의 귀에는 듣기 좋은 음악이었지만 우리에게는 참을 수 없는 소음이었다.

장군의 지도 아래 한국의 전함은 장거리 포로 무장했고 "거의 비슷한 시기에 드레이크와 하워드가 해전에서 추구하기 시작한 전술과 같은 방향의 전술"을 채택했다(Underwood, *Korean Boats*, 79~81쪽, Marder, *From Jimmu Tenno to Perry*, 24~25쪽, 『한국해양사』, 220~225쪽. 이순신에 관해서는 이은상, 『이충무공 일대기』를 참조하라). 도요토미 히데요시豊臣秀吉의 수군은 조선의 수군에게 패배했는데(1592년) "수군을 단순히 병사들을 나르는 수단"으로만 운용했기 때문이다. 조선인들은 "조총은 없었지만 대신 배에 대포를 많이 실었고" 일본인들은 "조총은 많았지만 대포가 거의 없었다." 패배 이후 일본인들은 해전에서 일본군의 열등함이 대포가 부족한 탓임을 깨닫고 배를 대포로 무장하기 시작했다(Brown, *The Impact of Firearms*, 252쪽). 그러나 이 같은 새로운 움직임은 1630년대 막부 정권의 쇼군 도쿠가와 이에미쓰德川家光가 일본 내 기독교를 뿌리 뽑을 목적으로 일본 배의 외국 출항과 원양 항해 능력을 갖춘 선박의 건조를 모두 금지함으로써 일단락되었다. 도쿠가와 막부의 포고령으로 일본에 쇄국의 시대가 열렸다(Marder, *From Jimmu Tenno to Perry*, 31쪽 참조).

"(정크에는) 작은 철제 대포가 몇몇 실려 있었으나 청동 대포는 없었다. 중국 화약의 질은 나쁘다. …… 화승총의 품질도 형편없어서 평범한 갑옷도 뚫지 못할 것이다. 총을 어떻게 겨냥해야 할지 모르기 때문에 더욱 그렇다. 중국인들의 무기는 죽창인데 일부는 끝에 뾰족한 쇠붙이를 달았고 또 다른 군인들은 크고 작은 언월도나 화기, 철과 주석으로 만든 갑옷으로 무장했다. 때때로 수백 척의 배가 해적선 한 척을 둘러싼 광경을 볼 수 있는데 바람이 불어오는 쪽에 놓여 있는 배들은 해적선이 앞을 보지 못하도록 석회 가루를 뿌린다. 해적선을 둘러싼 배들이 셀 수 없이 많으므로 이 방법이 효과가 전혀 없지는 않다. 이것이 중국인들의 주요 군사 전략 가운데 하나다."[1]

편지의 말투는 틀림없이 경멸조이지만 언급한 내용은 다른 문헌에서도 온전히 확인된다.[2] 중국인들은 석회 가루 외에 화살과 로켓

---

1) Stauton(ed.), De Mendoza, *History*, lxxix~lxxx쪽. "석회 가루를 이용한 …… 전략"은 인도 해적들도 사용했다. Vincezo Maria, *Viaggio*, 245쪽 참조.
2) 가스파르 다 크루스 신부의 진술은 Boxer(ed.), *South China*, 112~113쪽에서 재인용했다. "중국인들이 자신들의 나라의 위대함을 나타내기 위해 흔히 하는 말이 있다. 중국의 황제는 중국에서 말라카까지 배로 다리를 놓을 수 있다는 것이다. …… 중국인들의 거대한 배는 정크선이라고 하는데 해전에 적합한 배로, 큰 카라크선처럼 만들어졌다. 선수루가 크고 높으며 고물머리도 마찬가지다. 적선을 압도하여 선수루와 고물머리 위에서 싸울 수 있도록 하기 위함이다. 배에 대포가 전혀 없기 때문에 그들이 할 수 있는 일이라고는 많은 배가 한꺼번에 모여들어 적선을 에워싸고 그 위에 올라타는 것뿐이다. 처음에는 적선의 시야를 가리기 위해 다량의 석회 가루를 뿌린다. 그리고 선수루와 돛대 위에서 딱딱한 나무로 만든 날카로운 창끝에 불을 붙여 화살처럼 날린다. 돌덩어리도 많이 날리는데 그들이 가장 열심히 하는 일은 자신들의 배로 적선의 선체를 들이받고 압도하여, 적선이 더 이상 피할 곳이 없이 자신들의 배 아래로 놓이게 하는 것이다. 일단 적선에 올라타면 그들은 긴 미늘창 혹은 양쪽에 작살이나 날이 넓은 검이 부착된 몽둥이를 휘두른다." 세메도 신부의 묘사도 참조하라. "중국의 전함은 소형 대포만 조금 실었을 뿐이며 그나마도 잘 조준할 줄 모른다"(Semedo, *Histoire*, 145

도 쏘았지만,[1] 해상 전술은 전적으로 뱃머리로 들이받고 적선에 올라타는 방식에 국한되어 있었던 것이 사실이다. 가스파르 데 크루스 신부는 "그들이 하는 일이라고는 최대한 많이 모여들어 적선을 압박해 거기에 올라타는 것뿐이었다"[2]라고 적었다. 1624년에 이르도록 전술 지도인 『주해도편籌海圖編』은 "큰 배 위에서는 화포를 사용할 수 있으나 파도 때문에 조준이 매우 부정확하다. 적선을 맞힐 가능성은 희박하다. 포탄이 적선을 맞히더라도 사상자를 많이 발생시키지 않는다. 배에 대포를 싣는 목적은 순전히 심리적인 것, 다시 말해 적의 사기를 떨어트리기 위함이다."[3]라고 적고 있다.

중국인은 투르크 인이나 인도인과 마찬가지로 시대에 한참 뒤쳐져 함포의 전략적 가능성과 잠재력을 깨닫지 못했고 그러한 가능성이 부여하는 새로운 해상 전술도 습득하지 못했다. 결국 그들이 시대가 변했음을 깨달았을 때는 이미 늦은 뒤였다. 19세기 펑구이펀馮桂芬은 이렇게 썼다. "천지가 생겨난 이래 가장 크나큰 분노가 뜻이 있고 기개가 있는 모든 이들의 마음속에 끓어오르고 있다. 그들의 머리칼이 곤두서 모자가 들려 올라갔다. 이것은 오늘날 지상에서 가장 큰 나라, 수천, 수만 리에 이르는 광대한 영토의 나라가 한줌의 야만인

쪽). 중국의 전함과 해전에서 중국인들의 전술에 관한 중요한 연구에 관해서는 Aude-mard, *Jonques*를 참조하라.

1) 149쪽 각주 2번 참조. Mundy, *Travels*, vol. III, pt. 1, 228~229쪽도 참조. 먼디는 1637년 중국 정크선이 영국 배를 공격한 일을 언급하면서 "그들의 배가 우리 곁을 지나갈 때 뜨거운 불덩어리와 로켓, 불화살이 무수히 날아왔다."고 말했다.

2) 149쪽 각주 2번 참조.

3) 胡宗憲, 『籌海圖編』. 이 문장은 타푸초완(푸젠 성의 거대한 배)을 설명한 천멍레이 陳夢雷의 18세기 백과사전(『고금도서집성古今圖書集成』을 말한다 ― 옮긴이)에도 그대로 인용되어 있다. Audemard, *Jonques*, 53쪽 참조.

들의 지배를 받기 때문이다. 어째서 그들은 수가 적지만 강한가? 어째서 우리는 수가 많지만 약한가? …… 우리가 이 야만인들에게서 배워야 할 것은 단 하나, 튼튼한 배와 효과적인 대포다."[1]

7. 아시아, 기술 혁신에서 길을 잃다

아시아의 다른 지역에서 유럽의 포술에 대한 저항은 중국의 경우보다 완강하지 않았다. 중국과 달리 일본은 자신들을 천하의 중심이라 여기지 않았다. 전통적으로 일본인들은 외국의 기술과 관습을 따르고 흡수하기 위해 언제나 바깥으로 눈을 돌렸다. 수 세기 동안 그들의 모범은 중국이었다. 유럽 인들이 아시아에 도착했을 때 일본인들은 중국인들과 같은 자기중심성과 문화적 자부심에 구애 받지 않았다.[2] 16세기 말 린스호턴(Linschoten: 1563~1611년, 얀 하위헌 판 린스호턴Jan Huyghen van Linschoten. 포르투갈의 기밀 항해 지도를 빼돌려 네덜란드 동인도회사의 기반을 닦았다고 알려진 네덜란드의 상인. ― 옮긴이)은 "일본인들은 꾀가 많고 뭐든 보기만 하면 금방 배운다"[3]고 썼다. 멘데스

1) Teng-Fairbank, *Response*, 52~53쪽. 중국의 산업화는 중국 영토의 군사적 방어를 위해 현대적이고 효과적인 무기를 생산하려는 목표와 철저하게 결합되어 있었다. 중국의 산업화를 주장한 린쩌쉬林則徐나 청귀판曾國藩 같은 선구자들의 글에서 "대포와 배"는 강박적이라 할 만큼 주된 논의 대상으로, 사실상 산업화의 유일한 대상이었다. 陳其田, 『曾國藩』, ch. 1-3과 『林則徐』, 2~4, 11~21쪽을 참조하라.

2) Mu, *Hundred Flowers*, 17쪽의 언급을 참조하라.

3) Linschoten, *Voyage*, vol. I, 153쪽. 일본인들의 비범한 수용적 자세에 관해서는 Le Gentil, *Fernão Mendes Pinto*, 155쪽에서 인용된 멘데스 핀투, 조르즈 알바레

핀투(Fernão Mendes Pinto: 1509~1583년. 포르투갈의 여행가·작가. 인도, 아라비아, 중국, 일본에서의 경험과 진기한 풍경 등을 기록한 『핀투 여행기』(1614년)로 유명하다. ─ 옮긴이)는 "일본인들은 타고나기를 호전적이다. 이 나라는 내가 아는 어느 나라보다 전쟁을 즐긴다."[1]라고 평가했다. 호전적인 다이묘들의 통치 아래서 일본인들은 서양의 화기를 열심히 모방했고 이내 몇몇 대포와 적지 않은 수의 화승총(조총)을 생산하게 되었다.[2] 1590년대 일본의 침략에 맞서 조선 역시 신무기를 적극 활용했다. 실제로 한국은 화승총 제작에서 일본에게 뒤쳐졌던 것 같지만 화포 제작에서는 일본을 앞질렀다.[3] 인도에서는 실론

스, 프로이스 신부 등 같은 시기 다른 유럽 사람들의 발언을 참조하라.

1) Le Gentil, *Fernão Mendes Pinto*, 151~158쪽과 M. Collis, *The Grand Peregrination*, 148쪽.

2) Mayers, *Gunpowder*, 97~98쪽. Le Gentil, *Fernão Mendes Pinto*, 151~158쪽과 특히 Brown, *Impact of Firearms*의 참고 문헌 목록에 실린 최근 일본어 저작을 참조하라. 브라운 교수(같은 책, 238쪽)에 따르면 16세기 중반 직후, "화기 제작은 포르투갈의 배가 드나들던 규슈 섬에 전적으로 국한되어 있었다. 그러나 얼마 지나지 않아 본섬의 대장장이와 금속 장인들도 규슈 섬에 가서 새로운 유형의 무기를 제작하는 법을 배우게 되었다. 이름난 총포 대장장이들은 총포 제작 기술을 가르치는 학교를 차렸고 …… 특히 이즈미 현의 사카이, 카이 현의 요카이치와 쿠니토모 지역은 화기 제작의 중심지로 이름을 떨치게 되었다." 그러나 일반적으로 제작된 무기는 화승총이었으며 대포는 제한적으로만 제작되었다(브라운, 같은 책, 244쪽).
17세기 초, 콕스는 네덜란드 인들이 히라도의 상관에 일본인들을 고용해 "우리 기독교 국가에서처럼 제대로 된 대포"를 생산할 수 있었으며 "완성된 제품이나 자재 모두 기독교 국가에서 드는 비용의 절반도 되지 않는 가격"이라고 썼다 (Cocks, *Diary*, vol. I, 34쪽).
17세기 일본 대포 그림은 有坂鉊藏, 『兵器考』, 198쪽 이하를 참조하라.

3) 『한국해양사』, 219~225쪽, Boots, *Korean Weapons*, 22~23쪽, Underwood, *Korean Boats*, 59, 79~81쪽, Brown, *The Impact of Firearms*, 243쪽. 당대 문헌 가운데에서는 유성룡, 『서애문집』, 128, 597~603, 708~722쪽도 참고하라. 16

이 대포 생산의 중심지가 되었고[1] 이따금 투르크식의 거대한 유형을 포함하여 많은 양의 대포가 무굴 제국에서 제작되었다.[2]

그러나 일부의 국지적인 성취와 성공 사례에도 불구하고 어느 지역도 유럽의 대포 생산과 어렴풋하게나마 비교할 수 있는 수준으로 발전하지 못했다. 서양의 대포는 언제나 다른 비유럽권 지역의 대포보다 더 우수했고 그러한 월등함은 세계 어느 곳에서든 인정되었다.[3] 유럽은 양적으로나 질적으로나 군비 생산에서 우위를 놓친 적

세기 말 한국에서 제작된 화기는 가벼운 승자총통(가장 작은 총통으로, 구경은 19밀리미터에 총신은 560밀리미터였다)부터 무거운 완구Pao-Kus(가장 큰 것의 구경은 90밀리미터에 무게는 약 450킬로그램이었다고 한다)에 이르기까지 다양했다(파오쿠스는 저자의 착각인 듯하다. 조선 시대 가장 큰 화기는 완구로서 중완구, 대완구, 별대완구로 나뉜다. 별대완구의 정확한 크기는 알려진 바 없으며 크기가 알려진 대완구의 구경은 26센티미터이다. ― 옮긴이). 16세기 말과 17세기 초 한국의 대포를 묘사한 그림은 有坂鉊藏, 『兵器考』, 193쪽 이하를 참조하라.

1) 린스호턴은 싱할리라는 "실론 섬의 원주민은 세계 어디에서나 찾아볼 수 있는 대포에 맞는 가장 뛰어난 포신을 주조해낸다"라고 적었다(Linschoten, *Voyage*, vol. I, 81쪽). Maffei, *Histoire*, 39쪽을 참조하라. 다른 여행자들은 인도에서 생산된 뛰어난 품질의 화약에 주목한다. Tavernier, *Travels*, vol. II, 268~269쪽, De Laet, *Description*, 115쪽 참조.

2) 인도 무굴 제국의 대포에 관해서는 Irvine, *Army*, 13~51쪽과 Rathgen, *Pulverwaffe*, 196~217쪽을 참조하라. 16, 17세기 인도에서 제작된 총포류 가운데에는 35톤이나 40톤, 심지어 50톤씩 나가는 무지막지한 크기의 대포도 있었다(Rathgen, *Pulverwaffe*, 208쪽과 Irvine, *Army*, 118쪽 이하. 당대의 증언에 관해서는 De Laet, *Description*, 115쪽을 참조하라). 이는 단순히 "거대한 것에 대한 동양적 허세와 과시(orientalische Pracht- und Prahlsucht der Grossen)"(Rathgen, *Pulverwaffe*, 217쪽)를 넘어서 오스만 투르크 기술의 영향과 관련이 있다. 16, 17세기 내내 인도의 대포 제작에서는 투르크의 영향력이 지대했고(Goetz, *Aufkommen*, 226~229쪽) 많은 투르크 인들이 무굴 제국에서 포병이나 대포 주조자로 일했다(Irvine, *Army*, 152쪽 이하).

3) 유럽 인들은 해외에서도 대포를 제작했다. 아시아에서 유럽 인들의 주요 대포 생

이 한 번도 없었다. 유럽의 "노하우"가 변절자들과 예수회 선교사들, "기술 조력자"와 같은 공식 사절들에 의해 유포되었음에도 불구하고 비유럽 지역은 결코 유럽과의 크나큰 격차를 줄이지 못했다. 오히려 시간이 흐르면서 격차가 눈에 띄게 증대했다.[1]

어느 저명한 학자가 말한 대로 "적당한 식 재료와 요리책, 요리에 대한 경험과 지식이 전무한 사람이 만나면 요리라고 부르는 활동이 생겨나리라고 생각할 수도 있다. 그러나 그보다 진실과 거리가 먼 추

산지는 17세기 전반기에 마누엘 타바레스 보카로Manuel Tavares Boccaro라는 사람이 이름난 대포 주조소를 운영한 마카오였다(부록 1 참조). 보카로의 주조소는 아시아의 포르투갈 식민지 전역에 대포를 제공했으며 때로 현지의 통치자들에게도 제공했다. 포르투갈 인들의 또 다른 대포 생산지는 고아Goa였다. 네딜란드 인들은 히라도(일본) 상관에서 대포를 제작하기 시작했으나 시간이 흐르면서 네덜란드 인들의 주요 생산지는 바타비아로 바뀌게 된다. 대포는 가비테(필리핀)의 에스파냐 인들에 의해서도 주조되었으나 수가 적고 품질도 떨어졌다. 이들 주조소에서 생산된 제품은 유럽의 제품과 거의 경쟁이 되지 않았는데 대체로 아시아에서 유럽 인들의 대포 주조소는 상대적으로 기술 수준이 떨어지는 현지 노동력에 의존해 운영되었기 때문이다. 일본인들은 "일본에서 (유럽 인들에 의해) 주조된 대포 열 문보다 유럽에서 주조된 대포 한 문을 삿겠다"라고 주장했다(Boxer, *Jan Compagnie*, 25쪽).

1) 1807년 존 덕워스 경의 함대가 다르다넬스 해협을 무력으로 통과했을 때 투르크 인들은 해협을 방어하기 위하여 거대한 돌덩어리를 날려 보내는 옛날 대포를 여전히 사용하고 있었다(116쪽 각주 1번을 보라). 판스청潘仕成이 말한 대로 "영국의 야만인들이 무례하게 굴던" 1841년 아편 전쟁 당시, 중국인들은 여전히 1627년에 주조된 포르투갈의 대포를 사용했다(陳其田, 『林則徐』, 14쪽). 인도 무굴 제국 대포의 경우, 어느 영국인은 1746년에 "이들(인도인들)은 야포의 효력을 체험해 본 적이 없기 때문에 대포가 1분에 대여섯 발을 발사할 수 있다는 사실을 감히 상상하지 못한다. 이들은 어설픈 대포를 서투르게 다루면서 15분에 한 발을 발사할 수 있으면 잘한 것이라고 여긴다."라고 진술했다(Irvine, *Army*, 116쪽). 이 진술은 본문 117쪽에 인용된, 투르크의 대포에 대한 토트 남작의 진술과 비교할 만하다.

측도 없을 것이다. 요리책은 독자적으로 생겨난 시초가 아니고 그로부터 요리가 튀어나오는 것도 아니다. 요리책은 요리하는 방법에 대한 누군가의 지식을 추상화한 산물이다. 요리 행위의 산물이지 발단이 아닌 것이다. 한편으로 요리책은 저녁 식사를 차리려는 사람을 도와줄 수 있을 것이다. 그러나 요리책만이 그의 유일한 안내인이라면 사실 그는 상을 차리는 일을 시작하지도 못할 것이다. 요리책은 그런 종류의 작업을 이미 아는 사람, 책에서 어떤 내용이 나올지를 기대하고 또 그에 따라 책의 내용을 이해할 수 있는 사람에게만 의미가 있다."[1] 또 다른 연구자는 이 흥미로운 교훈을 평가하면서 다음과 같이 지적했다. "언뜻 보기에 요점은 단순히 새로운 제작 방식을 소개하고 그에 맞는 도구와 수단, 기계를 도입하는 문제인 듯하다. 그러나 여기에 진정으로 수반되는 것은 사회적 신념 체계와 관습의 광범위한 변화다……." 기술적 지식이란 "환경과 다른 인간 활동에 의해 변화하는 문제에 대한 인간의 반응이 표출된 것이다. 새로운 상황을 만나면 새로운 생각, 태도, 행위가 요구된다. 그러나 무엇보다 지식이 성장해야 한다. 지속적인 실험을 바탕으로 능력이 새롭게 계발되어야 하고 그와 더불어 새로운 기대와 신념도 생성되어야 한다. 이러한 새로운 활동들이 기존 제도와 독립적으로 존재하는 것이 아니라 그에 맞춰 조정되어야 하고 반대로 기존의 제도들 역시 새로운 활동에 적응해야 하기 때문이다. 이 같은 변화 과정은 매우 복잡하고, 다른 것과 보조를 맞추기 위해 필연적으로 느리게 진행될 수밖에 없다."[2]

기동전에서 야포의 역할을 인식하고 그에 따라 새로운 전술을 채

---

1) Oakshott, *Education*, 15쪽.
2) Frankel, *Economic Impact*, 22~24쪽.

택하기 위해서 맘루크 왕조는 기병대의 봉건적 특권과 역할, 다시 말해 사회적 지위와 지배 계급으로서의 위신을 희생해야만 했다. 이것은 뒤집어 말하면 봉건적 사회 구조의 해체와 근본적인 사회 변혁을 전제하지만 맘루크 왕조는 여기에 전혀 준비가 되어 있지 않았다.[1] 중국인들은 서양의 기술을 수용하기에 앞서 "세계관의 전면적 변화, 낮은 수준의 코페르니쿠스적 전환"을 겪어야 했다.[2] 강력한 사회·문화적 요인들이 서양의 기술을 흡수하고 전파하는 데 걸림돌이 되었다. 유럽에서는 상황이 크게 달랐다. 르네상스 초기 유럽의 기사들은 화기에 대해 맘루크의 기마병과 크게 다르지 않은 생각을 품었으나 1500년에 이르자 유럽의 현안들은 점차 화려함보다는 조직화를, 용맹성보다는 효율성을 선호하는 새로운 사회 집단이 통제하게 되었다. 그리고 그러한 집단들은 기계와 야금술에 관심을 보이며 그 수가 증가하고 있던 무수한 장인 계급에 의존할 수 있었다. 신기술 개발에 유리한 초기 요인들이 지속적으로 작용하여 후속 발전을 강력하게 추동했다. 앞장에서 살펴보았듯이 유럽의 조선술造船術과 무기 제작은 포르투갈 인들이 아시아의 여러 민족과 처음으로 접촉한 이래로 수 세기 동안 빠르게 앞서나갔다.

여기에 일부 예외적인 사례를 제외하고 혁신 기술이 처음 도입될 때 기존 관행과 비교하여 그 이점이 뚜렷하게 드러나는 경우는 별로 없다는 사실도 덧붙여야 할 것이다. 초창기 유럽의 야포는 분명히 효율성이 눈에 띄는 무기는 아니었다. 초창기 야포에 대한 투르크 인들의 태도나 초창기 갤리언선에 대한 베네치아 인들의 태도는 일반적

---

1) Ayalon, *Mamluk*, 61쪽.
2) Mu, *Hundred Flowers*, 17쪽.

인 인간의 어리석음의 한 증거로 쉽사리 치부되어서는 안 된다. 혁신 기술은 처음 선을 보일 때, 실질적 이점보다는 미래의 발전 잠재력 때문에 가치가 있으며 후자의 요소를 평가하기란 언제나 어려운 노릇이다.

지금까지 언급한 요인과 상황들 각각의 의미와 무게는 다를지라도 이 모든 것들이 상호 작용한 결과는 명백하다. 15세기 말 이후, 유럽과 다른 세계 사이의 최초의 "불균형"은 완화되기보다 심화되었다. 그리고 사태는 "후진" 국가에게 점점 더 나빠졌다.

에필로그

1. 대포로 무장한 배와 상업적 모험의 결합

바스쿠 다 가마가 캘리컷 항구에 닻을 내리자 그곳의 주민 한 명이 이 포르투갈 인에게 아시아에서 무엇을 찾고 있느냐고 물었다. 다 가마의 대답은 "기독교도와 향신료"였다고 알려져 있다. 1511년 알부케르케Albuquerque는 말라카를 공격하면서 부하들에게 두 가지 이유 때문에 다가올 전투에 사력을 다해야 한다고 명령했다. "첫째는 이 나라에서 무어 인들을 몰아내고 마호메트 교도들의 불꽃을 꺼트림으로써 우리 주를 섬기기 위해서고 …… 둘째는 온갖 향신료와 약제의 원천인 이 도시를 손에 넣음으로써 돔 마누엘Dom Manuel 국왕께 충성을 다하기 위해서다." 베르날 디아스는 자신과 동류들을 인도까지 이끈 동기가 무엇인지 곰곰 생각해보면서, 그들이 "신과 국왕 폐하께 충성하고자, 무지의 어둠 속에 갇혀 있는 이들에게 광명을 전해주고자, 그리고 모든 이들이 바라듯이 부자가 되고자" 유럽을 떠나왔다고 적었다.

선교와 십자군이라는 관념을 통해 정복자들은 중세의 상인들이 실패한 곳에서 성공을 거두었고 사업과 종교라는 중세 유럽 인들의 심중을 어지럽힌 대립명제를 일치시킬 수 있었다. 우리가 디아스나 다 가마의 진술의 진심을 의심할 이유는 없겠지만 현실성과 합리화 논리의 타당성에 대해서는 의심해볼 수 있다. 유럽 인들이 대체로 종교적 열정과 불관용에 사로잡혀 있었던 것은 아닌 게 아니라 입증할 필요가 없는 사실이다. 그러나 종교적 요소가 유럽 인들이 일단 목적지에 도착한 후 그곳에 머물도록 도운 원동력일지언정 애초에 이들을 바다 너머로 나서게 한 동기로서 적절한지는 의심스럽다. 종교적 확신은 전투에서는 대담하게 맞서 싸울 수 있게 했고, 유럽 인들이 시련을 견디게 해주었으며, 승리 이후 무자비하게 행동하도록 만들었다. 그러나 선교사들을 제외하고, 유럽 인들이 위험천만한 여정에 나섰을 때 그들은 맘몬(Mammon: 돈 또는 부富를 가리키는 아람 어. 재물의 신의 이름이다. ― 옮긴이)을 꿈꾸었지 가엾은 영혼들을 교화할 걱정을 하지는 않았다. 16세기 외교가이자 뼛속까지 염세주의자인 오지에 기슬랭 드 뷔스베크Ogier Ghiselin de Busbecq가 "(인도와 지구 반대편을 향한) 탐험에 종교는 명분을 제공하고 황금은 동기를 제공한다"라고 썼을 때 그는 진실에서 과히 멀지 않았다.[1]

---

1) 몇몇 정부들은 해외 탐험 계획에서 종교적 요소를 크게 부각시키기도 했다. 멕시코에서 루손 섬으로 항해한 레가스피Legaspi는 정치적 병합과 개종이라는 두 가지 임무를 모두 떠맡았다. 또한 에스파냐와 포르투갈은 해외 영토에서 성직자들에게 상당한 행정적 권한을 부여했으며 이는 단순한 선전 활동이 아니었다. 그러나 이에 관해서는 코르테사오Cortesao 교수가 엔히크 왕자에 관해 쓴 말을 그대로 되풀이해도 무방할 것이다. 비록 처음에 탐험 사업을 적극 추진하기 시작했을 때 종교적 열의가 상당한 동기로 작용했다 할지라도 "몇 년이 지난 이후 엔히크 왕자는 무엇보다도, 국가적 위업과 국제적 결과를 낳는 대담한 경제적 사업의 운영자였다."

1400년 이후 유럽의 팽창은 십자군 운동의 연장으로 설명할 수 없다.[1] 또 맬서스적 압력의 산물로도 설명할 수 없다. 거듭되는 역병이 지속적으로 인구 성장을 가로막아서 18세기 후반까지 유럽에서는 이렇다 할 인구 압력이 존재하지 않았다.[2] 다른 한편으로, 해외에서 유럽 인들의 숫자는 19세기까지 근소했다.[3] 유럽을 떠난 이들은 소수

---

1) 아래 162쪽 각주 2번을 보라.
2) 포르투갈에서 사람들은 "우리 왕국의 사람들은 해외 정복 때문에 피폐해졌다(as nossas conquistas defraudavan muito este reino de gente)"고 생각했으며 (Cordeiro, *Apontamentos*, 66쪽) 해외 진출은 인구 과잉의 결과라기보다 본국의 인구 부족의 원인으로 간주되었다. 에스파냐의 경우에도 마찬가지였다. 영국의 경우, 영국의 인구가 과잉이라고 생각하는 사람들이 1550년부터 1660년 왕정복고기 사이에 존재했다. 1510년 이후 실질 임금이 하락하고, 1597년 부근에 최저점을 기록한 것은 사실이다(Phelps Brown and Hopkins, *Prices*, 189쪽). 그러나 당시의 상황에 대하여 펠프스 브라운이나 홉킨스처럼 "맬서스적 위기"를 운운하는 것은 과장인 것 같다. 물론 인구 과잉이라는 생각이 널리 퍼져 있어서 많은 이들이 식민지로의 이주를 지지했고, 정부가 해외 진출 사업을 지원하는 데에도 상당한 영향력을 미친 것은 사실이다. 그러나 1660년부터 18세기 중반까지 일반적인 태도는 완전히 달랐고 식민지로 이주한 사람은 언제나 소수에 불과했음에도 불구하고 많은 이들은 이에 경각심을 느꼈다. Beer, *Colonial system*, 32~52쪽 참조.
3) 박서에 따르면 "남아메리카부터 향신료 제도까지 걸쳐 있는 16세기 포르투갈의 해외 제국에서 신체적으로 건장한 포르투갈 남성의 숫자는 1만 명을 넘지 않았을 것이다."(Boxer, *Four Centuries*, 20쪽) 그러나 이 같은 추정은 너무 낮게 잡은 것일 수도 있다. 박서 스스로 지적했듯이(162쪽 각주 1번을 보라) 1571년의 함대만 해도 고아에 적어도 2,000명을 데려갔다. 로센블라트에 따르면 1650년 브라질의 백인 인구는 약 7만 명에 달했는데(Rosenblat, *Población*, 57쪽) 반대로 이 수치는 너무 크게 잡은 것일 수도 있다. 로센블라트가 넉넉하게 추산한, 에스파냐 제국의 아메리카 영토에서 총 백인 인구수는 65만 명에 달한다. 네덜란드와 영국의 식민지에서 백인 인구수는 매우 적었다. 결론적으로, 1650년 무렵에 해외 영토에서 백인 인구수는 현지에서 태어난 사람까지 포함해 100만을 넘지 않았다고 보는 것이 적절할 듯하다.

였고 목적지에 도달한 이들은 그 절반에 불과했다.[1] 그리고 해외에
서의 간난고초와 고된 여정에서 살아남은 이들은 되도록 빨리 유럽
으로 돌아왔다.

유럽의 팽창은 본질적으로 상업적 모험이었고,[2] 유럽 강대국들의

---

1) 당시 인도로 가는 길이 얼마나 험난했는지는 아무리 강조해도 지나치지 않는다.
느린 뱃길, 형편없고 종종 부족하기까지 한 음식, 공중위생의 결여, 너무 많은 승
선자로 인한 포화 상태 등은 당시 동인도회사 무역선들이 매우 높은 사망률을 기
록한 주요 원인이었다. 1571년 고아에 도착한 포르투갈 함대에서는 처음 리스본
에서 출항할 때 승선한 4,000명 가운데 절반만이 생존했다(Boxer, *Four Centu-
ries*, 20쪽). 1656년 리스본을 출항한 배에서는 70명의 승선자가 고아에 닿기 전
에 사망했다. 이듬해에 리스본을 떠난 17명의 선교사들 가운데 항해 도중 두 명
은 사망했고 한 명은 미쳤으며, 다른 한 명은 고아에 도착하자마자 죽었다(Bos-
mans, *Verbiest*, 209~210쪽). 1676년 네덜란드 배 아시아호는 적도 무풍대에 아
흐레 동안 발이 묶여 있었다. 그 짧은 기간 동안 "건강에 극도로 좋지 않은 날씨
탓에" 승선자 62명이 사망했고 "이들은 모두 배에서 내려 사망한 것으로 추정된
다"(슈바이처의 진술은 Fayle, *Voyages*, 178쪽).
배가 목적지에 닿는 경우는 사실 운이 좋은 축에 속한다. 그러나 "두세 척의 배가
그렇게 오랫동안 항해하면서 장애나 불운한 사고를 만나지 않기란 사실상 불가
능한 일"이었고 이런 배들은 종종 화재나 폭발, 폭풍우, 해적, 적선의 공격 등으
로 인해 승선자들 전부 혹은 일부를 잃을 수밖에 없었다. 동인도회사 무역선에서
의 생활상과 길고 고된 여정에 관한 상세한 사항은 Fayle, *Voyages*, xxxiii~xliii
쪽을 참조하라. 18세기 상황에 관해서는 Nixon, *Health*, 121~138쪽을 참조하
라. 닉슨의 결론은 이전 세기에도 유효하다.

2) Boxer, *Portuguese in the East*, 192, 214쪽의 다음과 같은 내용을 참조하라. "냉
소적으로 보자면, 기독교와 향신료가 포르투갈 인들을 동양으로 이끌었다고 할
때, 그들을 거기에 계속 머무르게 한 주요 요인은 향신료였다. …… 동양의 바다
에서 '정복, 무역, 항해'가 무함마드교도에 대항한 십자군 운동의 연장이라는 오
래된 사고는 전적으로 사라지지 않았다 할지라도 그 의미가 크게 희석되었다."
Cortesao, *Nautical Science*, 1,079쪽 이하도 참조. 아메리카에서 영국인들의 초
창기 정착에 관해서는 Beer, *Colonial System*, 29쪽의 다음과 같은 내용을 참조
하라. "당시의 문헌을 보면 종교적 동기가 두드러지게 드러나지만 —— 길버트의
특허장을 필두로 하여 당시 식민지의 특허장 거의 모두에서 기독교 전파는 이주

식민지 정책이 확연히 중상주의적 경향을 보인 것은 그러한 팽창 정책 뒤의 기본 동기들의 자연스러운 결과인 것이다. 포르투갈의 마누엘 국왕을 "식료 잡화상 국왕le roi épicier"이라고 칭한 프랑스의 프랑수아 1세François I는 경박하고 무례했지만 역사적으로 그가 옳았다. 그리고 네덜란드의 총독과 영국과 에스파냐의 군주들도 마누엘 못지않게 "식료 잡화"를 애호했다고 덧붙이는 것도 나쁘지 않을 것이다.

다방면의 경제적 기회들이 유럽 인들을 해외로 유인했다. 물론 향신료 무역은 언제나 가장 수지맞는 사업 전망을 제공했다. 그러나 향신료 무역 외에 다른 것도 존재했다. 포르투갈 인들은 15세기가 저물어갈 무렵 향신료 무역에 관심을 더 품게 되었다 그보다 앞서 그들은 상아와 흑단, 노예, 금, 곡물과 수산물을 찾아 아프리카 해안을 따라 항해했다.[1] 유럽 인들이 16, 17세기에 인도양과 중국해에 확고히 자리를 잡았을 때, 그들의 관심사는 향신료에 국한되지 않았다. 그들은 초석부터 구리, 비단, 도자기에 이르기까지 다양한 상품에 흥미를 보였다. 아시아에서 유럽 탐험가들의 유일한 활동이란 서양에 동양의

의 목적 가운데 하나로 구체적으로 명시되어 있다 ── 그러한 이주의 결정적 요인으로서 간주될 수 없다. 종교적 동기는 표면적인 수준에서는 두드러진 요인인 반면 근본적으로는 부수적인 것이었다. 당시 미국에 정착한 개인들은 기껏해야 위태롭고 불안정하기 짝이 없는 생계를 꾸려나가는 데 관심이 있었을 뿐이다. 식민 사업에 뛰어든 회사들은 자본금에 대한 이윤을 회수하는 데 정신이 없었다. 정부 또한 원주민들을 개종시키는 전망에 그다지 영향을 받지 않았다." 네덜란드 인들의 태도에 관해서는 Hyma, *The Dutch*, 159쪽을 참조하라. 하이마는 네덜란드 인들이 "선박에 십자가나 성경이 있는지 수색하면서 일본인 관리들이 야기한 불편함"에 대해 결코 불평하지 않았다고 언급한다. 그들은 일본에 "돈을 벌러 갔지 포교를 위해 가지 않았다."

1) Godinho, *Déouvertes*, 42~46쪽.

산품을 공급하는 것이었다는 인상을 심어주는 오늘날의 경제사 교과서들은 틀렸다. 포르투갈 인, 네덜란드 인, 영국인들은 아시아 국가들 간의 광대한 상업 활동의 네트워크 안에서 중개상으로 활약했으며, 적지 않은 유럽의 수입품은 무역 외 수지인 해운 및 통상 서비스 수출에 지불된 대금이었다.[1] 기회는 많았고, 위험은 컸지만 이윤은 더욱 컸다.[2]

종교는 명분을 제공하고 금은 동기를 제공한다. 14~15세기에 대서양 연안 유럽 국가들이 성취한 기술적 진보는 수단을 제공했다. 프롤로그에서 제시되었듯이, 적극적인 "동기"는 13세기부터 지중해 유럽에서 이미 존재해왔다. 이탈리아와 카탈루냐 인들은 경제적으로 매우 앞서 나갔으나 이슬람 세력의 봉쇄를 푸는 데는 성공하지 못했다. 적절한 기술적 진보의 지원을 받지 않았기 때문이다. 그들은 풍력, 또 나중에는 화약을 어느 정도 이용하기는 했지만 여전히 보조적 수단으로만 취급했다. 그들은 근본적으로 이동과 싸움을 위해서 인간의 육체적 힘에 의존했다. 그러나 선원들은 인간의 육체적 힘에만 의존해 바다를 통제할 수 없었고, 적과 맞닥뜨렸을 때 싸움이 최종적

---

1) 유럽 인들은 일본의 은을 중국으로(Boxer, *The Great Ship*, 여기저기), 일본의 구리를 중국과 인도로(Glamann, *Trade*, 175~176쪽과 여기저기, 그리고 Glamann, *Japanese Copper*, 여기저기), 정향을 인도로, 인도산 면직물을 동남아로(Raychaudhuri, *Coromandel*, 특히 ch. 8), 페르시아의 은과 양탄자를 인도와 일본으로(Vincenzo Maria, *Viaggio*, 111~112쪽) 가져가는 데에서 활약했다. 유럽과 아시아 사이의 무역의 "일방적" 성격 때문에 이 같은 "보이지 않는" 수출품은 유럽 인들에게 매우 중요했다. 여기에 관해서는 저자의 다음 책 *The Chinese and the Clock*을 참조하라.

2) 아시아에서 서양인들의 활동은 "재화당 높은 수익률을 노리는 무역 정책의 우위, 다시 말해, 싸게 사서 비싸게 팔려는 보편적 영리 행위의 불합리한 귀결"로 특징 지을 수 있다(Raychaudhuri, *Coromandel*, 211쪽).

인 난투극으로 결정된다면 수적 우위에 기대야만 했다. 지중해의 발전과 대서양의 발전 사이 연결 고리는 콜럼버스였다. 그는 "대서양의 선박과 비스케이 만의 선원, 포르투갈의 항해술"을 빌려와야 했다.[1] 인도 항로 개척 프로젝트에서 그의 역할과 의미는 제노바 자본의 대리인이라는 것이었다.[2] 15세기 말 유럽 팽창의 역사에서 지중해 세계의 공헌은 기술적이라기보다 재정적·상업적인 것이었다.

14, 15세기에 대서양 유럽이 개발한, 대포로 무장한 배는 유럽의 영웅담을 가능케 한 발명품이다. 근본적으로 그것은 상대적으로 적은 수의 선원이 전례 없이 막대한 양의 물리적 에너지를 이동과 파괴를 위해 제어하는 것을 가능케 한 경제적인 고안물이었다. 어느 순간 유럽이 극적으로 지배적 위치를 차지하게 된 비결은 모두 거기에 있었다. 대서양 연안 국가들이 범선을 조종하기 위해 축적한 기술과 "오늘날 바다에서의 싸움이 적선에 올라타거나 활을 쏘고 작은 포탄을 던지며 칼을 휘두르는 상황으로 가지 않고, 주로 대포를 이용해 돛대와 활대를 부수고 배에 구멍을 내거나 배를 파괴하는 방식으로 수행된다."는 사실을 인식한 것에 달려 있었던 것이다.[3]

---

1) Godinho, *Découvertes*, 50~51쪽.

2) Caddeo, *Histoire*, vol. II, 부록 F, 346~365쪽 참조. 제노바 자본주의의 대리인 longa manus으로서 콜럼버스의 위치는 허드슨이 제기한 질문을 설명해준다. "페르난도 왕과 이사벨라 여왕이 제노바 출신의 무일푼 모험가와 그러한 계약을 맺은 이유는 대체 무엇이었을까? …… 무슨 이유에서인지 콜럼버스는 탐험 계획이 성공하기 위해서 결코 없어서는 안 될 사람으로 여겨졌다. 그러나 그는 다른 사람들이 모르는 비밀을 알고 있다고 생각되는 한에서만 없어서는 안 될 사람으로 여겨졌을 것이다. 따라서 그러한 비밀이 잘 알려진 출전들에 근거한 일반적인 천문 지리학 이론이었을 리는 없다."(Hudson, *Europe*, 216쪽).

3) 1장 98쪽 각주 3번을 보라.

대서양 유럽의 범선이 도착했을 때 거의 어느 것도 이들에 저항할 수 없었다. 1513년 알부케르케가 의기양양해하며 국왕에게 보고했듯이 "우리 배가 왔다는 소문이 퍼지자 그곳의 배들이 모조리 자취를 감추고 새들마저 물 위를 스쳐가지 않았다." 이것은 수사적 표현이 아니다. 인도양에 도착한 지 15년 만에 포르투갈 인들은 아랍권의 해상력을 완전히 파괴했고, 포르투갈 국왕은 "에티오피아, 아라비아, 페르시아, 인도에서의 정복, 항해, 상업의 군주"라 자칭할 수 있었다. 그동안 유럽의 기술과 회사 들은 빠르게 발전해갔고 비非유럽 인들이 대서양 선박과의 첫 접촉의 충격파를 제대로 흡수하기 전에 더 효율적이고 더 많은 배들이 속속 도착했다. 캐러벨선과 카라크선에 이어 갤리언선이 나타났다. 포르투갈 함대는 훨씬 더 가공할 만한 네덜란드와 영국의 함대를 불러왔다. 새로운 침입자들의 도래는 백인종들 간의 유혈이 낭자한 내부 투쟁의 시작과 때를 같이한다. 그러나 유럽 인들이 안타깝게도 분열되어 있었다면 그들의 상대들도 더 나을 바 없어서, 유럽 인들의 집안싸움과 같은 분쟁을 제대로 활용하지 못했다.

2. 해상의 승리, 지상의 패배

유럽 인들의 상대적 우위는 바다에 있었다. 육지에서는 오랫동안 극히 취약했다. 앞 장에서 거듭 지적했듯이 유럽 인들은 1640년대까지 효과적이고 기동력이 뛰어난 야포를 만들어내지 못했다. 17세기 중반까지 유럽의 야포는 옮기기가 무척 힘들었다. 더욱이 발사 간격이 느려 사람만 많다면 쉽게 압도당했다. 이것은 유럽 인들이 얼마 없고 적은 다수인 해외 영토에서는 특히 심각한 결점이었다.

16세기, 프란시스쿠 데 알메이다(Francisco de Almeida: 1450~1510
년, 포르투갈령 인도의 초대 총독. — 옮긴이)는 제해권이 문제의 열쇠라
고 지적했다. 그는 국왕에게 쓴 글에서 "우리가 바다에서 강하다면
인도의 상업은 우리의 것이고, 우리가 바다에서 강하지 않다면 땅 위
의 어느 요새도 쓸모가 없을 것입니다."라고 이야기했다. 이것은 알
부케르케가 국왕에게 한 권고이기도 했다. "포르투갈이 바다에서 패
배를 맛본다면, 폐하의 인도 영토는 그곳의 군주들이 마음먹는 한 단
하루도 버텨내지 못할 것입니다."[1] 1623년 히라도 섬平戶島의 네덜란
드 상관 대리인인 코르넬리스 니우엔로더Cornelis Nieuwenroode도
편지에서 유사한 의견을 표명했다. "함포의 보호를 받지 않는다면 상
륙시킬 만한 군사력이 충분하지 않다."[2] 유럽 인들만이 뭍에서 자신
들의 위치가 얼마나 위태로운지 인식한 것은 아니었다. 아시아 인들
도 역시 알고 있었다. 1614년 부왕 장밍강張明岡이 황제에게 올린 상
소에서는 다음과 같은 문장을 읽을 수 있다. "포르투갈 인들을 랑파
이로 몰아내거나 그들이 먼 바다에 떠 있는 자신들의 배 위에서 우리
와 교역하는 것만을 허용해야 한다고 주장하는 이들도 있습니다. 소
신의 짧은 생각으로는 결과의 경중을 따지지 않고 성급히 군사력에
의존해서는 안 됩니다. 마카오는 우리 땅의 경계 안에 있고 상산 현

---

1) 알메이다에 관해서는 Boxer, *Portuguese in the East*, 209쪽과 Ballard, *Rulers*, 68
쪽 이하를 참조하라. 알부케르케에 관해서는 Albuquerque, *Commentaries*, vol.
III, 259~260쪽을 보라. 같은 책, 115~116쪽에는 알부케르케의 다음과 같은 또
다른 발언이 실려 있다. "나의 결심은 내가 인도 총독으로 있는 한 요새를 건설해
야 하는 지역을 제외하고 지상에서 누구도 위태롭게 하지 않고, 누구와도 싸우지
않는 것이다."
2) Boxer, *Fidalgos*, 90쪽.

의 일부이므로 우리의 군대가 그 주변 바다를 경계하는 것만으로도 그곳의 외국인들을 감시할 수 있습니다. 그들이 불충한 의도를 품기만 한다면 금방 그들을 사지로 몰아넣을 수 있는 방법을 알게 될 것입니다. 그러나 이들을 먼 바다로 몰아내면 무슨 수로 이 양이洋夷들을 벌할 수 있겠습니까? 또 무슨 수로 이들을 우리 뜻에 따르게 하고 우리 자신을 지킬 수 있겠습니까?"[1]

육지에서 유럽 인들이 취약했던 실제 사례는 쉽게 찾을 수 있다. 1620년대 코로만델에서 네덜란드 상관의 총독 아브라함 판 위펠런 Abraham van Uffelen은 그 지역 군주에게 매우 거만하게 굴었다. 코로만델의 왕이 공격해오자 위펠런은 제대로 저항도 못해보고 골콘다의 감옥에서 비참한 운명을 맞았다.[2] 1638년 무굴 제국이 포르투갈을 구하러 오지 않았다면, 고아Goa는 틀림없이 마라타 족Marathas에 넘어갔을 것이다.[3] 도쿠가와 쇼군들이 서양 세력에게 일본의 문호를 닫고 일본에서 유럽 인들을 추방하기로 하자 유럽 인들은 명령

---

1) Chang, *Trade*, 120쪽. 수 세기 후, 1841년에 린쩌쉬는 "양이들의 베기 후먼(광둥성 주강 삼각주 유역에 위치한 협만 — 옮긴이) 바깥으로 도주하면 우리의 가벼운 배들로 이들을 뒤쫓아 파괴하는 것은 불가능하다"고 보고했다. 1842년에 포고된 황제의 칙령은 다음과 같다. "중국을 침략한 양이들은 강력한 배와 효과적인 대포에 의존해 바다에서 극악무도한 행위를 저지르고 우리 백성들에게 크나큰 피해를 입혔다. 이는 대체로 우리의 군용 정크선이 그들과 대적하기에 너무 작은 탓이다. 그런 까닭에, 천자인 짐은 거듭 명하노니, 우리 장수들은 결코 바다 위에서 싸우지 말고 지상에서 적을 격퇴하라. …… 적선이 접근해왔을 때 반격을 하는 것은 불가능하다. 그들이 달아나면 뒤쫓을 방도가 없다. …… 짐이 보기에, 양이들이 주로 의지하는 것은 우리의 정크선이 먼 바다로 나가 그들과 싸울 수 없다는 것인 듯하다."(陳其田, 『林則徐』, 20, 52쪽).

2) Raychaudhuri, *Coromandel*, 30쪽.

3) Boxer, *Four Centuries*, 39쪽.

에 따라 재빨리 일본을 뜨는 것 말고 달리 방도가 없었다.

　유럽 인들이 배 위에서는 난공불락으로 감히 맞설 수 없는 것처럼 보이는 데 반해, 육지에서는 매우 취약했던 특수한 상황은 유럽 팽창의 성격과 기묘한 역설을 설명해준다. 역설이란, 유럽이 대담하게 해외로 진출하고 아시아와 아프리카, 아메리카의 해안에 자신들의 지배를 강요하고 있을 때 유럽은 동쪽 변경에서 투르크군에 밀려 맥없이 후퇴하고 있었다는 것이다. 1459년 투르크에 의해 세르비아 북부가 침공당했고 1493~1496년에는 보스니아-헤르체고비나가 침공당했다. 1470년 베네치아는 네그로폰테를 잃었고, 1468년은 알바니아 차례였다. 1526년에는 헝가리 러요시 국왕의 군대가 모하치 전투에서 참패했고 1529년에는 빈이 포위당했다. 1531년 헝가리가 유린되었고, 술레이만Suleiman은 페르시아의 위협에 직면해서 가까스로 헝가리에서 후퇴했다. 1566년 유럽 세력은 다시 헝가리에서 후퇴하고 있었다. 1596년 유럽 인들은 케레스테스에서 크게 패배했다. 1606년에도 콘스탄티노플에 주재한 서양의 대사들은 투르크의 추가 공격을 두려워하며 빈의 운명을 걱정하고 있었다. 1683년 투르크 인들은 다시금 빈으로 진군하고 있었다.

3. 대양에 군림한 유럽

전함의 혁명적인 특성 덕분에 유럽 인들이 대양에서 절대적인 우위를 확립하는 데는 몇 십 년밖에 걸리지 않았다. 유럽 인들의 이점은 전함에 있었기 때문에 근 3세기 동안 유럽의 우위는 바다에 한정되었다.

아시아의 내륙으로 진출하거나 정복한 영토를 확장하려는 진지한 움직임이 시도된 적은 없었다. 위대한 알부케르케가 구상한 전략이[1] 이후 2세기 동안 엄격하고 고수되었고, 목청 높은 성급한 소수를 제외하고[2] 일반적으로 유럽 인들은 아시아의 배후지 너머로 자신들의 지배력을 확대하려는 어느 시도도 성공 가능성이 없다고 느꼈다. 아프리카(사하라 사막 이남 '검은 아프리카' 말이다)에서 원주민의 수는 아시아보다 훨씬 적었고 또 기술적으로도 아시아보다 원시적이었지만 연안의 유럽 인들의 지위는 여전히 위태로웠다.[3] 더욱이 아프리카의

---

1) 처음부터 알부케르케는 광대한 영토를 정복하는 것이 불가능함을 깨닫고 있었다. 해군 기지의 역할을 하는 한편 대포로 무장한 함선에 의해 바다 쪽에서 방어가 가능한 전략적 거점을 많이 차지함으로써만 인도양을 지배할 수 있다는 것도 알았다. 그가 총독으로 재임하는 동안 고아와 말라카, 호르무즈가 각각 1510년, 1511년, 1515년에 정복되었고, 아시아에서 포르투갈의 우위를 확립하는 본거지가 되었다.

2) 필리핀의 총독 돈 프랑세스코 데 산데Don Francesco de Sande는 5,000명의 군사를 주면 중국을 정복할 수 있다고 나섰다. 그는 에스파냐 국왕에게 보내는 편지에서 "중국인들은 겁쟁이라 아무도 말을 타지 않는다"라고 썼는데 반대로 "중국인들보다 훨씬 더 용감한" 일본인들과 필리핀 인들에게서는 도움을 얻을 수 있을 것이라고 생각했다. 이 어리석은 프로젝트는 마닐라의 성직자와 군인 계층으로부터 지지를 받았지만 마드리드에 있는 국왕의 참사관들은 좀 더 분별력이 있는 것으로 드러났다. 1586년, 펠리페 2세는 그의 호전적인 총독에게 보내는 편지에서 "그대가 주장하는 중국 정복 문제와 관련하여, 이곳에서는 더 이상 그 문제를 거론하지 않는 것이 좋다고 생각하며 오히려 중국인들과 우호 관계를 추구해야 한다는 의견이네."라고 썼다(Boxer, *South China*, p. L과 Schurz, *Manila Galleon*, 68쪽 참조). 네덜란드 인들 가운데에서는 네덜란드 동인도회사 이사들에게 "포르투갈 인과 에스파냐 인들의 말에 따르면 몇몇의 기독교도가 수천, 수만 명의 원주민을 상대로 큰일을 할 수 있다고 합니다. 우리가 그들보다 못할 게 있겠습니까?"라고 쓴 쿤Coen이 있었다(Hyma, *The Dutch*, 116쪽). 쿤의 "강압" 정책의 실패에 관해서는 Boxer, *Fidalogos*, 90~91쪽을 참조하라.

3) 원주민들에 대항해 자신들의 이익을 보호하기 위해, 포르투갈 인들은 관례적인

지리적 조건은 내륙으로 침투하려는 백인 유럽 인들이 넘어설 수 없는 장벽이었다. 르네상스 시기 유럽 인들은 바람의 힘과 화약을 다루는 법을 배웠지만 인간에게 불리한 여러 자연력 전반을 통제하는 데는 여전히 서툴렀다. 16세기 포르투갈의 연대기 작가는 "우리가 저지른 죄악 때문인지 아니면 헤아릴 길 없는 신의 뜻 때문인지, 우리가 항해하면서 만나는 이 광대한 에티오피아로 통하는 모든 입구마다 신께서 치명적인 열병이라는 타오르는 검을 휘두르는 천사를 심어두신 듯하다. 열병은 우리가 이 정원 내부로 들어가 바다로 흘러나오는 거대한 황금의 강이 시작되는 수원에 접근하는 것을 막는다."고 썼다.[1] 내륙으로 감히 발을 내딛은 몇 안 되는 유럽 인들은 금세 말라리아와 열대병 등 각종 질병과 치명적인 기후 탓에 죽거나 몸이 성치 못했다. 1876년이 되도록 아프리카 대륙의 10퍼센트만이 유럽의 지배하에 있었다.[2] 아메리카에서는 상황이 보기 드물게 유럽의 침입

선물로 토후들의 환심을 샀으며 부족 간 대립을 이용하거나 기독교로의 개종과 통혼, 우호 조약 같은 다양한 수단을 활용했다. 그들은 극단적인 경우에만 무력 개입이라는 수단을 썼다. Dike, *Niger Delta*, 6~7쪽 참조. 16세기 말에 이르러, 아프리카 내륙의 원주민 무리가 인도양 연안으로 진출해 압박해오자, 포르투갈 인들은 심각한 손실을 입었으며, 오직 말린디의 무함마드교도들의 지원 덕분에 가까스로 해안 지역의 교두보를 유지할 수 있었다. Penrose, *Travel*, 172쪽 참조.

1) Boxer, *Four Centuries*, 27쪽. 1486년, 포르투갈의 주앙 2세는 무력으로 서아프리카 제국을 창설해 유지하고 있다고 주장하며 스스로 "에티오피아의 지배자"라 칭했다(Dike, *Niger Delta*, 5쪽). 그러나 앞에서도 지적했듯이, 이 같은 주장들은 대체로 "경쟁자들과 훼방꾼들을 따돌리기 위한 허세에 불과했다. 포르투갈의 지배권이라 할 만한 것은 철저하게, 연안의 요새화된 무역항과 인근의 섬들에 국한되어 있었다." 1647년, 마다가스카르에 관해서 카레Carré 신부는 콜베르에게 "이 섬은 유럽에서 온 배와 사람들에게 파멸의 근원입니다"라고 썼다(Kaeppelin, *Compagnie*, 51쪽).

2) Townsend, *Colonial Expansion*, 54쪽.

에 유리하게 돌아갔다. 대륙 대부분 지역에서 지리적·물리적 조건이
유럽 인들의 접근을 어렵게 하지 않았다. 인구가 조밀하지 않았고 원
주민들은 기술적으로 매우 원시적이었다. 게다가 그들은 유럽의 전
염병에 쉽게 감염되는 것으로 드러나 치명적인 전염병이 확산되면서
이미 빈약한 저항의 가능성마저 더욱 희박하게 만들었다.[1] 멕시코의
아스텍 부족 같은 무자비한 소수파들이 잔인하게 다수의 주민들을
착취하고 있어서 어느 낯선 사람이든 해방자로 환영받는 분위기였다
는 점도 무시해서는 안 된다.[2] 이처럼 극도로 예외적인 호의적 조건
과 상황 들이 결합하여 광대한 아메리카 영토를 정복하는 것이 가능
해졌다. 그러나 유럽의 성공과 성취를 과장해서는 안 된다. 영토 지
배권에 대한 주장은 실제 정복과 동등하게 취급해서는 안 되며 18세
기까지 장기적이고 실질적으로 유럽의 지배 아래 들어온 지역들은
몇몇 예외를 제외하고 모두 바다에 가까웠다.

지도는 말로 한 그 어떤 묘사보다 18세기까지 전 세계에서 유럽이
차지한 영토가 대체로 해군 기지와 연안 요새였음을 잘 보여준다. 지
도를 그릴 때 바다를 지배 국가의 색깔로 표시하는 것은 일반적인 관
행이 아니다. 그러나 그러한 시도만이 유럽의 지배의 성격과 범위 그
리고 근대 초기 세계적 강국으로서 대서양 유럽 국가들의 역할에 관
한 정확한 상을 제공할 것이다. 인도양에 유럽 배가 도착한 지 몇 년
만에 유럽 배들의 대포에 날아가고 싶지 않다면[3] 비유럽권 배가 항해

---

1) Borah, *America*, 184~185쪽.
2) Simpson, *Encomienda*, vii~viii쪽, Simpson, *Many Mexicos*, 22~23쪽, Pen-
   rose, *Travel*, 126쪽.
3) 이 같은 관행은 인도양 향신료 무역에서 무슬림의 독점을 깨트리기로 작정한 포

허가를 구하는 것은 필수가 되었다. 대양은 유럽의 것이 되었다.

4. 야포의 발전과 불균형의 심화

18세기는 새로운 국면의 시작을 알렸다. 1장에서 제시했듯이 유럽의 대포 주조자들은 17세기 중반으로 넘어가기 직전 효과적인 야포를 생산하는 데 성공했다. 처음에 이 "혁신"은 주로 무수한 전장에서 서로를 도륙하느라 여념이 없던 자신들의 본거지에서만 적용되었다. 그렇기는 하지만 그러한 상황은 유럽과 나머지 세계 사이의 군사 기술 격차를 더욱 확대했고 세계적인 힘의 균형추는 어느 때보다 더 한 쪽으로 기울게 되었다. 함포와 범선과 더불어 유럽 인들은 비유럽권이 이를 흡수하기도 전에 급속도로 자신들의 새로운 발명을 향상시켰다, 그러므로 불균형은 점점 더 심화되었고 또 더 이상 해상력에만 국한되지도 않게 되었다.

대서양 유럽은 해양을 통한 팽창을 개시했다. 동방 유럽은 영토를 통한 팽창 국면을 열었다. 우선 18세기를 거치면서 투르크의 위협을 제어할 수 있게 되었다. 러시아가 먼저 주도권을 잡아 두 방면에서

르투갈 인들에 의해 처음 도입되었다. 사람들은 이내 항행권航行權을 사고팔게 되었으며 이 같은 항행권은 서양의 회사들이나 정부의 수입원이 되었다. 인도의 상인들과 토후들은 이 같은 관행을 별다른 저항 없이 받아들였다. 물론 좋아서가 아니라 무력이 아닌 말로써 항의해봤자 헛수고였기 때문이다. 유럽 나라들 간에 전쟁이 벌어질 경우, 이 같은 관행은 특히 번거로웠는데 교전 국가들로부터 각각의 항행권을 따로따로 확보해야 했기 때문이다. Raychaudhuri, *Coromandel*, 126쪽 참조. Tosi, *India*, vol. I, 93쪽도 참조.

역공을 감행했다. 동쪽으로는 카자흐 군단에, 남쪽으로는 투르크에 맞서 공격에 나선 것이다. 17세기에 네덜란드 인들이 설립하고 18세기 전반에 표트르 대제가 개발한 제철소는 유럽의 동쪽 변경에서 봉쇄를 뚫는 데 어느 정도 기여한 셈이다.[1] G. F. 허드슨이 표현한 대로 "유목 세력이 몰락한 것은 그들이 퇴보해서가 아니라 그들의 적응 능력 이상으로 전쟁 기술이 진화한 데 기인한다. 17, 18세기 타타르 족은 아틸라와 바이안, 칭기즈 칸과 티무르의 군대에 그토록 엄청난 위명을 안겨준 특징을 조금도 잃지 않았다. 그러나 화승총과 대포가 전쟁에서 점점 더 자주, 또 널리 사용되는 것은 기마병에 의존하고 새로운 장비를 갖출 경제적 자원이 없는 세력에게는 치명적이었다."[2] 투르크에 대해서는 군사 전문가인 토트 남작이 사건을 목격하고 한 증언으로 충분할 것이다. "투르크 군대는 러시아가 대포를 사용한 전투마다 참패를 거듭했고 자신들의 재앙에 대해 러시아 인들이 비겁하고 교활한 책략을 쓴다고 비난하는 것으로만 복수할 수 있을 뿐이었다. 그들은 러시아 인들이 화력의 우세에 힘입어 자신들을 압도했다고 말한다. '사실, 화력 때문에 접근하는 것이 불가능하다. 그러나

---

1) 1712년, 표트르 대제는 17세기에 네덜란드 인들이 건설한 생산 거점인 툴라(이에 관해서는 본문 1장을 보라)에 거대한 제철소를 세웠고 시간이 흐르면서 이곳은 러시아 군대의 주요 무기 공급처가 되었다(Amburger, *Marselis*, 174쪽). 1816년, 3,562명의 성인 남자들이 툴라의 여러 공장에서 일하고 있는 것으로 나타났다(Mavor, *Russia*, vol. I, 434~435쪽). 19세기 중반, 스크리브너는 "러시아 제국에 있는 화기 제조 공장 네 곳은 모두 황제의 소유이다. 가장 오래되고 큰 공장은 툴라에 있으며 4,000명이 넘는 노동자를 고용하고 있다."라고 썼다(Scrivenor, *Iron Trade*, 168쪽). 그러나 17, 18세기 내내 러시아는 자국에서 생산되는 대포만으로 수요를 온전히 충족시킬 수 없어서 서유럽에서 대포를 대량으로 수입해야 했다.

2) Hudson, *Europe*, 268쪽.

대포를 놔두고 우리와 남자답게 정정당당하게 맞서서, 일 대 일로 붙는다면 이 이교도들이 진정한 신도가 휘두르는 칼을 막아낼 수 있을지는 금방 드러날 것이다' …… 곡사포(포신이 짧고 탄도가 포물선을 그리는 대포 — 옮긴이)가 자신의 기병대를 매우 괴롭힌다는 이야기를 전해들은 총리대신은 내게 콘스탄티노플에서는 들어본 적 없는 대포라며 그것들이 어떤 종류의 대포냐고 물었다. …… 크라울에서의 교전에서 투르크 군대가 전멸했다는 사실, 전멸이 아니라면 적어도 뿔뿔이 흩어졌다는 사실에 대신은 이미 러시아 포병대의 속사포가 그의 군대의 사기 저하의 주원인이라는 사실을 유추하고 있었다."[1]

해외에서 유럽의 새로운 기술 발전의 충격은 18세기 말이 되어서야 제대로 감지되었다. 그때까지는 본국의 기지에서 원거리로 대규모 군대를 수송하는 데 어려움이 있었기 때문이다. 1689년에도 동인도회사의 군대는 여전히 인도의 지상전에 궤멸되었다. 1700년 회사의 이사들은 인도에서 넓은 지역을 군사적으로 정복하거나 식민지를 수립한다는 구상을 "장거리 여행, 우리 영국인들이 그곳의 열대 기후에서 걸리기 쉬운 질병, 인도 대부분의 국가들의 군사력과 힘, 정책 등을 고려해볼 때 전적으로 비현실적"이라고 여겼다.[2] 18세기 후반 인도 정복은 1707년 아우랑제브Aurangzeb가 죽고 마라타 전쟁에서 아프간 족에게 패배한 후 인도 아대륙이 무정부 상태에 빠져들었기 때문에 가능했다.[3]

---

1) De Tott, *Mémoirs*, vol. II, pt. 3, 10, 79쪽.

2) Thomas, *Mercantilism*, 10쪽. 1685년과 1689년의 군사 행위에 관해서는 Wilson, *Early Annals*, vol. I, 102쪽 이하를 참조하라.

3) Gupta, *Sirajudaullah*, 20쪽.

유럽 인들이 인도의 광대한 내륙을 정복하거나 실질적으로 통제할 수 있게 된 것은 이후 산업 혁명의 부산물로 따라온 것이다.

유럽의 해상 확장은 산업 혁명으로 가는 길을 닦은 여러 주변 여건 가운데 하나이다. 유럽에 공장을 지은 "기업가"들 가운데 서인도 제도 교역 상인이나 동인도회사의 사업가들이 없다는 사실에 근거해 둘 사이의 상관관계를 부정하는 것은 갈릴레오나 뉴턴이 맨체스터에 방직 공장을 세우지 않았다면서 과학 혁명과 산업 혁명 사이의 상관관계를 부정하는 것만큼이나 이치에 맞지 않다. 인류사의 상관관계는 언제나 그렇게 공공연히 그리고 조야하게 작동하지 않는다.

다른 한편, 반대로 산업 혁명이 유럽의 팽창에 탄력을 주었음은 의심의 여지가 없다. 산업 혁명은 유럽 인들의 인구수를 절대적 의미에서 또 비유럽 인구와 비교하여 상대적 의미에서 모두 증대시켰다. 그리고 유럽 인들에게 더 강력한 무기와 인간에게 불리한 자연력을 통제할 수 있는 효율적 기술을 제공했다. 산업화된 유럽에게 "자유 무역" 정책과 "이중 경제"(한 경제 체제 내에 기술 수준과 경제 발전 정도가 다른 경제 체제가 공존하는 경우를 가리킨다. 주로 근대적 부문과 전통적 부문이 공존하는 식민지 경제 체제를 가리킬 때 주로 쓴다. — 옮긴이)라는 정교한 메커니즘을 통해 비산업화된 경제를 종속시킬 수 있는 기회도 제공했다. 애덤 스미스가 인식한 대로 "옛날에 부유하고 문명화된 민족은 빈곤한 야만족들의 공격에 맞서 자신을 방어하기 힘들었다. 오늘날 가난한 야만족은 부유하고 문명화된 민족에 맞서 스스로를 지키기 어렵다."

5. 포탄 너머로 가는 길

앞서 인용한 애덤 스미스의 문장에서 독자들은 "문명화된"과 "기술적으로 진보한" 사이의 불편한 혼동, 적어도 우리에게는 익숙한 형태로서, 산업 혁명의 부산물 가운데 하나인 혼동의 흔적을 감지할지도 모른다. 빅토리아 여왕의 포함砲艦은 아편 무역을 근절하려는 린쩌쉬(林則徐: 1785~1850년, 청대의 정치가. 영국 상인들의 아편을 몰수해 불태우고, 국외로 추방하는 등 강경책을 써 아편 밀수의 근절을 꾀했다. 그의 강경책에 영국이 무력으로 대응하면서 1차 중영 전쟁(1차 아편 전쟁)이 발발했다. — 옮긴이)의 고귀한 노력을 좌절시켰지만 그러한 사실이 빅토리아 여왕의 제독들이 흠차대신(황제가 특정 사건을 처리하기 위해 둔 임시 관직. 아편 전쟁 이후 광저우에서는 서구 열강의 사절들과 교섭하는 업무를 맡았다. — 옮긴이) 린쩌쉬보다 더 "문명화"했다는 것을 의미하지는 않는다. 이 책의 역사적 분석이 틀리지 않다면 기술적으로 더 발전한 민족은 (기술보다 정의하고 평가하기가 더 어려운) "문명화" 정도와 상관없이 우위를 점하게 되어 있다.

"바스쿠 다 가마의 시대"는 이제 갑작스레 끝이 났다. 서양의 우위에 들고일어난 "저발전" 세계는 서양 기술 습득의 중요성을 온전히 강조하는 듯하다. 서양의 지배는 우월한 기술에 의존하기 때문에 그러한 태도는 이해할 만하지만 그 역시 비극적 함의를 띠고 있다.

서양의 테크닉을 획득하기 위해서 비유럽 민족은 더 심오하고 전반적인 "서양화" 과정을 거쳐야 했거나 거쳐야 한다. 실로 역설적이게도 서양에 맞서 싸우기 위해서 그들은 서양식 사고와 행동 방식을 흡수해야만 한다. M. 상이 썼듯이, "우리가 포탄에 맞아 쓰러졌기 때문에 자연히 우리는 대포를 만드는 법을 배움으로써 우리도 반격에 나설 수 있으리라 여기며 거기에 관심을 품게 되었다. 잠시 우리는 그것들이 어떤 이름을 달고 우리에게 왔는지를 잊을 수 있다. 우리 같은 보통 사람들은 제 영혼보다 제 몸을 지키는 데 급급하기 때문이다. 그러나 역사는 참으로 묘한 방식으로 움직이는 듯하다. 포탄을 공부함으로써 우리는 기계적 발명에 다다르게 되고 발명은 다시 정치 개혁으로 이어진다. 정치 개혁으로부터 우리는 정치 이론들을 이해하기 시작하고 정치 이론들은 다시 우리를 서양의 철학으로 이끌었다. 다른 한편으로, 기계적 방법을 통해 우리는 과학을 이해하게 되고 그로부터 과학적 방법론과 과학적 사고를 이해하게 되었다. 한 걸음씩 우리는 포탄으로부터 점점 더 멀어졌지만 동시에 점점 더 가까이 다가가게 된다.”[1] 이런 과정에서 기술이 목표가 되고 철학과 사회적·인간적 관계들은 단순한 수단으로 전락하는 한편, 인간에게 봉사해야 할 기계는 그의 주인이 된다. “바스쿠 다 가마의 시대”는 악몽으로 끝난다. 인간 —— 서양인과 비서양인 모두 —— 이 이러한 혼란으로 인해 당혹스러운 마법사의 조수라는 오래된 상상은 비극적이게도 현실이 된다.

---

1) Chiang, *Tides*, 4쪽.

부록 1

1장 27~29쪽은 14세기부터 17세기 말까지 유럽의 군비 생산에 대해 개괄적으로 조망해보려는 뜻에서 쓴 것이다. 최대한 간단명료하게 설명하기 위해 여러 세부 사항들이 생략되었다. 이 책의 주요 논제와 직접적으로 연관이 없는 다른 많은 사료들도 생략되었다. 또 정보가 부족한 탓에 많은 사안들이 빠짐없이 거론되지 못했다. 여기서 후속 연구가 필요하거나, 미흡하게 설명하고 넘어갔던 몇몇 논점을 간략하게 제시하고자 한다.

대포에 포구를 뚫기 위해 사용된 기술 체계에 관한 이야기는 서양의 기술사에 관한 최근의 역사책에서 여러 차례 소개되었고 (또 여러 도판에서 묘사되었으므로) 이 책에서 다시 설명할 필요는 없을 것이다. 포가砲架와 대포를 조준하기 위해 도입된 체계의 역사에 관해서도 마찬가지다.

대포 생산과 밀접하게 관련이 있는 것은 포탄의 생산이다. 오랜 세월 동안 무수한 유형의 탄알이 고안되어, 인간의 창의력이 어느 정도까지 엇나갈 수 있는지 안타까운 실례를 제공한다. 돌덩어리, 주철 포탄, 산탄(case shot: 안에 작은 탄알이 많이 들어 있는 포탄 — 옮긴이), 포도 탄(grape shot: 여러 개의 철구鐵球로 구성된 포탄 — 옮긴이), 쇠막대기 탄, 아령 모양의 쇠막대기 탄, 고리 탄, 쇠사슬 탄, 뜨겁게 달군 포탄, "안에 폭약이나 연소물을 채운" 유탄榴彈 등이 시도되었다. 이 같은 치명적 물건들의 기술적 역사는 광범위하게 기술되었으나 이러한 포탄 생산의 경제적 측면에 대해서는 여전히 알려진 바가 거의 없다.

이와 유사하게 우리는 화약 생산의 역사도 주로 기술적 측면만 알고 있다. "작게 뭉친 화약"(화약 가루에 소량의 수분을 첨가해 일정한 크기의 알갱이 모양으로 뭉친 화약. 화약의 안정성과 점도를 높였다. — 옮긴이) "서펀타인 화약(흔히 '흑색 화약'이라고 불리는 초창기 화약. 초석과 숯, 유황을 혼합해 만들었다. 시간이 지나면 각 성분이 분리되는 단점이 있었다. — 옮긴이)"을 대체한 16세기의 거대한 변화에 관해서는 많이 기술되었다. 그러나 화약의 경제적 측면에 관해서는 연구된 바가 별로 없다. 네프 교수는 16, 17세기 영국과 프랑스를 바탕으로 화약 생산 분야를 연구했는데(*Industry*, 59~68, 88~98쪽) 아쉽게도 그의 선구적 연구에 적절한 후속 연구가 뒤따르지 않고 있다. 결국 우리는 당시 유럽 군비 생산의 중심지였던 저지대 국가 남부 제주와 네덜란드의 생산에 대해서 아는 바가 없다. 화약의 가격과 생산 비용, 화약 제조 공장의 규모와 구조, 제품의 판매 방식 등등 전반적으로 연구 성과가 전무한 실정이다. 휴대용 소형 화기에 대해서도 마찬가지다. 필자는 이 책에서 휴대용 소형 화기에 적절한 관심을 할애하지 못했다. 그러나 이러한 유형의 무기들이 유럽의 팽창의 역사에서 일회적인 수준 이상의 역할을 했다는 것을 잘 알고 있다. 소형 화기는 필리핀 정복에서 매우 중요했다. 에스파냐의 아메리카 정복에서는 대포보다 더 중요한 역할을 했다. 또 19세기 넘어서까지 해전에서 널리 사용되었다. 군사사, 기술사, 공예사의 측면에서는 너무 많은 글이 쓰였지만 소형 화기의 경제사에 관해서는 쓰인 바가 거의 없다.

A. R. 홀 교수의 최근 연구 덕분에 탄도학과 17세기의 이른바 과학 혁명 사이의 상관관계에 관해 많은 정보를 얻게 되었다. 그러나 우리는 여전히 새로운 발전의 "인적 측면"에 관해서는 전적으로 무지하다. "포술"은 전투의 한복판에서 비록 어림짐작이고 부정확할망정 냉정하게 일련의 측정과 계산 과정을 수행해야만 하는 기술 지향적인 인간, 다시 말해 새로운 유형의 전사를 만들어냈다. 이 새로운 유형의 전투병은 깃털과 깃발을 휘날리고 검을 휘두르며, 비 오듯 땀을 흘리고, 크게 기합을 지르며 대담하게 혼전 한가운데로 뛰어드는 옛 시대의 열혈 전사들과 생생한 대조를 이룬다.

대포의 사용은 르네상스 유럽에 특징적인, 실용적이고 기술적인 것을 추구하는 욕망에 호소했다. 헤일이 표현한 대로 "16세기가 되자 대포는 상징적이고 다양한 연상을 가능케 하는 풍부한 함의들을 획득했고 이미 전쟁을 대표하는 상징으로서 검과 겨루고 있었다."(*War*, 21쪽) 그러나 화기가 가장 야비한 발명품이라고 여기는 보수적 사람들도 많았다. 잔 파올로 비텔리는 툭하면 화승총 사수의 눈을 멀게 하고 손목을 잘랐으며, 바야르는 포로로 붙잡힌 화승총 병사를 총살했다. 세르반테스는 "대포라는 악마 같은 발명품 때문에 가장 용감한 사람이 비열한 겁쟁이들 손에 목숨을 잃게 되었다"라고 썼다. 화기 사용이 옳은지 그른지를 둘러싼 역사상 논쟁은 생각의 역사의 여러 측면에 흥미로운 시각을 던져준다. 이 주제에 관해서는 여러 저작이 존재하며 풀러(*Armament*, 77, 86쪽)와 헤일(*War*, 23쪽 이하)의 책 뒤에 실린 참고 문헌에서 확인 가능하다.

내가 1장에서 간략하게 다룬 문제들 가운데 많은 사안들에 후속 연구가 필요하며, 특히 지역 연구가 절실하다. 개별 대포 공장에 관한 상세한 연구는 많은 것을 알려준다. 스웨덴의 경우, 우리는 17세기 핀스퐁과 율리타의 대포 공장을 그린 탁월한 그림을 가지고 있다. 율리타의 그림은 이 책 도판 8에서 볼 수 있다. 핀스퐁의 그림은 베르그스텐의 책(*Bergslag*, 170쪽)에서 찾아볼 수 있다. 여기에 러시아 툴라의 대포 주조소에 대한 묘사도 덧붙일 수 있을 것이다(Amburger, *Marselis*, 119쪽).

대포 주조소의 고용 인력을 추정할 때, 대포 제작에 직접적으로 관여하는 숙련공과 숯을 만들고 운반하는 일에 고용된 보조적인 미숙련공을 구분해야 한다. 숙련공은 언제나 규모가 매우 제한되어 있는 반면, 미숙련공은 그에 댈 수 없을 정도로 많다. 1629년 오케르스 튀케브루크에는 15명의 "왈롱 사람들"(숙련공)이 있었고 다른 숙련공도 조금 있었던 듯하다(Hahr, *Åkers*, 8쪽). 1676년 작업 인원은 숯을 태우는 사람과 운송을 위해 고용된 농민들을 제하고 28명에 달했던 것 같다(Jansson, *Bergbruken*, 71쪽). 1695년 핀스퐁에는 대장장이가 여섯 명, 고로(高爐: 제철소에서 철광석에서 선철銑鐵을 만들어내는 화로. 보통 높이가 10~25미터에 이르는 높은 원통형으로 꼭대기에 광석과 코크스를 넣고 아래쪽에서 녹은 선철을 모은다. ― 옮긴이) 일꾼이 14명, 다른 일꾼이 17명, 광부 21명, 그밖에 숫자가 명시되지 않은 숯 태우는 일꾼과 운송을 위해 고용된 일꾼들이 있었다. 1751년 핀스퐁에는 공장을 관리하는 사람이 15명, 대장장이가 10명, 주조 일꾼 22명, 보조 35명, 임무가 따로 명시되지 않은 일꾼 12명이 있었다. 그 외에도 숯 만드는 일꾼이 474명, 운송에 고용된 일꾼이 92명, 하녀가 26명 있었다(Bergsten, *Bergslag*, 210, 212쪽). 이 사료에 비춰볼 때, 17세기 브렌츨리(켄트)의 브라운이 운영하는 공장에 고용되었다는 200명(*Calendar State Papers*, Domestic, 1619-23, vol. 105, n. 92, Feb. 11, 1619)은 숯 만드는 사람을 포함한 수치라고 추정해도 무리 없을 것이다.

개별 주조 공장의 생산 규모에 관해서 우리는 영국에서 레빗이 주철 대포를 만들어내기 시작했을 때 애시다운 포레스트의 주조소에서 대략 2년 동안(1장을 보라) 120문을 생산할 수 있었다는 것을 안다. 이때가 1545년이었다. 1604년부터 1609년 사이 토머스 브라운은 브렌츨리 용광로에서 연평균 175톤의 대포를 "만들어 팔았다"(Schubert, *Extension*, 246쪽). 1621년 그의 아들 존 브라운은 같은 주조소에서 200일 만에 200문의 철제 대포를 주조했다고 말했다(*Calendar State Papers*, Domestic, Addenda, 1580-1625, vol. 42, no. 66). 십중팔구, '200'이라는 숫자는 일 년에 가마가 실질적으로 가동되는 날짜라고 보는 것이 무방하다. 율리타에서 1632~1635년 동안 주철 대포 생산은 다음과 같다(Lund Univ. Library, *De la Gardieska, Samlingen, Topographica, Julita*, "Rachnung oppa dhe Järnstycken . . .").

연도	대포(문)	총중량(톤)
1632	64	45
1633	140	105
1634	143	112
1635	219	162

네베크바른, 브렌에세뷔, 파다에서는 1637~1646년 기간에 주철 대포의 생산량이 5,893문, 총 4,700톤에 달했다. 이 숫자는 각 공장이 연간 196문, 약 155톤을 생산했다는 것을 의미한다(*Svenskt Biografiskt Lexicon*, ad vocem H., "De Besche"). 스타브세에서 주철 대포 생산은 17세기 말에 다음과 같았다(Jakobsson, *Artilleriet*, 31쪽 주).

연도	톤
1671	160
1693	119
1694	288
1695	424
1696	352

회계 장부에 따르면 핀스퐁에서는 1642년부터 1648년 사이 1,020톤의 철근과 3,254톤의 주철 대포가 생산되었다(Dahlgren, *De Geer*, vol. II, 366쪽) 1689년 223문, 1690년에는 261문의 대포가 생산되었다(Bergsten, *Bergslag*, 176쪽) 이 수치들은 단일 제철소의 생산 능력이 16, 17세기를 거치면서 대단히 성장했다는 것을 시사한다.

청동 대포의 생산과 관련해서는 다음에 제시된 스톡홀름의 왕립 주조소의 생산량을 참고하기 바란다(Jakobsson, *Beväpning*, 213~214쪽).

연도	톤	연도	톤
1617	15	1625	76
1618	1	1626	6
1620	7	1627	?
1621	15	1628	71
1622	24	1629	?
1623	26	1630	22
1624	78	1631	23

프랑스에서 청동 대포 생산의 중심지 가운데 한 곳은 두에였다. 1670년대 두에 주조소의 연평균 생산량은 "카농스 드 바테리canons de batterie" 96문, 혹은 소구경 대포 144문이었다(Basset, *Histoire*,

1,038쪽). 17세기 에스파냐에서 청동 대포의 가장 중요한 생산지는 세비야였다. 1679년의 공식 보고서에 따르면 세비야 주조소는 연간 중간 정도 구경의 대포를 36문 이상 생산하지 못했다(Carrasco, *Artillería de bronce*, 53~54쪽).

유럽 여러 지역에서 구리, 철, 주석, 숯의 상대적 가격에 관한 세부 연구도 필요하다. 그러한 자료들을 다룰 때 연구자들은 원자재의 품질도 세심하게 명시해야 한다. 원자재의 품질이 가격이 두드러지게 차이가 나는 주요인이기 때문이다. 만코프 교수가 1600년경 러시아에서 구리 대 철 가격 비율이 1:11이었다고 말할 때(Mankov, *Prix*, 97쪽), 독자는 자연히 어떤 종류의 구리와 철을 이야기하고 있는 것인지 궁금해질 것이다. 1580년 크레모나(북부 이탈리아)에서 철은 다음과 같은 가격에 팔렸다.

깨진 철	리라	1	4	5	페소
라디노 지방 철		3	13	0	
연철		4	16	4	
철근		8	14	2	

같은 시기 북부 이탈리아(코모)에서 구리는 다음과 같은 가격에 팔렸다.

로제타 구리	12	0	0
채굴된 구리	13	11	8
제련 구리	15	19	4
동선銅線	19	17	6
길게 뽑아낸 청동 막대기	25	0	0

스웨덴에서 "구리 원광" 대 "질이 떨어지는 철osmund iron" 가격 비율은 1580년경 1:9였으며 1600년 무렵 1:10이었다. "구리 원광" 대 "철근"의 가격 비율은 두 시기 동안 1:5 정도였다(Heckscher, *Historia*, diagram 6). 1624~1694년 시기 암스테르담에서 스웨덴산 구리 원광과 철근 가격에 관한 일련의 수치가 포슛휘뮈스Posthumus 교수에 의해 출판되었다(*Prijsgeshiedenis*, vol. I, tables 168, 173쪽). 필자는 포슛휘뮈스의 자료를 바탕으로 암스테르담에서 구리 원광과 철근의 가격 비율을 계산했다(이하 표 참조). 표를 보면 가격 비율이 놀랄 만큼 유동적이었다는 것을 금방 알아챌 수 있을 것이다. 또 수집한 다른 자료들과 비교해보면, 구리 대 철의 가격 비율이 스웨덴이나 네덜란드, 영국에 비해 이탈리아와 독일 남부에서 눈에 띄게 낮았다는 것을 알 수 있다. 이것은 이탈리아 인들이 청동에서 주철 대포로 넘어가는 게 늦었던 이유를 설명해준다.

대포 가격에 대한 정보를 쉽게 모을 수 있음에도 불구하고 이 분야에서도 아직까지 체계적인 연구가 수행되지 않았다. 대포 가격은 이른바 "가격 혁명"(price revolution: 신세계에서 대량의 은이 유입되면서 16세기 초부터 약 1세기 동안 유럽에서 발생한 인플레이션 — 옮긴이) 시기 급속히 상승한 것으로 보인다. 1546~1548년 서식스에서 제작된 대포는 톤당 10파운드에서 팔렸다(Schubert, *Iron Industry*, 253쪽). 16세기 말 세관원들은 여전히 대포에 대한 "관세와 특별세"를 톤당 10파운드 가격에 근거해 추산했지만(*Calendar of State Papers*, vol. 26, no. 52) 시장 가격은 훨씬 높았다. 1630년대 주철 대포는 톤당 약 35파운드나 40파운드로 매겨졌다(*Calendar of State Papers*, vol. 230, no. 36 and vol. 340, no. 48). 대포의 가격은 중량과 구경은 물론 생산지와 제작자에 따라 천차만별이었다. 1671년 콜베르의 아들은 아버지에게 보내는 편지에서 네덜란드 시장에서 주철 대포의 가격은 "대포의 종류와 제작자에 따라 다릅니다. 현재 가장 값나는 것은 100파운드 정도이며, 48파운드 포와 12, 18파운드 등등의 포는 100파운드당 8파운드입니다(sont différens suivant la bonté des canons et les marques de founderies. Le meilleur vaut presentment g livres le cent. Les canons de 48 livre de balle et ceux de 12, 18, etc. valent 8 livres le cent)." (Clément, *Lettres*, vol. III, part 2, 311쪽)라고 썼다. 콜베르의 아들은 "대포 주조소에 관한 추기(Addition au mémoire concernant la fonderie de canons)"(Bibl. Nat. Paris, Dept, mscr. Colbert 4219, ff. 11-12)에서 더 구체적으로 설명하는데 "스웨덴 대포는 여러 주조소에서 다양한 구경으로 생산되는데 품질이 좋은 것도 있고 나쁜 것도 있습니다. 가장 좋은 제품은 F와 G, H 제작자의 것입니다. 그들의 제품이 다른 주조소의 대포보다 훨씬 더 견고합니다."라고 적었다. 대포의 운임 비용과 마케팅 등등에 관해서는 현재까지 알려진 바가 없다.

흥미로운 결과를 보일 것으로 기대되는 또 다른 연구 분야는 대포와 군수품 생산에서 국가 개입의 역할에 관한 것이다(Nef, *Industry*, 135쪽 이하 참조).

17세기는 모험적 사업에 대한 역사의 관점에서 풍부하고 흥미로운 연구 자료를 제공한다. 전설적인 루이 드 게르(1587~1652년)의 생애와 활동은 달그렌Dalhgren과 브리드펠트Breedvelt의 저작에서 충분히 조명되었다(참고 문헌을 보라. 카의 짧은 논문 「스웨덴의 금융업자」는 달그렌의 저작을 바탕으로 하며 드 게르의 활동 가운데 거의 전적으로 재정적 측면만 다룬다). 또 다른 흥미로운 "기업가"는 역시 리에주 출신으로, 사실 사업가보다는 기술자에 더 가까운 W. G. 드 베슈W. G. de Beche(1573~1629년)이다. 1595년 스웨덴으로 이주해 왕립 주조소의 감

표. 암스테르담 시장에서 스웨덴산 구리 원광 한 단위를 구입하기 위해
   필요한 철근 단위

1624년	10.41	1655년	8.21
1625년	11.22	1656년	8.10
1626년	8.74	1657년	8.86
1628년	7.75	1658년	9.50
1630년	7.09	1660년	10.36
1631년	6.15	1663년	8.67
1632년	8.69	1664년	9.03
1633년	9.12	1665년	9.42
1634년	9.28	1666년	9.38
1635년	6.62	1667년	8.78
1638년	6.36	1668년	9.08
1639년	6.53	1669년	10.23
1640년	5.87	1671년	10.53
1641년	6.40	1672년	9.80
1642년	6.80	1673년	8.42
1643년	7.49	1674년	9.05
1645년	8.33	1677년	9.08
1646년	9.27	1679년	9.72
1648년	8.17	1682년	9.45
1649년	8.22	1683년	11.46
1650년	7.61	1686년	9.17
1651년	6.33	1688년	8.70
1652년	5.92	1691년	9.58
1653년	5.36	1692년	9.83
1654년	7.12	1694년	9.83

독관이 된 드 베슈는 스웨덴 대포 산업에 최초로 강력한 자극을 주었고(1615년) 드 게르가 사업을 스웨덴으로 확장하도록 유도하여 (1619년부터) 그의 성실한 사업 파트너가 되었다. 이 모험적인 "왈롱 사람"의 활동과 생애에 관해서는 드 게르에 관한 달그렌과 브리드펠트의 저작에서 일부 정보를 얻을 수 있다. 여기에 덧붙여 『스웨덴 인명 사전Svenskt Biografiskt Lexicon』에서 베슈 항목, 하르Hahr의 『오케르

스Åkers』, 6~7쪽도 함께 살펴보면 유용하다. 예르노Yeranaux의 『야금술Métallgurgie』은 드 게르와 드 베슈의 "리에주" 경력을 이해하는 데 좋지만 스웨덴에서 이들의 활동에 관해서는 종종 부정확하다.

마르셀리스 가문의 재정, 상업, 기업 활동, 특히 러시아에 제철소를 설립한 것과 관련해서는 암부르거의 풍부한 연구 업적을 들 수 있다(참고 문헌 참조). 그러나 트립 가문 구성원들의 활동에 대해서는 별로 알려진 것이 없으며, 특히 엘리아스(1570~1636년)와 야콥(1575~1663년)의 활동에 대한 연구가 절실하다. 엘리아스 트립과 야콥 트립 형제는 암스테르담과 도르드레흐트의 이름난 상인이었으며 주로 대포와 구리, 철을 거래했다. 엘리아스는 영국과 러시아에서 주철 대포를 수입했는데(54쪽 각주 3번을 보라) 러시아에서는 잠시 대포를 제작하는 네덜란드 회사의 동업자가 되기도 했다(66쪽 각주 4번을 보라). 1656~1658년 3년 동안, 그는 스웨덴에서 네덜란드로 무려 2,031문, 총 2,350톤 분량의 대포를 수입했다(Heijkenskjöld, *Styckegjutning*, 75~76쪽). 1640년대 페터르 트립은 가브리엘 마르셀리스, 로렌스 드 게르, 그 외 다른 사람들과 협력해 포르투갈 대사에게 대포와 탄약을 팔았다(34쪽 각주 1번을 보라). 같은 시기, 야콥의 아들인 헨드리크 트립은 동생과 함께 스웨덴 율리타의 주조소를 임대했다. 트립 가문의 역사에 대한 몇몇 정보는 달그렌(*de Geer*)과 바르부르(*Amsterdam*, 37쪽 주, 39쪽), 트립의 저작에서 얻을 수 있다.

사업 수완의 핵심적 요소 가운데 하나로 이 대포 상인들이 결혼 정책을 추구했다는 사실도 언급하는 것이 좋을 듯하다. 베슈의 아들 샤를은 루이 드 게르의 딸 이다와, 엘리아스 트립은 마리아 드 게르와, 야콥 트립은 마르가레타 드 게르와 결혼했다. 엘리아스의 아들

아드리안은 아드리아나 드 게르와, 야콥의 아들 엔드리크는 잔 드 게르와 결혼했다. 그러나 사업은 사업이라, 가족 간 결연에도 불구하고 두 가문 사이에서 종종 인정사정없이 분쟁이 일어나기도 했다.

잉글랜드의 토머스 브라운과 그의 아들 존 브라운, 서부 독일의 트리에 가문과 마리오트 가문 역시 위대한 대포 상인들이었으나 그들의 활동에 대해서도 만족할 만한 연구가 이뤄지지 못했다. 브라운 가에 대해서는 슈버트 저작 『팽창Extension』의 짤막한 주석note을 참조하는 것이 좋을 듯하다. 마리오트 가에 대해서는 예르노의 『야금술』을 참조하라.

17세기 대포 상인에 관한 긴 목록 가운데 마카오에 유명한 대포 주조소를 세워 아시아 전역에 대포를 판 마누엘 타바레스 보카로를 특별히 언급하고 갈 만하다(Boxer, *Macau*, 212~213쪽에 실린 참고 문헌을 참조하라. 그 밖에 Viterbo, *Fundidores de artilharia*, 28쪽, Amaro, *Fundições e Fundidores Artlheiros*; Teixeira, *Os Bocarros*을 보라. *Arquivo Historico Hltramarino*, Lisbon, Livro 79, 1~5쪽도 보라).

이탈리아 인, 빈첸초 마리아 디 산타 카테리나 다 시에나Vincenzo
Maria di Santa Caterina da Siena 신부는 카르멜리타니스칼치
Carmelitani Scalzi 교단 소속의 선교사로서 1665년 인도로 건너갔다.
그의 여행 기록은 동양의 여러 나라와 관습, 민족에 대한 흥미로운
관찰을 풍부하게 담고 있다. 여행기 11장에서 빈첸초 마리아 신부는
투르크의 해군에 대해서 정확한 정보를 제공하며 내가 이 책에서 논
의한 두 가지 요점 —— 첫째, 투르크는 포위 공격에서만 대포를 활용한다.
둘째, 해상 전투에서 투르크는 기본적으로 적선 들이받기와 적선에 올라타기
에만 의존한다.[1] —— 을 뒷받침해준다. 이하의 내용은 빈첸초 마리아
신부의 여행기 11장 '투르크의 해군과 대포에 대해서On The Naval
Forces and artillery of Turks'를 옮긴 것이다.

"내 소견으로, 이 제국의 해군은 육군에 한참 못 미친다. 인력이나

---

1) Vincenzo Maria di Santa Caterina, *Il Viaggio all' India Orentale*, 41~43쪽. 오
스만 제국의 해군에 대한 터키 측 자료는 Piri Re'is, *Bahrije*, xxxiv~xlii쪽을 참
조하라.

목재, 거대한 함대를 구성하기 위해 필요한 다른 조건들이 없어서
라기보다는 이곳 사람들 사이에서 함대를 건설하려는 뜻이나, 그
에 필요한 재능 혹은 능력이 없기 때문이다. 흑해 연안이나 그리
스, 아시아에서 그들이 소유하고 있는 풍부한 목재로 전함, 갤리
옷선(소형 갤리선 — 옮긴이), 각종 선박을 더 바랄 나위 없이, 쉽게
건조하는 것이 가능하다. 삼림은 광대하고 바다에 가까이 면해 있
어 운송에도 편리하다. 삼림에 인접한 곳에 자재를 준비해 필요한
곳으로 실어 나르는 일에 부릴 수 있게 각종 의무와 구속에서 면
제된 큰 마을들이 있다. 그러니 명령만 내리면 된다. 그러면 단 며
칠 만에 원하는 만큼 많은 목재를 지정된 장소에 옮기고, 얼마나
방대한 작업이든 그에 맞춰 재료를 구비해 놓을 수 있다. 흑해 연
안에는 갤리선과 전함을 쉬지 않고 건조하는 작업장이 많이 있다.
더욱이 나라에서는 큰 조선소 세 군데를 보유하고 있는데, 각각
콘스탄티노플과 겔리볼루(갈리폴루스), 수에즈에 있다. 이 가운데
콘스탄티노플의 조선소는 천장이 있는 작업실이 144곳 있고, 나
머지 두 조선소는 그보다 작업실이 더 작다. 또 수에즈 조선소를
제외하면 술탄은 모든 조선소에 천 명이 넘는 목수를 고용하고 있
으며 상황과 여건에 따라 일꾼 수를 더 늘리기도 한다. 이 일꾼들
은 모두 다른 작업이 아니라 오로지 선박 건조에만 관여한다.

　조선소에 필요한 철은 그리스의 살로니카(오늘날의 테살로니키
— 옮긴이)에서 그리 멀지 않은 사마코 광산에서 채취해 온다. 밧줄
은 콘스탄티노플에서 만든다. 임금은 최소 수준이다(이 사실은 여
기에 정통한 이로부터 들었다). 갤리선 한 척을 건조하는 데 조선소의
십장은 14에서 15세퀸 이상을 받지 못할 수도 있다. 해군에는 자
신들이 원하는 가격대로 무조건 배를 대령하라고 요구할 권한이

있기 때문이다. 이 같은 사정을 고려해볼 때 술탄의 아르마다가 잿더미가 될 때마다 금방 재건되는 이유를 짐작할 수 있을 것이다. 비용이나 자재, 노동력의 부족 등은 그에게 문제가 될 게 없기 때문이다. 그러나 심대한 중요성을 띠는 한 가지 사실이 있다. 배들이 하나같이 형편없이 건조建造되어서 그리 오래가지 못한다는 것이다. 3, 4년만 지나면 배들은 노후하여 더 이상 항해에 적합하지 않다. 목재를 항상 제철이 아닌 때, 다시 말해 수분이 나무둥치 전체로 퍼져서, 썩거나 벌레가 먹는 초여름에 베어내기 때문이다. 더욱이 나무를 베어 내자마자 여전히 건조乾燥 중인 목재로 배를 만들기 때문에, 선체가 크게 부풀어서 때로는 진수되기도 전에 구멍이 나고 갈라져서 완전히 쓸모없게 되어버린 배들이 해변 여기저기에 널려 있는 것을 볼 수 있다. 그리고 일꾼들이 나라에서 받는 임금이 아주 적어서, 철근을 조금씩 제몫으로 챙기기 때문에 완성된 배가 아주 나쁘고 항해에 부적합해서 종종 콘스탄티노플에 닿기도 전에 난파되기도 한다는 사실을 덧붙여야 할 것이다.

술탄은 갤리선의 노 하나를 네 명이 젓도록 한다. 우선적으로는 술탄의 노예늘이 노삽이가 되며, 이 노예들은 이들을 수용할 목적으로 지은 병영에 겨울 동안 갇혀 지낸다. 노예들 다음으로는 죄수들을 부리며, 마지막으로 아시아에서 데려온 장정들도 노잡이로 부린다. 아시아에서는 술탄이 원하는 만큼 많은 수의 노잡이를 제공하는데, 그곳의 큰 마을마다 남자 10명당 한 명씩 노잡이를 해야 할 의무가 부과되어 있기 때문이다. 노잡이로 뽑힌 사람은 군말 없이 의무에 따르든지 아니면 자신을 대신해 노잡이로 나갈 사람을 사야 한다. 술탄은 노예와 아시아에서 온 노잡이들에게 25 술타닌sultanin의 임금을 지불하는데, 이들은 다음 입항 때까지 배의 비품과 식량을 제외하고 더는 받는 것이 없으므로 오로지 그 돈으로 어떻게든 버텨야 한다. 이 임금은 '아바리셰Avarische'라고 부르는데 아이들을 조공으로 바치지 않는 지역에서 세금으로 걷는다. 갤리선 200척을 갖추려면 구역 단위마다 3술타닌을 걷어야 하는데 한 구역은 네 가구로 구성된다. 그러나 아시아 지역에서 온 사람들은 바다에 맞지 않아, 대다수가 뱃멀미를 심하게 하고 갖은 고역으로 금방 세상을 뜨는 까닭에 함대는 질병으로 몸살을 앓는 경우가 잦다. 배 위에서의 생활에 잘 적응한 노예들이 없다면 허약하고 사실상 쓸모없는 함대가 될 것이다. 술탄은 함대에 선원과 병사들을 제공하기 위해 수천 명의 사람들을 고용하는데, 그들의 임무는 해군 함장이 부과하는 일은 무엇이든 수행하는 것이다. 이 사람들은 용감하고 의욕도 넘치지만 경험이 모자라서, 바다 위에서의 움직임에 익숙지 않다. 그래서 대처하기 힘든 거친 폭풍을 만나면 함장은 선원들을 통제해 지시를 수행하게 만들기 어렵다. 정말이지 그들의 목숨이 오락가락하는 판국이다.

갤리선마다 70명 남짓에서 100명까지 병사가 타는데 이들을 먹이는 군량은 레스보스 섬(미틸리니)과 에우보이아 섬(네그로폰테), 그 외 인근 섬에서 댄다. 3,000마지기 봉토를 소유한 사람(티마리 Timari)은 군에 복무하는 많은 수의 예니체리 병사들에 대해서 뿐 아니라 이 군량 제공에도 의무가 있다. ……

…… 투르크 인들은 대포를 별로 이용하지 않는데 사실, 아예 관심이 없는 것 같다. 이들은 포위 공격을 제외하고는 대포의 가치를 높이 치지 않는다. 이들은 해전에서 배와 승선에 크게 의존하며 적선과 조우하면 수적 우위를 활용하기 위해 가능한 빨리 적선에 충돌하려고 한다. 배에 실린 얼마 안 되는 대포는 대체로 철

제 포탄보다 돌덩어리를 날려 보내는데, 돌덩어리가 쪼개지면서 적선을 맞힐 가능성이 더 크고, 또 더 많은 해를 입힌다고 여기기 때문이다. 투르크 인들은 해군용 대포는 페라에서 제조해 그곳에 비축해두고, 육군용 대포는 콘스탄티노플에 모아둔다. 두 곳 모두 총사령관의 지휘 아래 있다. 대포를 만들기 위한 구리는 알렉산드리아에 있는 광산에서 캐고, 그곳에서 이들의 수요를 채우기에 충분할 만큼 화약도 충분히 만든다. 그러나 내 보기에, 기독교도에게 더 크게 유리한 점은 대포를 더 많이 보유하고 있다는 것과 대포를 더 잘 다룬다는 것인 듯하다……."

감사의 말

삽화 사용을 허락해준 기관과 사람들에게 감사의 인사를 드린다.

마일미트 사본의 대포: 옥스퍼드대학 크라이스트처치 칼리지 행정부

피렌체 사본: 피렌체 국립문서보관소

몽 메그: 영국 건설부(정부 저작권)

다르다넬스 대포: 왕립무기박물관(영국 정부 저작권)

모굴 대포(B. Rathgen, 「인도의 화포Pulverwaffe in Indien」 도판 9, 『동아시아 잡
지Ostasiatische Zeitschrift』, 12, 1925에 수록): 독일 동양학회

튜더 왕조 시기 대포: 울리치 왕립대포박물관

율리타의 주조소: 암스테르담 국립미술관

바사호: 스톡홀름 바사조선소해양박물관

대포 상인들: 스벤스카메탈베르켄 주식회사

스웨덴 야포: 스톡홀름 무기박물관

해전에 대한 대서양식 시각: 『스웨덴 해군사Svenska Flottans Historia』

엘리자베스 시대 전함: 그리니치 국립해양박물관

중국인들의 꿈: F. 달 박사. 달 박사가 친절하게 가르쳐준 덕분에 필자는 스웨
덴 룬드대학 도서관에서 이 그림에 주목할 수 있었다.

타이위안의 중국 대포(1940년 『스미스소니언협회 연례보고서Annual Report』에 실
린 C. W. Bishop, The Beginning of Civilization in Eastern Asia, 도판 10)는
스미소니언협회의 허락을 받아 실었으며, 〈금란장으로 출항하는 헨리 8
세〉의 세부는 영국 여왕의 허락을 받아 실었다.

참고 문헌

Acerra, M., Merino, J. and J. Meyer (ed.), *Les marines de guerre européennes. XVIIe-XVIIIe siècles*, Paris, 1985.

Alberi, E. (ed.), *Relazioni degli Ambasciatori Veneti al Senato*, Firenze, 1840.

Albion, R. G., *Forests and Sea Power*, Cambridge (Mass.), 1926.

Albuquerque, A., *The Commentaries*, ed. by W. de Gray Birch, London, 1875-85.

Al-Qalqashandi Ahmed Ibn Ali, *Subb al-a' shā*, Cairo, 1913-19.

Amaro, F. Da Silva, Fundições e Fundidores Artilheiros Portugueses na Asia e na Africa, in *Boletim Eclesiástico de Diocese de Macau* (1960-61), 680~683쪽.

Amburger, E., *Die Familie Marselis. Studien zur russischen Wirtschaftsgeschichte (Giessener Abhandlungen zur Agrar- und Wirtschaftsforschung des Europäischen Ostens*, vol. IV), Giessen, 1957.

Amiot, J. M., *Art militaire des Chinois*, ed. by J. de Guignes, Paris, 1772 (republished in vol. VII of the *Mémoires concernant l'histoire, les sciences, les arts, les moeurs, les usages, etc., des Chinois*, Paris, 1776-91).

————, Supplément à l'Art militaire des Chinois, in *Mémoires concernant l'histoire, les sciences, les arts, les moeurs, les usages, etc., des Chinois*, Paris, 1776-91, vol. VIII.

Anderson, R and R. C., *The Sailing Ship*, New York, 1947.

Andrews, K. R., *Elizabethan Privateering*, Cambridge, 1954.

Angelucci, A., *Documenti inediti per la storia delle armi da fuoco italiane*, Torino, 1869.

Anhegger, R, *Beiträge zur Geschichte des Bergbaus im Osmanischen Reich*, Istanbul, 1943-45.

有坂鉊藏, 『兵器考』, 東京, 昭和 21 (1936).

Atkinson, G., *Les nouveaux horizons de la Renaissance Française*, Paris, 1935.

Audemard, L., *Les Jonques chinoises*, ed. by C. Nooteboom, Rotterdam, 1957.

Ayalon, D., *Gunpowder and Firearms in the Mamluk Kingdom*, London, 1956.

Aymard, M., Chiourmes et galères dans la seconde moitié du XVIe siècle, in *Il Mediterraneo nella seconda metà del '500 alla luce di Lepanto*, ed. by G. Benzoni, Firenze, 1974, 71~91쪽.

Baasch, E., *Holländische Wirtschaftsgeschichte*, Jena, 1927.

______, Der Verkehr mit Kriegsmaterialen aus und nach den Hansestädten, in *Jahrbücher für Nationalökonomie und Statistik*, 137 (1932), 538~543 쪽.

Baklanov, N. B., Mavrodini, V. V. and I. I. Smirnov, *The Influence of the Sea on the Political History of Japan*, London, 1921.

______, *Tul'skie i Kashirskie zavody v XVII v.*, Moskva-Leningrad, 1934.

Ballard, G. A., *Rulers of the Indian Ocean*, London, 1927.

Bang, N. (ed.), *Tabeller over Skibsfart og Varetransport gennem Øresund*, Kobenhavn-Leipzig, 1906-53.

Barbosa, A., *Novos subsidios para a história da ciencia nautica portuguesa da epoca dos descrubrimientos*, Oporto, 1948.

Barbour, V., *Capitalism in Amsterdam in the Seventeenth Century*, Baltimore, 1950.

Barrow, J., *Travels in China*, London, 1804.

Basset, M. A., Essais sur l'histoire des fabrications d'armement en France jus-qu'au milieu du XVIIIe siècle, in *Mémorial de l'artillerie française*, 14 (1935), 881~1280쪽.

Beck, L., *Die Geschichte des Eisens*, Braunschweig, 1891-95.

Beer, G. L., *The Origins of the British Colonial System, 1578-1660*, Gloucester (Mass.), 1959.

Bellavitis, G., *L'arsenale di Venezia. Storia di una grande struttura urbana*, Venezia, 1983.

Bergsten, K. E., *Östergötlands Bergslag*, Lund, 1946.

————, *A Methodical Study of an Ancient Hinterland: The Iron Factory of Finspong Sweden*, (Lund Studies in Geography, series B. Hunnan Geography Monogr., no. 1) Lund, 1949.

Beveridge, W., *Prices and Wages in England from the Twelfth to the Nineteenth Century*, London-New York-Toronto, 1939.

Bishop, C. W., The Beginnings of Civilization in Eastern Asia, in *Annual Report of the Board of Regents of the Smithsonian Institution*, 1940, 431~446쪽.

Black, J. and P. Woodfine (ed.), *The British Navy and the Use of Naval Power in the Eighteenth Century*, Leicester, 1988.

Blair, F. H. and J. A. Robertson (ed.), *Philippine Islands*, Cleveland (Ohio), 1963.

Blok, P. J., *Geschiedenis van het Nederlansche volk*, Leiden, 1913.

Boëthius, B., Swedish Iron and Steel, in *The Scandinavian Economic History Review*, 6 (1958), 144~175쪽.

Boëthius, B. and E. F. Heckscher, *Svensk Handelsstatistik 1637-1737*, Stockholm, 1938.

Bogoiavlenskii, M. M., *Vooruzhenie russkikh voisk v XVI-XVII*, Moskva, 1938.

Boissonade, P. and P. Charliat, *Colbert et la Compagnie de Commerce du Nord*, Paris, 1930.

Bonaparte, N. L. and I. Favé, *Études sur le passé et l'avenir de l'artillerie*, Paris, 1846-71.

Boots, J. L., Korean Weapons and Armour, in *Transaction of the Korea Branch of the Royal Asiatic Society*, vol. 23, part 2 (1934), 1~37쪽.

Borah, W., ¿América como modelo? El impacto demográfico de la expansión Europea sobre el mundo no Europeo, in *Cuadernos Americanos*, 6 (1962), 176~185쪽.

Borgnet, J., Analyse des chartes namuroises qui se trouvent aux archives départementales du Nord à Lille, in *Bulletin de la Commission Royale d'Histoire, Bruxelles*, 1863, series 3, vol. V, 39~222쪽.

Bosmans, H., Ferdinand Verbiest, Directeur de l'Observatoire de Peking, in *Revue des Questions Scientifiques*, series 3, vol. 21 (1912), 195~271, 375~464쪽.

Botero, G., *Aggiunte fatte alla Ragion di Stato*, Venezia, 1659.

————, *Relationi universali*, Venezia, 1659.

Bourne, E. G., *Spain in America*, New York, 1962.

Boxer, C. R., *Jan Compagnie in Japan*, s' Gravenhage, 1936.

————, *Expedições militares portuguêsas em auxilio dos Mings contra os Manchus 1621-1647*, Macao, 1940.

————, *Macau na Epoca de Restauraçao*, Macao, 1942.

————, *Fidalgos in the Far East 1550-1770. Fact and Fancy in the History of Macao*, s' Gravenhage, 1948.

———— (ed.), *South China in the Sixteenth Century*, London, 1953.

————, The Portuguese in the East, in *Portugal and Brazil*, ed. by H. V. Livermore, Oxford, 1953.

————, *The Dutch in Brazil*, Oxford, 1957.

————, *The Great Ship from Amaçõn*, Lisboa, 1959.

————, *The Tragic History of the Sea 1589-1622*, Cambridge, 1959.

————, *Four Centuries of Portuguese Expansion, 1415-1825: A Succinct Survey*, Johannesburg, 1961.

————, Asian Potentates and European Artillery in the 16th-18th Centuries, in *Journal of Malaysian Branch of the Royal Asiatic Society*, vol. 38 (1965), 156~172쪽.

Braudel, F., *La Méditerranée et le monde méditerranéen à l'époque de Philippe II*, Paris, 1949,

Breedvek Van Veen, F., *Louis de Geer, 1587-1652*, Amsterdam, 1935.

Bridbury, A. R., *Economic Growth: England in the Later Middle Ages*, London, 1962.

Briggs, J. (ed. and trans.), *History of the Rise of the Mahomedan Power in India ... translated from the original Persian of Mahomed Kasim Ferishta*, Calcutta, 1909.

Brown, D. M., The Impact of Firearms on Japanese Welfare 1543-98, in *The Far Eastern Quarterly*, 7 (1948), 236~253쪽.

Brunet, J. B., *Histoire générale de l'artillerie*, Paris, 1842.

Brusoni, G., *Varie osservazioni sopra le Relazioni Universali di G. Botero*, Venezia, 1659.

Burlet, R., Carrière, J. and A. Zysberg, Mais comment pouvait-on ramer sur les galères du Roi-Soleil?, in *Histoire et mesure*, I, 1986, 147~207쪽.

Cabarga, S. J., *Santander*, Santander, 1956.

Caddeo, R. (ed.), *Le Historie della vita e dei fatti di Cristforo Colombo per D. Ferdinando Colombo*, Milano, 1930.

Campbell, T., Portolan Charts from the Late Thirteenth Century to 1500, in *The History of Cartography*, I, *Chartography in Prehistoric, Ancient and Medieval Europe and the Mediterranean*, ed. by J. B. Harley and D. Woodward, Chicago-London, 1987, 371~463쪽.

Carman, W. Y., *A History of Firearms*, New York, 1955.

Carr, R., Two Swedish Financiers: Louis de Geer and Joel Griepenstierna, in *Historical Essays presented to David Ogg*, ed. by H. E. Bell and R. L. Ollard, London, 1963, 18~34쪽.

Carrasco, A., Apuntes para la historia de la fundición de la artillería de bronce, in *Memorial de Artillería*, series 3, vols. 15 & 16, Madrid, 1887.

————, Apuntes para la historia de la fabricación de artillería y proyéctiles de hierro, in *Memorial de Artillería*, series 3, vol. 16, Madrid, 1889.

Carus-Wilson, E., *The Merchant Adventurers of Bristol in the Fifteenth Century*, Bristol, 1962.

Cederlof, O., *Vapenshistorisk Handbok*, Malmö, 1951.

Chang, T. T., *Sino Portuguese Trade from 1514 to 1644*, Leiden, 1934.

陳其田, 『林則徐』, 北京, 1934.

————, 『曾國藩』, 北京, 1935.

Chernov, A. V., *Vooruzhennye sily Russkogo gosudarstva u XV-XVIIvv*, Moskva, 1954.

Chesnay, F. R., *Observations on the Past and Present State of Firearms*, London, 1852.

Chiang, M., *Tides from the West*, New Haven, 1947.

Chincherini, A., *Lo scolare bombardiere ammaestrato*, Venezia, 1641.

Chow Wie, *Chung Kuk Ping Ji Shü Kö*, Pechino, 1957.

Christensen, A. E., *Industries histoire i Danmark*, København, 1934.

————, *Dutch Trade to the Baltic about 1600*, Københavnden Haag, 1941.

Cipolla, C. M., The Decline of Italy, in *The Economic History Review*, 5 (1952), 178~187쪽.

————, Economic Depression of the Renaissance?, in *The Economic History Review*, 16 (1964), 519~524쪽.

Clément, P. (ed.), *Lettres, instructions et mémoires de Colbert*, Paris, 1859-82.

Clowes, G. S. L., *Sailing Ships, their History and Development*, London, 1932.

Cocks, R., *Diary*, ed. by E. M. Thompson, London, 1883.

Cocle, M. J. D., *A Bibliography of Military Books up to 1642*, London, 1957.

Colenbrander, H. T., *Jan Pieterzoon Coen*, 's Gravenhage, 1934.

Collado, *Plática manual de artillería*, Milano, 1592.

Collis, M., *The Grand Peregrination, being the Life and Adventures of Fernão Mendes Pinto*, London, 1949.

Conturie, P. M., *Histoire de la Fonderie Nationale de Ruelle (1750-1940)*, Paris, 1951.

Coornaert, E., *Les Français et le commerce international à Anvers*, Paris, 1961.

Cordeiro, J. M., *Apontamentos para a Historia de Artilheria Portuguesa*, Lisboa, 1895.

Cortesao, A., Nautical Science and the Renaissance, in *Archives Internationales d'histoire des Sciences*, 9 (1949), 1075~1092쪽.

Countinho, C. V. G., *A nautica dos descobrimentos*, Lisboa, 1951-52.

Crawfurd, J., *History of the Indian Archipelago*, Edinburgh, 1820.

――――, *A Descriptive Dictionary of the Indian Islands and Adjacent Countries*, London, 1856.

Cunningham, W., *The Growth of English Industry and Commerce*, Cambridge, 1919.

Da Fonseca, Q., *A Caravela Portuguesa*, Coimbra, 1934.

――――, O problema das caracteristicas dos galeões Portugueses, in *Memorias de Academia das Sciencias de Lisbôa*, I, 151~167쪽.

Dahlgren, E. W., *Louis de Geer*, Uppsala, 1923.

Daniemend, I. H., *Izahli Osmanli Tarihi Kronolojisi*, Istanbul, 1947.

Davis, R., *The Rise of the English Shipping Industry in the Seventeenth and Eighteenth Centuries*, London, 1962.

De Artiñano y de Galdácano, G., *La arquitectura naval española*, Madrid, 1920.

De Guignes, C. L. J., *Voyages à Peking, Manille et l'Ile de France, faits dans l'intervalle des années 1784 à 1801*, Paris, 1808.

De Jonge, J. K. J., *De opkomst van het Nederlandsch gezag in Oost Indië*, 's

Gravenhage, 1862-95.

De Laet, J., *Description of India* (ed. by J. S. Hoyland and S. N. Banerjee under the title of *The Empire of the Great Mogol*), Bombay, 1928.

De La Roncière, M. and M. Mollat du Jourdain, *Les Portulans-Cartes marines du XIIIe au XVIIe siècle*, Fribourg, 1984.

D'Elia, L., *Fonti Ricciane*, Roma, 1942-49.

Del Marmol, E., Notes sur quelques industries namuroises aux XVIIe et XVIIIe siècles d'après les registres de la Chambre des Comptes, in *Annales de la Société Archéologique de Namur*, 12 (1872-73), 33~54, 245~259쪽.

De Mendoza, J. G., *The History of the Great and Mighty Kingdom of China*, ed. by G. T. Staunton, London, 1853.

De Montchrétien, A., *Traicté de l'œconomie politique*, ed. by F. Funck-Brentano, Paris, 1889.

De Rada, M., Relation of the Things of China, in *South China in the Sixteenth Century*, ed. by C. R. Boxer, London, 1953.

De Resende, G., *Chronica de El-Rei d. João II*, Biblioteca de Classicos Portugueses, vols. 32-34, Lisboa, 1902.

Derry, T. K., Williams, T. I. et al., *A Short History of Technology*, Oxford, 1960.

De Saint Rémy, P. S., *Mémoires d'Artillerie*, Paris, 1745.

De Tott, F., *Mémoires*, London, 1786.

Dike, K. O., *Trade and Politics in the Niger Delta, 1830-1885*, Oxford, 1956.

Din Ta-San, J. and F. Olesa Muñido, *El poder naval chino desde sus orígines hasta la caída de la Dinastía Ming*, Barcelona, 1965.

Dion, R., *Histoire de la vigne et du vin en France des origines au XIXe siècle*, Paris, 1959.

Doorman, G. (ed.), *Patents for Inventions in the Netherlands*, 's Gravenhage, 1942.

Du Halde, J. B., *The General History of China*, London, 1741.

Egerton of Tatton, W., *A Description of Indian and Oriental Armour*, London, 1896.

Ehrenberg, R., *Hamburg und England im Zeitalter der Königin Elisabeth*, Jena, 1896.

Ekeberg, C. G., *Ostindische Reise in den Jahren 1770 und 1771*, Dresden-

Leipzig, 1785.

Ekman, C., Skeppstyperna under Gustav Vasa och Erik XIV: s tid, in *Sjöhi-storisk Årsbok*, 1945–46, 207~228쪽.

Eldridge, F. B., *The Background of Eastern Sea Power*, Melbourne, 1945.

Elias, J., *Schetsen uit de Geschiedenis van ons Zeewezen*, 's Gravenhage, 1916.

Elsas, M. J., *Umriss einer Geschichte der Preise and Löhne in Deutschland*, Leiden, 1936–40.

Evrard, R. and A Descy, *Histoire de l'usine des Vennes*, Liège, 1948.

Fairbank, J. K., China's Response to the West: Problems and Suggestions, in *Cahiers d'histoire mondiale*, 3 (1956), 381~406쪽.

Fayle, C. E. (ed.), *Voyages to the Indies of Christopher Fryke and Christopher Schweitzer*, London-Toronto-Melbourne, 1929.

Fei Hsiao-Tung, *China's Gentry*, Chicago, 1953.

Fernández Duro, C., *Disquisiciónes náuticas*, Madrid, 1876–80.

Ferro, G., *Carte nautiche dal Medioevo all'Età Moderna*, Genova, 1992.

Ffoulkes, Ch., *The Gun-Founders of England*, Cambridge, 1937.

Fisher, F. J., Commercial Trends and Policy in Sixteenth Century England, in *The Economic History Review*, 10 (1940), 95~117쪽.

Fontoura da Costa, A., *A Marinharia do Descobrimentos*, Lisboa, 1940, 3ª ed.

Foster, W. (ed.), *Early Travels in India*, Oxford, 1921.

Franke, W., *China and the West*, Oxford, 1967.

Frankel, S. H., *The Economic Impact on Under-developed Societies*, Oxford, 1953.

Friis, A., Forbindelsen mellen det europaeiske og asiatiske Kobbermarked, in *Scandia*, 12 (1939), 151~180쪽.

Fueter, E., *Storia del sistema degli Stati Europei dal 1492 al 1559*, Firenze, 1932.

Fuller, J. F. C. , *Armement and History*, New York, 1945.

Fung You-Lan, Why China has no Science, in *The International Journal of Ethics*, 32 (1922), 237~263쪽.

Gentilini, E., *Il perfetto bombardiere*, Venezia, 1626 (The first edition was published in Venezia in 1592, slightly different in the form, but not in the substance).

Gibbon, E., *The History of the Decline and Fall of the Roman Empire*, Boston, 1856.

Gille, B., *Les origines de la grande industrie métallargique en France*, Paris, 1947.

————, Les développements technologiques en Europe de 1100 à 1400, in *Cahiers d'Histoire Mondiale*, 3, 1956.

Gilli, G. A., *Origini dell'eguaglianza*, Torino, 1988.

Glamann, K., The Dutch East India Company's Trade in Japanese Copper, in *The Scandinavian Economic History Review*, 2 (1953), 41~103쪽.

————, *Dutch-Asiatic Trade 1620-1740*, København-'s Gravenhage, 1958.

Godinho, V. M., *A Espansão Quatrocentista Portuguesa*, Lisboa, 1945.

————, *Les Grandes Découvertes*, Coimbra, 1953.

————, Le repli vénitien et égyptien et la route du Cap, in *Eventail de l'Histoire Vivante — Hommage à Lucien Febvre*, Paris, 1953, vol. II, 283~300쪽.

————, *A Economia dos descobrimentos Henriquinos*, Lisboa, 1962.

Goetz, H., Das Aufkommen der Feuerwaffen in Indien, in *Ostasiatische Zeit-schrift*, 12 (1925), 226~229쪽.

Gohlke, W., Das älteste datierte Gewebr, in *Zeitschrift für Historische Waffen-kunde*, 7 (1915-17), 205~206쪽.

Goodrich, L. C. , Note on a Few Early Chinese Bombards, in *Isis*, 35 (1944), 211쪽.

————, *A Short History of the Chinese People*, New Yark, 1951.

Goodrich, L. C. and Chia-Sheng Fêng, The Early Development of Firearms in China, in *Isis*, 36 (1946), 114~123쪽.

Grandberg, O., *Allart van Everdingen och hans "norska", Lanskap det gamla Julita och Wurmbrandts Kanoner*, Stockholm, 1902.

Grill, E., *Jacob de la Gardie, affärsmannen och politikern 1608-1636*, Göte-borg, 1949.

Guglielmotti, A., *Storia della marina pontificia nel Medio Evo*, Firenze, 1871.

Guiard y Larrauri, T., *La industria naval vizcaína*, Bilbao, 1917.

Guicciardini, F., *Storia d'Italia*, ed. by C. Panigada, Bari, 1929.

————, Relazione di Spagna (1512-13), in *Scritti autobiografici e rari*, ed. by

R. Palmarocchi, Bari, 1936.

Guilmartin, J. F., *Gunpowder and Galleys Changing Technology and Mediter-ranean Welfare at Sea in the Sixteenth Century*, London, 1974.

Gupta, B. K., *Sirajudaullah and the East India Company 1756-1757. Background to the Foundation of British Power in India*, Leiden, 1962.

Haebler, R. C, *Wie unsere Waffen Wurden*, Leipzig, 1940.

Hagendorn, B., *Die Entwicklung der wichtigsten Schiffstypen bis in 19. Jahrhundert*, Berlin, 1914.

Hahr, G., *Åkers styckebruk*, Stockholm, 1959.

Hale, J., War and Public Opinion in the Fifteenth and Sixteenth Centuries, in *Past and Present*, 21 (1962), 18~33쪽.

Hale, J. R, Men and Weapons: The Fighting Potential of Sixteenth century Venetian Galleys, in *War and Society. A Yearbook of Military History*, ed. by B. Bond and I. Roy, London, 1975, vol. I, 1~23쪽.

Hall, A. R, *Ballistics in the Seventeenth Century*, Cambridge, 1952.

Hamilton, H., *The English Brass and Copper Industries to 1800*, London, 1925.

Hammer, J., *Geschichte des Osmanischen Reiches*, Pest, 1827.

『한국 해경사』, 해군본부 전사 편찬관실 (편), 서울, 단기 4288년 (1955년).

Hardy, E., *Origines de la tactique frantçaise*, Paris, 1879-81.

Hassenstein, W., Über die Feuerwaffen in der Seeschlacht von Lepanto, in *Zeitschrift für Historische Waffen- und Kostümkunde*, new series 7 (1940), 1~10쪽.

Headrick, D., *The Tools of Empire*, Oxford, 1981.

Heckscher, E. F., *Sveriges Ekonomiska Historia*, Stockholm, 1935-49.

Heijkenskjöld, C., Svensk styckegjutning och lodstöpning av järm under perioden 1540-1840, in *Artilleri Tidskrift*, 64 (1935), 57~79쪽.

Henrard, P., Documents pour servir à l'histoire de l'artillerie en Belgique. Les fondeurs d'artillerie, in *Annales de l'Académie d'Archéologie de Belgique*, 45 (1889), 237~281쪽.

Hilbebrand, K. G., *Fagerstabrukens Historia: Sexton-och Sjuttonhundratalen*, Uppsala, 1957.

Hime, H. W. L., Who Invented the Leather Guns, in *Proceeding of the Royal Artillery Institutions*, 25 (1898).

________, *The Origin of Artillery*, London, 1945.

Ho Ping-Ti, *The Ladder of Success in Imperial China*, New York, 1964.

Hudson, G. F., *Europe and China*, London, 1961.

Hultberg, G., Om Åkers styckebruks äldre historia, in *Bidrag till Söderman-lands äldre Kukurhistoria*, 27 (1934), 27~42쪽.

Hummel, A. V. (ed.), *Eminent Chinese of the Ch'ing Period*, Washington, D.C., 1944.

胡宗憲, 『籌海圖編』(preface dated 1624). (Two copies of work are available at the Asiatic Library of the University of California, Berkeley.)

Hyma, A, *The Dutch in the Far East*, Ann Arbor (Mich.), 1953.

Ibn Buhtur Ibn Yahya, *Ta'riskh Bairūt*, ed. by P. L. Chiekho, Beyrouth, 1898–1902.

Ibn Khaldun, *Kitab al-ibar wa-Dīwān al Mubtada wal Khabr fiayyam al'-arab*, Cairo, 1867.

Iovius, P., *Historia sui temporis*, Paris, 1558.

Irvine, W., *The Army of the Indian Moghuls*, London, 1903.

Jakobsson, T., *Beväpning och Beklädnad* (vol. II, of *Sveriges Krig 1611-1632*), Stockholm, 1938.

________, En vapenhistorisk dygrip i Armémuseum, in *Armémusei vänners meddelande*, 5, Stockholm, 1942.

________, *Artilleriet under Karl XII: s tiden*, Stockholm, 1943.

Janiçon, F. M., *État présent de la République des Provinces-Unies*, 's Gravenhage, 1729.

Jansson, A., *Bergsbruken i det forna Gripsholm län*, Uppsala, 1952.

Jansson, S. O., *Måttordbok*, Stockholm, 1950.

Japikse, N., *Resolutien der Staten Generaal*, Rijks Geschiedkundige Publicatien, 85, den Haag, 1941.

Jeannin, P., Le tonnage des navires utilisés dans la Baltique de 1550 à 1640 d'après les sources prussiennes, in *Le navire et l'économie maritime*, Paris, 1965, 46~69쪽.

Jenkins, R., The Rise and Fall of the Sussex Iron Industry, in *Transactions of the Newcomen Society*, 1 (1920), 16~33쪽.

————, *Collected Papers*, Cambridge, 1936.

Johannsen, O., Die Quellen zur Geschichte des Eisengusses in Mittelalter und in der neueren Zeit bis zum Jahre 1530, in *Archiv für die Geschichte der Naturwissenschaften und der Technik*, 3 (1912), 365~394쪽.

Juan de la Concepción, *Historia general de Philipinas*, Manila, 1788-92.

Kaeppelin, P., *La Compagnie des Indes Orientales*, Paris, 1908.

Kahle, P., *Das Turkische Segelandbuch für das Mittelländische Meer vom Jahre 1521*, Berlin und Leipzig, 1926.

Kammerer, A., La découverte de la Chine par les portugais au XVIᵉ siècle et la cartographie des portulans, in *T'oung Pao*, suppl. al vol. 39 (1944).

Keble Chatterton, E., *Ship-models*, London, 1923.

Kilburger, J. P., Kurzer Unterricht von dem russischen Handel, in *Büschings Magazin für die neuere Historie und Geographie*, 3 (1769), 245~386쪽.

Klein, P. W., *De Tripper in de 17e Eeuw*, Rotterdam, 1965.

Köhler, G., *Die Entwicklung des Kriegswesens und der Kriegsführung in der Ritterzeit*, Breslau, 1887.

Kurts, B. S., *Socinenie Kilburgera O Russkoj torgovle*, Kiev, 1915.

Landström, B., *La nave. Panorama della storia della nave dalla zattera primitiva al sottomarino nucleare*, Milano, 1976.

Lane, F. C., *Venetian Ships and Shipbuilders of the Renaissance*, Baltimore, 1934.

————, The Economic Meaning of the Invention of the Compass, in *The American Historical Review*, 68 (1963), 605~617쪽.

Lapeyre, H., *Une famille de Marchands, les Ruiz*, Paris, 1955.

Le Compte, L., *Empire of China*, London, 1737.

이은상李殷相, 『이충무공 일대기李忠武公一代記』, 단기 4279년 (1946년).

Lefebvre de Noëttes, R., *De la marine antique à la marine moderne*, Paris, 1935.

Le Gentil, G., *Fernão Mendes Pinto*, Paris, 1947.

Lejeune, J., *La formation du capitalisme moderne dans la Principauté de Liège au XVIᵉ siècle*, Liège-Paris, 1939.

Levenson, J. R., *Confucian China and its Modern Fate*, Berkeley, 1958.

Lewis, B., *The Arabs in History*, New York, 1960.

Lewis, M., *The Spanish Armada*, New Yark, 1960.

Lindschoten, van, J. H., *Voyage to the East Indies*, ed. by A. C. Burnell and P. A. Tiele, London, 1885.

Lin Yian Tsouan, *Essai sur le P. Du Halde et sa descrition de la Chine*, Freiburg, 1937.

Lomba, F. and Soyo, Y., *Lierganes*, Madrid, 1936.

Lopes de Mendonça, H., *Estudos sobre navios portugueses nos seculos XV e XVI*, Lisboa, 1892.

Lot, F., *L'art militaire et les armées au Moyen Age*, Paris, 1946.

————, *Recherches sur les effectifs des armées françaises des guerres d'Italie aux guerres de religion*, Paris, 1962.

Lyth, S. G. E., *The Economy of Scotland in its European Setting*, Edinburgh-London, 1960.

Maffei, G. P., *Le Historie dell'Indie*, Bergamo, 1749.

Mallett, M. E., *The Florentine Galleys in the Fifteenth Century*, Oxford, 1967, 27~28쪽.

Malmberg, A., *Seklernas Finspång*, Stockholm, 1963.

Mankov, A. G., *Le mouvement des prix dans l'État Russe du XVIᵉ siècle*, Paris, 1957.

茅元儀, 『武備志』, 1628 (A copy of this work is preserved at the Asiatic Library of the University of California, Berkeley).

Marder, A. J., From Jimmu Tenno to Perry: Sea Power in Early Japanese History, in *American Historical Review*, 51 (1945), 1~34쪽.

Marsigli, F. L., *L'Etat militaire de l'Empire Ottoman*, 's Gravenhage-Amsterdam, 1732.

Martin, C. and G. Parker, *The Spanish Armada*, New York-London, 1988.

Mattingly, G., *The Armada*, New York, 1962.

Mauro, F., *Le Portugal et l'Atlantique au XVIIᵉ siècle 1570-1670*, Paris, 1960.

Mavor, J., *An Economic History of Russia*, London-Toronto, 1925.

Mayers, W. F., On the Introduction and Use of Gunpowder and Firearms among the Chinese, in *Journal of North China Branch of the Royal*

Asiatic Society (1869-70), 73~104쪽.

Meilink-Rollofsz, M. A. P., *Asian Trade and European Influence*, 's Graven-
    hage, 1962.

Melis, F., La situazione della marina mercantile all'inizio dell'età enrichina, in
    Actas do Congresso Internacional de Historia dos Descubrimentos, vol.
    V, Lisboa, 1961.

Meyerson, *Å Läderkanonen från Tidö i Livrustkammaren*, Stockholm, 1938.

Montecuccoli, R., Aforismi applicati alla guerra possibile col Turco in Unghe-
    ria, in *Opere*, Milano, 1831.

Montù, C., *Storia della artiglieria italiana*, Roma, 1933.

Morse, H. B., *The Chronicles of the East India Company Trading to China*,
    Cambridge (Mass.), 1926.

Moryson, F., *Itinerary*, ed. by Ch. Hughes, London, 1903.

———, *An Itinerary*, Glasgow, 1908.

Mu Fu Sheng, *The Wilting to the Hundred Flowers*, New York, 1963.

Mundy, P., *Travels in Europe and Asia*, ed. by R. C. Temple, London, 1907-
    1909.

Nadal, J., Historia de la Población Española, in M. Reinhard and A. Armen-
    gaud, *Historia de la Población Mundial*, Barcelona, 1966.

Nadvi, S. A. Z., The Use of Cannon in Muslim India, in *Islamic Culture*, 12
    (1938), 405~418쪽.

Nani Mocenigo, M., *L'arsenale di Venezia*, Venezia, 1927.

Needham, J., *Science and Civilization in China*, Cambridge, 1954(『중국의 과
    학과 문명』(전 3권), 임정대 등 옮김, 을유문화사, 1997~1998년).

———, Poverties and Triumph of the Chinese Scientific Tradition, in *Scientific
    Change, Historical Studies in the Intellectual, Social and Technical
    Conditions for Scientific Discovery and Technical Invention*, ed. by A.
    C. Crombie, London, 1963, 117~153쪽.

Nef, J. U., *The Rise of the British Coal Industry*, London, 1932.

———, *La guerre et le progrès humain*, Paris, 1950.

———, *Industry and Government in France and England*, Ithaca, 1957.

Nicolas, N. L., *History of the Navy to the French Revolution* (2 vols.), London,
    1847.

Nieuhoff, J., *An Embassy to China*, London, 1669.

Nixon, J. A., Health and Sickness, in C. N. Parkinson, *The Trade Winds*, London, 1948, 121~138쪽.

Nystrom, P., Mercatura Ruthenica, in *Scandia*, 10 (1936), 239~296쪽.

Oakeshott, M., *Political Education*, Cambridge, 1951.

Odén, B., A Netherland Merchant in Stockholm in the Reign of Erik XVI, in *The Scandinavian Economic History Review*, 10 (1962), 3~37쪽.

Oettingen, W., *A Filarete's Tractat über die Baukunst*, Wien, 1890.

Olechnowitz, K. F., *Der Schiffbau der Hansischen Spätzeit*, Weimar, 1960.

Oman, Ch., *A History of the Art of War in the Middle Ages*, Boston-New York, 1924.

————, *A History of the Art of War in the Sixteenth Century*, New York, 1937.

Pagel, L., *Die Hanse*, Oldenburg, 1943.

Pannikkar, K. M., *Asia and Western Dominance*, London, 1961.

Parker, G., *La rivoluzione militare. Le innovazioni militari e il sorgere dell'Occidente*, Bologna, 1990 (new edition 1999).

Parry, J. H., *The Age of Reconnaissance*, New York, 1964.

Partington, J. R., *A History of Greek Fire and Gunpowder*, Cambridge, 1960.

Paumgarnter, H, *Welthandelsbräche*, ed. by K. O. Muller, Stuttgart-Berlin, 1934.

Pegolotti Balducci, F., *La pratica della mercatura*, ed. by A. Evans, Cambridge (Mass.), 1936.

Pehrsson, P., *De till Sverige invandrade vallonernas religiösa förhållanden*, Uppsala, 1905.

Pelliot, P., Le Hōja et le Sayyid Husain de l'Histoire des Ming, in *T'oung Pao*, 38 (1948), 81~192쪽.

Penrose, B., *Travel and Discovery in the Renaissance*, New York, 1962.

Pfister, L., *Notices Biographiques et Bibliographiques sur les Jésuites de l'ancienne mission de Chine, 1552-1773*, Shanghai, 1932-34.

Phelps Brown, E. H. and S. W. Hopkins, Seven Centuries of the Prices of Consumables Compared with Builders' Wage Rates, in *Essays in Economic History*, ed. by M. Carus-Wilson, vol. II, London, 1962, 179~196쪽.

Pieris, P. E., *Ceylon*, Colombo, 1913.

Pieris, P. E. and M. A. Fitzler, *Ceylon and Portugal*, Leipzig, 1927.

Pirenne, H, *Histoire de la Belgique*, Bruxelles, 1911.

Piri R'eis, *Bahrīje* (Das Türkische Segelhandbuch für das Mitteländische Meer vom Jahre 1521), ed. and trans. by P. Kahle, Berlin-Leipzig, 1926-27.

Portal, R., *L'Oural au XVIIIe siècle*, Paris, 1950.

Postumus, N. W., *Nederlandsche Prijsgeschiedenis*, Leiden, 1943.

―――, *Inquiry into the History of Prices in Holland*, Leiden, 1946.

Pryor, J. H., *Geography, Technology and War. Studies in the Maritime History of the Mediterranean 649-1571*, Cambridge, 1988.

Quarenghi, C., *Le fonderie di cannoni bresciani ai tempi della Repubblica veneta*, Brescia, 1870.

Rahn Phillips, C., *Six Galleons for the King of Spain*, Baltimore, 1986.

Rathgen, B., Feuer- und Fernwaffen des 14. Jahrhunderts in Flandern, in *Zeitschrift für Historische Waffenkunde*, 7 (1915-17), 275~306쪽.

―――, Die Pulverwaffe in Indien, in *Ostasiatische Zeitschrift*, 12 (1925), 11~30, 196~228쪽.

―――, *Das Geschütz in Mittelalter*, Berlin, 1928.

Rau, V., A Embaixada de Tristao de Mendonça Furtado e os Arquivos Notariaris Holandeses, in *Anais de la Academia Portuguesa da História*, series 2, vol. VIII (1958), 95~160쪽.

Raychaudhuri, T., *Jan Company in Coromandel 1605-1690*, 's Gravenhage, 1962.

Razin, E. A., Istoria voennogo iskusstva, vol. III: *Voennoe iskusstvo manufaktornogo perioda voiny*, Moskva, 1961.

Rey-Pastor, J., *La ciencia y la técnica en el descubrimiento de América*, Buenos Aires, 1945.

Robertson, F. L., *The Evolution of Naval Armament*, London, 1921.

Rogers, J. E., *A History of Agriculture and Prices in England*, Oxford, 1866.

Rosenberg, N. and L. E. Birdzell, *Come l'Occidente è diventato ricco*, Bologna, 1988.

Rosenblat, A., *La población indigena de América desde 1492 hasta la actualidad*, Buenos Aires, 1945.

Rotmistrov, P. A. (ed.), *Istoria voennogo iskusstva*, vol. I, Moskva, 1963.

Ruddock, A.A., *Italian Merchants and Shipping in Southampton 1270-1600*, Southampton, 1951.

Runciman, S., *The Fall of Constantinople*, Cambridge, 1965.

Russell, P. E., Introduction a O'Neil, B. H. St. J., *Castles and Cannon*, Oxford, 1960.

Sacerdoti, A., Note sulle galere da mercato veneziane nel sec. XV, in *Bollettino dell'Istituto di Storia della Società e dello Stato veneziano*, 6 (1962), 80~105쪽.

Sansom, G., *The Western World and Japan*, London, 1950.

Sarton, G., *Introduction to the History of Science*, Baltimore, 1927-47.

Sassi, F., La politica navale veneziana dopo Lepanto, in *Archivio Veneto*, series 5, vols. 38-41 (1946-47), 99~200쪽.

Satow, E. M., Notes on the Intercourse between Japan and Siam in the Seventeenth Century, in *Transactions of the Asiatic Society of Japan*, 13 (1885), 139~210쪽.

Scheltema, J., *Rusland en de Nederlanden*, Amsterdam, 1817.

Schick, L., *Un grand homme d'affaires au debut du XVI siècle, Jacob Fugger*, Paris, 1957.

Schlegel, G., On the Invention and Use of Firearms and Gunpowder in China Prior to the Arrival of Europeans, in *T'oung Pao*, series 2, vol. III (1902), 1~11쪽.

Schubert, H. R., The First Cast Iron Cannon Made in England, in *Journal of the Iron and Steel Institute*, 146 (1942), 131~140쪽.

————, The Northern Extension of the Wealden Iron Industry, in *Journal of the Iron and Steel Institute*, 160 (1948), 245~246쪽.

————, The Superiority of English Cast-Iron Cannon at the Close of the Sixteenth Century, in *Journal of the Iron and Steel Institute*, 161 (1949), 85~86쪽.

————, *History of the British Iron and Steel Industry*, London, 1957.

Schulte, A., *Geschichte der Grossen Ravensburger Handelsgesellschaft 1380-1530*, Stuttgart-Berlin, 1923.

Schurz, W. L., *The Manila Galleon*, New York, 1959.

Scoville, W. C., *The Persecution of Huguenots and French Economic Development, 1680-1720*, Berkeley-Los Angeles, 1960.

Scrivenor, H., *History of the Iron Trade*, London, 1854.

Semedo, A., *Histoire Universelle de la Chine*, Lyon, 1667.

Serjeant, R. B., *The Portuguese of the South Arabian Coast*, Oxford, 1963.

Serrano, L., *La liga de Lepanto entre España, Venecia y la Santa Sede*, Madrid, 1918-20.

Simpson, L. B., *The Encomienda in New Spain*, Berkeley, 1950.

______, *Many Mexicos*, Berkeley, 1957.

Singer, Ch. et al., *A History of Technology*, Oxford, 1957.

Sinor, D., Les relations entre les Mongols et l'Europe jusqu'à la mort d'Arghoun et de Bela IV, in *Cahiers d'Histoire mondiale*, 3 (1956), 39~62쪽.

Sombart, W., Studien zur Entwicklung des modernen Kapitalismus, in *Krieg und Kapitalismus*, vol. II, München-Leipzig, 1913.

Sprandel, R., Die Ausbreitung des deutschen Handwerks im Mittelalterlichen Frankreich, in *Vierteljahrschrift für Sozial- und Wirtschaftsgeschichte*, 51 (1964), 66~100쪽.

Staunton, G. T., *Miscellaneous Notices Relation to China and our Commercial Intercourse with that Country*, London, 1882.

Steneberg, K. E., *Kristinatidens maleri*, Malmö, 1955.

Straker, E., *Wealden Iron*, London, 1931.

Strumilin, S. G., *Istoriia chernoi metallurgii v SSSR*, Moskva, 1954.

Svärdström, S., Julitatavlan, in *Svenska Kulturbilder*, ed. by S. Erixon and S. Walein, vol. V, Stockholm, 1937, 169~200쪽.

Svenskt Biografiskt Lexicon, Stockholm, 1918.

Svensson, S. A., *Svenska Flottans Historia*, Malmö, 1942.

Tavernier, J. B., *Travels in India*, ed. by V. Ball, London, 1889.

Tawney, R. H., *Business and Politics under James I*, Cambridge, 1958.

Tawney, R. H. and E. Power (ed.), *Tudor Economic Documents*, London-New York-Toronto, 1953.

Taylor, E. G. R., Camden's England, in *An Historical Geography of England before A.D. 1800*, ed. by H. C. Darby, Cambridge, 1951.

Teixeira, M., Os Bocarros, in *Actas do Congresso Internacional de Historia dos Descobrimentos*, Lisboa, 1961, vol. I, 359~386쪽.

Teixeira Borthelo, J. J., *Novos subsidios para a Historia da Artilheria Portuguesa*, Lisboa, s.d.

Teixeira da Mota, A., L'art de naviguer en Méditerranée du XIIIe au XVIIe siècle et la création de la navigation astronomique dans les Océans, in *Le navire et l'économie maritime du Moyen Age au XVIIIe siècle*, ed. by M. Mollat et al., Paris, 1958, 127~148쪽.

Temple, R. C. (ed.), *Travels (of P. Mundy) in Europe and Asia*, London, 1907-1909.

Tenenti, A., *Venezia e i corsari*, Bari, 1961.

________, *Cristofro da Canal. La Marine Vénitienne avant Lépante*, Paris, 1962.

Teng Ssü-Yu and J. K. Fairbanks, *China's Response to the West*, Cambridge (Mass.), 1961.

Tennent, J. E., *Ceylon*, London, 1860.

Thomas, P. J., *Mercantilism and the East India Trade*, London, 1963.

Tosi, C., *Dell'India orientale*, Roma, 1669.

Tout, T. F., Firearms in England in the Fourteenth Century, in *The English Historical Review*, 26 (1911), 666~702쪽.

Townsend, M. E., *European Colonial Expansion since 1871*, Chicago, 1941.

Toynbee, A., *Civilization on Trial and The World and The West*, Cleveland-New York, 1962.

Trigault, M., *China in the Sixteenth Century, the Journals of Matthew Ricci*, ed. by L. J. Gallagher, New York, 1953.

Tucci, U., Sur la pratique vénitienne de la navigation au XVIe siècle, in *Annales: Economies, Sociétés, Civilisations*, 13 (1958), 72~86쪽.

Underwood, H. H., Korean Boats and Ships, in *Transactions of the Korea Branch of the Royal Asiatic Society*, 23, part 1 (1934), 1~99쪽.

Unger, R. W., *Dutch Ship Building before 1800*, Assen, 1978.

________, *The Ship in the Medieval Economy, 600-1600*, Montréal-London, 1980.

Urlanis, T. S., *Rost naselenija v Evropi: opyt ischisleniya*, Moskva, 1941.

Usher, A. P., Spanish Ships and Shipping in the Sixteenth and Seventeenth Century, in *Facts and Factors in Economic History, presented to E. F.*

Gay, Cambridge (Mass.), 1932, 189~213쪽.

Uzunçarsili, L. H., *Osmanli Devleti Teskilâtindan Kapukulu Ocaklari*, Ankara, 1943-44.

Van der Wee, H., *The Growth of the Antwerp Market and the European Economy*, 's Gravenhage, 1963.

Van Dillen, J. G. (ed.), *Bronnen tot de Geschiedenis van het Bedrijsleven en het Gildewezen van Amsterdam*, Rijsk Geschiedekundige Publicatien, n. 69, 's Gravenhage, 1929; n. 78, 's Gravenhage, 1933.

Van Houtte, J. A., Anvers aux XIe et XVIe siècle. Expansions et apogée, in *Annales: Economies, Sociétés, Civilisations*, 16 (1961), 248~278쪽.

Van Kampen, S. G., *De Rotterdamse particuliere Scheepsbouw in de tijd van de Republiek*, Assen, 1953.

Varthema, L., *Itinerario*, Bologna, 1885.

Väth, A., *Johann Adam Schall von Bell S. J., Missionar in China*, Köln, 1933.

Vigon, J., *Historia de la Artillería Española*, Madrid, 1947.

Vincenzo Maria di Santa Caterina, *Il viaggio all'India Orientale*, Venezia, 1678.

Vingiano, G., *Storia della nave*, vol. I, *Periodo remico e veliero*, Roma, 1955.

Viterbo, F., *Fundidores de Artilharia*, Lisboa, 1901.

Vogel, W., Zur Grosse der Europäischen Handelsflotten im 15., 16. und 17. Jahrhundert, in *Festschrift Dietrich Schäfer*, Jena, 1915, 268~334쪽.

Walters, H. B., *Church Bells of England*, London, 1917.

Wang Ling, On the Invention and Use of Gunpowder and Firearms in China, in *Isis*, 37 (1947), 160~178쪽.

Weber, H., *La Compagnie Française des Indes*, Paris, 1904.

Wertime, Th., *The Coming of the Age of Steel*, Leiden, 1961.

White, L., *Medieval Technology and Social Change*, Oxford, 1962(『중세의 기술과 사회 변화』, 강일휴 옮김, 지식의 풍경, 2005년).

Whiteway, R. S., *The Rise of Portuguese Power in India*, Westminster, 1899.

Wiberg, K. F., Louis de Geer et la colonisation Wallonne en Suède, in *Bulletin de l'Institut d'Archéologie Liégeois*, 12 (1876).

Wilson, C. R., *The Early Annals of the English in Bengal*, Calcutta, 1895-1900.

Wolff, Ph., *Commerce et marchands de Toulouse*, Paris, 1954.

Wolontis, J., *Kopparmyntningen i Sverige 1624-1714*, Helsinfors, 1936.

Worcester, G. R., *The Junks and Sampans of the Yangtze; a Study in Chinese Nautical Research*, Shanghai, 1947~1948.

Wright, Th. and J. O. Halliwell (eds.), *Reliquiae Antiquae*, Lonndon, 1843.

Yernaux, J., *Les von Trier, fondeurs de cloches et d'artillerie à Liège au XVIe siècle, Chronique Archéologique du Pays de Liège*, 1937, 6~13쪽.

______, *La métallurgie liègeoise*, Liège, 1939.

유성룡柳成龍, 『서애문집西厓文集』, 서울, 단기 4291년 (1958년).

카를로 치폴라의 고전적 저작『대포, 범선, 제국』은 근대 초기(15~18세기) 유럽의 해상 팽창의 원동력을 경제적 동기와 기술적 수단의 측면에서 살펴보는 책이다. 저자에 따르면 포술(대포)과 원양 항해술(범선)의 발전, 그리고 이 두 요소가 결합해 함포로 무장한 유럽 인들이 해상에서 군사적 우위를 누릴 수 있었기에 제국, 다시 말해 유럽의 전 세계적 지배가 가능했다는 것이다. 저자는 이 같은 발전 과정에서 몇 가지 결정적 측면을 부각하고 있는데 첫째, 상대적으로 비용이 저렴하면서도 성능이 우수한 철제 대포 주조 기술의 발달, 둘째, 인력에 의해 추진되는 갤리선이 아닌 자연력을 이용한 범선이 주력 전함으로 부상한 점, 셋째, 대포와 배를 결합해 대포의 기동성을 보완, 무기로서의 효율성을 극대화한 점, 넷째, 해전에서 함포 사격을 최우선시하는 전술적 변화 등이다.

저자는 이에 따라 유럽 인들이 대포로 무장한 범선을 타고 원양 항해에 나선 15세기 후반부터 유럽과 나머지 세계 간의 최초의 "불균형"이 시작되었고 이후 이러한 불균형은 지속적으로 심화되었다고 주장한다. 물론 유럽 인들의 군사적 우위가 처음부터 두드러지고 압도적인 것은 아니었다. 17세기 중반 이후 기동성을 갖춘 효과적인 야

포가 개발되기 전까지 유럽 인들은 여전히 지상전에서 비유럽 세력
에게 고전을 면치 못했고 야포가 개발된 이후에도 대규모 병력 수송
이 가능해진 18세기 중반 이후에나 연안의 거점을 벗어나 내륙으로
의 영토 확장이 가능하게 되었다. 이후 유럽 세력과 비유럽 세력간
힘의 불균형은 산업 혁명을 통해 극적으로 심화된다.

　유럽 세계가 언제, 어떻게 우위에 서게 되었는가라는 질문은 자본
주의의 발전과 근대 세계 체제의 형성이라는 문제와 더불어 다양한
시각에서 다양한 방식으로 제기되어왔다. 『대포, 범선, 제국』은 이
같은 질문에 대한 최종 답변이 아니라 답변을 모색하기 위한 시발점
으로서 독자들에게 적절한 단초를 제공해줄 것이다.

　번역에는 저자가 직접 쓴 영어판 *Guns, Sails, and Empires* (Mine-
rva Press, 1965년)를 사용했으며 이탈리아어 판 *Vele e cannoni* (2007
년)도 참고했다. 도움을 주신 분들께 지면을 빌려 감사의 말씀을 드
린다. 이탈리아 어를 번역해주신 동국대학교 사학과 남종국 교수님,
라틴 어를 번역해주신 서울대학교의 안재원 박사님, 프랑스 어를 번
역해주신 이은진 선생님께 깊이 감사드린다. 힘든 유학 생활의 와중

에도 일본어와 관련한 역자의 질문에 친절하게 답변해준 김용범 군에게도 고마움을 전한다. 마지막으로 역자를 물심양면으로 지원해준 미지북스 출판사 분들께 감사드리고 싶다. 동양사에 대한 지식이 일천한 역자를 대신해 중국 인명과 서명, 지명을 일일이 찾느라 특히 고생하신 정미은 편집주간님의 노고가 없었다면 이 책은 나오지 못했을 것이다. 예전에 대학원에 다닐 때 경제사 수업 교재로 이 책을 읽은 적이 있다. 인연이 닿아 직접 번역까지 하게 되어 기쁘지만 한편으로 오역이나 잘못된 부분이 있을까 걱정이 되기도 한다. 독자 여러분의 날카로운 지적을 바란다.

des(포르투갈 작가) 인용 151~152
필리핀 170 주, 148, 170 주, 181

하

하산, 파샤Hassan, Pacha(투르크 대신)
　123 주
한국 125, 147 주, 152, 153 주
한린韓霖(중국 저술가) 138 주
한자 도시의 함대 89 주
함부르크 34 주, 62 주, 77, 78 주
항해술, 대서양식(북방식)과 지중해식의
　차이점 86~93, 97~98, 164~165
해리그레이스아듀호(영국 전함) 94
향신료 제도 16, 17, 26, 162 주
허드슨, G. F. Hudson, G. F. 인용 174
허루河儒(중국 관리) 136
헝가리 24, 25 주, 51, 169
헝가리 인 13, 16, 109~110
헤이 경, 조지Hay, Sir George 56 주
헤이그 55, 77
헤일, J. Hale, J. 인용 182
헨리 7세Henry VII(영국 왕) 39, 92
헨리 8세Henry VIII(영국 왕) 40~41,
　46
헬레포르스의 스웨덴 대포 주조소 82
　주
호르무즈, 포르투갈의 원정 122 주, 170
　주
호아오(중국 관리) 129
호지, 랄프Hogge, Ralph(영국 제철 장
　인) 42, 47, 48
호친의 중국 병기창 138
홀, A. R. Hall, A. R. 인용 182

홍해 120, 122
화약
　아시아 인들이 사용한 ~ 124~125,
　　153 주
　유럽 인들이 사용한 ~ 21 주, 37 주
활 39, 100, 133, 165
후먼 168 주
히라도 섬의 네덜란드 상관商館 152 주,
　154 주, 167

30년 전쟁 61, 66, 76

지은이 **카를로 M. 치폴라**Carlo M. Cipolla (1922~2000년)

런던정경대학과 소르본대학교에서 유럽의 경제와 역사를 연구한 대표적인 이탈리아 경제사학자이다. "자신의 세대에서 가장 뛰어난 경제사가"였고, 1995년에는 "동료 학자들에게 혁신 정신의 귀감이 된 역사학자"로서 발잔상Balzan Prize을 받았다.
『인간의 어리석음에 관한 법칙』,『스페인 은의 세계사』,『시계와 문명』,『중세 유럽의 상인들』등 수많은 저서를 남겼다.

옮긴이 **최파일**

서울대학교에서 언론정보학과 서양사학을 전공했다. 역사책 읽기 모임 '헤로도토스 클럽'에서 활동하고 있으며, 역사 분야를 중심으로 해외의 좋은 책들을 기획, 번역하고 있다. 축구와 셜록 홈스의 열렬한 팬이며, 1차 대전 문학에도 큰 관심을 가지고 있다. 옮긴 책으로『백년전쟁 1337~1453』,『바다의 습격』,『인류의 대항해』,『시계와 문명』,『아마존』,『근대 전쟁의 탄생』,『십자가 초승달 동맹』,『왜 서양이 지배하는가』,『마오의 대기근』,『내추럴 히스토리』, 버트런드 러셀의『자유와 조직』등이 있다.

대포, 범선, 제국
1400~1700년, 유럽은 어떻게 세계의 바다를 지배하게 되었는가?

발행일 2010년 9월 27일(초판 1쇄)
　　　　2021년 2월 25일(초판 4쇄)

지은이 카를로 M. 치폴라
옮긴이 최파일
펴낸이 이지열
펴낸곳 미지북스
　　　　서울 마포구 성암로 15길 46(상암동 2-120) 201호
　　　　우편번호 03930
　　　　전화 070-7533-1848　팩스 02-713-1848
　　　　mizibooks@naver.com
　　　　출판 등록 2008년 2월 13일 제313-2008-000029호
책임 편집 정미은
출력 　　상지출력센터
인쇄 　　한영문화사

ISBN 　978-89-94142-05-0 93920
값 15,000원

• 블로그 http://mizibooks.tistory.com
• 트위터 http://twitter.com/mizibooks
• 페이스북 http://facebook.com/pub.mizibooks